WUHAN UNIVERSITY PRESS
武汉大学出版社

母亲文化与家庭教育

母道

中国"母亲文化研究"第一人
"阳光教育"之母王开敏女士
18 年亲子试验，成功教育印证"母亲文化"理念

王开敏 冯林 高友清 / 著

你的孩子也能像
艾天一样充满阳光魅力

■ 艾天是一个平凡的孩子，却取得全球最高奖学金——弗里曼亚洲奖（THE WESLEYAN FREEMAN ASIAN SCHOLARS），4 年总共 18 万多美元，折合人民币约 150 万元。

■ 艾天的成功在美国威斯里安大学延续着，大一的时候被选为"中国学生会联席主席"；接着又被选为"亚洲学生会联席主席"。2004 年，艾天更是通过竞选，当上了学校的"学生会财务委员会资源委员"，每年管理超过 50 万美元的学生活动经费。

■ 目前艾天在全球顶尖金融机构从事金融工作

图书在版编目(CIP)数据

母道—母亲文化与家庭教育/王开敏,冯林,高友清著.—武汉:武汉大学出版社,2009.3

ISBN 978-7-307-06889-6

Ⅰ.母… Ⅱ.①王… ②冯… ③高… Ⅲ.母亲—角色理论—研究 Ⅳ.C913.11

中国版本图书馆 CIP 数据核字(2009)第 021105 号

责任编辑:郭 静 责任校对:刘 欣

出版发行:**武汉大学出版社** (430072 武昌 珞珈山)

(电子邮件:cbs22@whu.edu.cn 网址:www.wdp.com.cn)

印刷:武汉市首壹印务有限公司

开本:720×1000 1/16 印张:16.25 字数:226 千字 插页:2

版次:2009 年 3 月第 1 版 2009 年 3 月第 1 次印刷

ISBN 978-7-307-06889-6/C·219 定价:30.00 元

目 录

第六章　该有怎样的家庭教育

第七章　阳光教育

王开敏粉丝心语

现在有能力、有知识的年轻女性数不胜数，并且不少已经升级做了妈妈。这些母亲们有高收入、高学历，品味高雅时尚，自食其力，在现实生活中独当一面。这样的女性在做母亲前就优秀得一塌糊涂，在做母亲之后当然要将出类拔萃进行到底。但是，这种心愿说起来容易做起来难。职业女性或专职妈妈都面临一个共同的问题：如何处理自我发展与养育孩子的矛盾，既不让自己湮没在孩子的世界里失去自我，又把最好的爱奉献给孩子，让孩子在最先进的教育理念下快乐成长。人在思想上有矛盾并不可怕，可怕的是不知道如何化解，一直处在这种痛苦中不能自拔。据我了解，有很多母亲一生都为此烦恼不已，在焦急与懊悔中度过每一天。

有没有一种理念能让母亲轻松一些？有没有一种思想能让母亲永远走在时代的最前沿？有没有一个榜样能让母亲看到与孩子双赢的希望？很多母亲在心底里都有这样的呼唤和期盼，只是说不出来，也没有时间去仔细思索。其实，这种理念、这种思想、这个榜样就在我们身边。

虽然，我是很偶然地结识了王开敏女士，但是，"母亲文化"的理念让我一见如故并深深着迷，深刻体会到这是一种能够养心的根文化。生完孩子后，我也曾经整日地在上述矛盾痛苦中苦苦挣扎，但王开敏女士18年的成功教育实践和无数的在她理念指导下成功的案例，仿佛让我看到了黎明前的晨曦。不仅对于我，对于每一个母亲，这种先进的文化都值得借鉴、推广。我希望每一个母亲都能接触到王开敏的思想和方法，每一个母亲都能关注母亲本体文化的构建。因为这才是人类文化的根源，这才是母亲最值得学习的文化。

王开敏女士在深厚的文化底蕴的熏陶下长大，又先后从政和从事大学教育。她灵活、务实、科学的教育理念源于她 18 年的科学实践和丰富的人生经历，她是个勇于实践的人。熟悉王开敏的人说："她身上有种贵族的气质，却拥有平民的教育理念。"王开敏自己说："我从小最崇拜的是居里夫人，人们只知道她是个伟大的荣获诺贝尔奖的女科学家，但很少人知道，她还是个最伟大、最成功的母亲，因为，她同时还是两个诺贝尔奖获得者的母亲。"居里夫人的这两顶光环至今令全世界的母亲为之折服。

儿子艾天是王开敏最得意的杰作。这个阳光、开朗、人见人爱的大男孩从小没有让父母花一分钱去上培优班，成绩也总是在班上第十名左右徘徊，王开敏笑称儿子小的时候连李白的《静夜思》这首简单的唐诗都背不下来。但艾天 18 岁就轻轻松松捧回了全球最高奖学金——弗里曼亚洲奖（当年折合人民币 150 万元），让父母颇感意外，连去美国留学的机票钱都不用父母出就漂洋过海了。艾天一到美国，很快就融入了当地文化，并在学校表现得出类拔萃，大一就被选为"中国学生会联席主席"，接着又被选为"亚洲学生会联席主席"。2004 年，艾天更是通过竞选，当上了学校的"学生会财务委员会资深委员"，每年管理超过 50 万美元的学生活动经费。毕业时他获得优秀毕业生奖，世界上很多一流大公司都通过了对他的面试。他最终被全球顶尖金融机构录用，从事金融领域工作至今。每年只要一有假期，他注定带着父母到全世界各地旅游，一家人幸福得无以言说。看着艾天在高压力工作下依然俊朗、阳光的笑容，王开敏的幸福溢于言表，她说自己已经获得了"低成本"教育儿子所带来的高回报，这种回报带给母亲的幸福感是长久的、享用不尽的。

王开敏不只是培养出了一个艾天，妹妹的两个孩子都是在几个月大时就交给她带，现在生活在日本，都拥有非常强的自我生存能力。还有许许多多的慕名而来的素不相识的人，她们的孩子都是王开敏亲自指导，凡是她指导的孩子，没有一个不成功。这像是神话，但又确实不是神话，是一个真实的人带给我们的真人真事，王开敏的电话到现在一直是"咨询热线"。

王开敏女士现在致力于研究并传播"母亲文化"。一直以来，她非常关注世界女性学的发展，尤其景仰耶鲁大学的女性学研究和推崇日本国家意识形态对母亲角色的社会贡献的高度认可，并且长期为中国女性本体文化的构建坚持不懈地努力。王开敏说:"在抚育艾天成长成才的 18 年时间里,我的培养方式与技巧根源于我所信仰和坚持的'母亲文化',我也在一直致力于'母亲文化'的探索与构建。作为一个有理想和抱负的教育工作者,我越来越感觉到,母亲不仅对于孩子、家庭的幸福至关重要,对于整个民族更是意义深远。因为整个民族的每一份子都是由母亲抚育长大的,母亲的理念与教子方法与民族一代又一代的成长息息相关,对于一个民族的发展与壮大不容小觑。"

但她不无遗憾地说,现在中国要构建和谐社会,可是两性和谐是社会和谐的基础,而两性和谐的前提必须是女性要有自己的文化,要有和男性文化平等的本体文化。但我们还没有意识到女性本体文化的重要性,所以男女平等的口号叫了若干年还是不平等。我们现在要转换思路,从母亲文化入手,先把女性文化之中最重要的母亲文化构建起来。母强子才强,子强国才强。母亲是天生的教育实践家,母亲文化不先进,教育出来的后代肯定不是最优秀的,我们的民族就无法成为最优秀的民族,所以,母亲文化是民族的根基,是国家与社会应该热切关注的重点。她说:"我现在过得已经很好了,非常幸福非常满足,既不为钱也不为名,我做这个事情就是感恩社会、回报社会,我觉得我占有的社会资源比较多就有责任、有义务使先进的理念让更多的人受益,做些积德行善的好事。"

王开敏女士主张的母亲文化究竟是什么? 在王开敏女士酝酿已久、郑重出版的 2009 年的新作《母道——母亲文化与家庭教育》一书中有详细的阐释。在母亲文化的内涵中,文化的含义并不指学历和知识,她是一股涓涓细流,是浸透在母亲日常生活、举手投足中的年深日久的个人修养。母亲文化是一个母亲的社会观、自我观、角色观、家庭观、育子观的综合体现,她要求母亲有大爱无疆的胸怀,有独立的人格,把家庭放在重中之重,把养育当成第一事业。王开敏女士并不是主张让母亲离开社会回到家庭,相反她认为母亲一定要有自己的生存工作。但是比较而言,养育是母亲的天职工作,母亲应该首先完成好这个工作。尤其孩子的 0~3 岁阶段,是为孩子一生打基础的重要时期,母亲要对孩子倾注全部的爱和关注。这个时期是教育事半功倍的时期,孩子良好的习惯一旦养成将受益一生。王开敏把对孩子的教育理念总结为"阳光教育"四法则、四阶段,遵循科学的教育发展规律,针对不同阶段的孩子制订不同的教育计划,重点培养和正确引导孩子的情商、意商、健商、和商、德商、性商,摒弃了以往简单地将人的发展的制约因素划分为智商和情商的做法,细化出培养健全人格的各种智力和非智力因素,使母亲们更容易把握家庭教育方方面面的细节。

看到这儿,你会不会觉得这种做法太传统了?不就是做个贤妻良母吗?在遇到王开敏之前,我也一直很反感"贤妻良母"这个词。但是现在,她的经历、她的理念让我对这个词有了全新的理解。王开敏女士本人就是一个活生生的例子,她很年轻的时候就凭借着出色的工作能力在政界受到不断提拔,事业如日中天。但就是再忙,即便在开会她也要从主席台上溜出来,中午回家给孩子亲手做上一顿可口的饭菜。久而久之,领导们也接受了她这种做法,甚至到了点还提醒她要回家。这种做法在如今视工作如生命的女性看来真是太大胆了。可是,这种没把升职当成一回事的性格并没有影响王开敏的工作,相反,她被连连提拔,工作越做越好。王开敏总结说,这可能是因为自己的心态很好,反正没想升迁,遇事反而能泰然处之,那些一心想升官的人反倒没她升得快。尽管工作这样顺利,王开敏还是在家庭和孩子最需要她的时候主动放弃了政界的权力、地位和优厚待遇。为了丈夫有更好的发展,她断然举家搬迁到武汉,心甘情愿地做起了大学里的一名资料员,干自己喜欢干的事业。这样又有了更多时间来照顾和教育儿子艾天,王开敏是乐在其中。她说,工作上再成功也无法弥补家庭和教育的失败所带来的损失。所以她永远是养育第一,工作第二。正是心态的年轻使她根本看不出实际年龄,快人快语的爽朗性格,时尚个性的穿着打扮,讲台上下都是那么魅力四射,她就是对"贤妻良母"的最新注解。如今艾天已经有了自己的生活,王开敏也有更多的时间来传播"母亲文化",看着她忙碌而快活的身影,我意识到,这样的人生才是真正母亲与孩子双赢的人生。

对我,对那些本文开头所说的还在矛盾痛苦中挣扎的母亲们来说,王开敏用自己的人生证明了的科学理念无疑是有借鉴意义的。科学教育的理念从来就不是强迫人们去接受,正如王开敏自己所说:"我的经验可以借鉴,但绝不要照搬,因为没有一种教育经验是可以完全照抄的。每个孩子不一样,成长环境和家庭情况都不一样,再先进的理论也要科学地学习。"但是我希望,每一个母亲都能看到《母道》这本书,每一个女性都能正确地看待当母亲这件事儿,少一些剖

王开敏 冯林 高友清◎著

腹产、少一些拒绝母乳喂养、少一些随意流产、少一些……希望每一个母亲都能幸福，每一个孩子都能快乐成才，和谐家庭越来越多。

从更宏观的意义上讲，王开敏倡导母亲文化就是以科学发展观的思维模式反观现存教育体系的不完整、不科学，并提出重在实践的有效解决办法。例如，她认为以往的教育大大忽视了 0~3 岁的教育，而把 3 岁以后的教育当成重中之重，这显然是本末倒置。父母不在孩子人生最初始的阶段去倾力培养，以后花再多精力培优也只是事倍功半，而且错过了这一时期，很多好习惯再难培养起来。重视了 0~3 岁的教育，就等于重视了整个民族的根基。这是一种思想观念的创新，是从人类实践活动源头开始的创新。我们期望改变以往社会包括女性自身轻视母亲本体有文化的错误思想观念，让母亲先自我觉醒，并且奢望《母道》这本书能够唤醒大多数母亲，甚至一部分男性，那样的话，我们的民族一定会有更加辉煌灿烂的明天。

序：我们现在怎样做母亲

吴根友

一百年前，鲁迅先生写过一篇文章：《我们现在怎样做父亲》。看过《母道》一书的样稿，首先从我脑海里涌现出来的一个问题就是：我们现在怎样做母亲？

一百年前，正是"五四"新文化运动风起云涌的时代，中国文化正在经历一次凤凰涅槃。鲁迅等一批新文化运动健将，共同掀起了中国文化自我革新与"做新人"的历史性运动，其中也包含了妇女解放运动。经过"五四"新文化运动，中国的妇女们的确是解放了（当然目前还不够），中国的男人们也可能从鲁迅等新文化健将们的思想里多少吸取了一些怎样做父亲的新思想，可像娜拉一样走出家庭的很多中国妇女们，未必就学到了怎样做母亲的些许新道理。

从1919年到2009年，整整一百年的历史。这一百年里，中国社会发生了翻天覆地的变化，中国妇女的地位也得到了空前的提高。然而，相对所有已经取得的进步与成就而言，我们大家都来认真地盘点一下，我们在"怎样做母亲"的文化建设方面究竟取得了什么样值得自豪与骄傲的成绩？

从表面上看，现代中国妇女的政治地位、经济地位已经大大提高了，特别是那些驰骋于各种职场的白领女性，她们的成就让许多平凡的男性也感到惭愧。可是，中国妇女解放运动的成绩并不能仅那些少数取得突出成就的女性来评判，还应该把眼光投向偏远乡村失学的女童和城市里下岗职工家庭里的女童。应当从广阔的社会学角度来考察中国应接受教育人口当中的女童、少女、青年女性与男童、少男、青年男性的比例。比较严格地执行计划生育政策的城市人口当中，女性受教育的问题基本上已经解决。然而在计划生育政策不甚得力的农村人口当中,大部分失学的人口多是女性。这些女性将来要为人妻、为人母,而一个没有接受应有的现代教育的女性成为未来中国人的母亲,这将是一件多么可怕的事情!

进而言之,即使女性接受了应有的教育,甚至接受了高等教育,是否就具备了做母亲的资格了呢?换一句话说,这些接受了教育,甚至高等教育的女性,是否接受到了怎样做母亲的知识教育了呢?我看未必!不要说中国的义务教育里没有专门为女性准备如何做母亲的知识,即使是大学的教育里也没有如何做母亲的专业;师范院校、各个大学的教育系里不仅没有这门专业,也没有这门课程,恐怕是连选修课也未必有!因此,受了教育甚或是高等教育的女性,未必就具备了将来如何做母亲,尤其是做一个合格的母亲的知识。

如果上述所说的大体上还算是准确的话,"我们现在怎样做母亲"的问题不说是中国自古以来就存在的问题,至少可以说是近一百年来一直未被正视的问题。现代中国的妇女是解放了,现代中国的合格母亲到哪里去找呢?

如果我们带着这个问题去衡量现代中国的妇女解放运动的成绩,看当代中国社会的家庭教育的现实,我建议你们看看王开敏、冯林、高友清三人编著的《母道》一书。我并不认为这是一本多么专业的学术著作,但它至少是一条道路,一条通向"我们现在怎样做母亲"的朴实而又充满着阳光的林中小路,通过这条道路,你也许可以发现更加广阔的做一个合格母亲的新天地。书中的具体内容非常丰富,我不想重复,读者可以自己阅读、体悟。作为序的作者,我只想指出该书的基本精神,从而有助于读者从整体上把握作者的良苦用心。

在我个人看来,该书从"我们现在怎样做母亲"的基本思路出发,对现代女性如何把握好自己的人生,在从女孩到妻子到母亲的过程中,如何实现自己的人生理想,如何尽到作为女性公民的特殊责任,如何展示现代女性的独特魅力与人生的辉煌等内容侃侃而谈。"牵马理论"形象地说明了作为现代女性在选择自己人生伴侣过程中应有的理性选择的智商;"喂马"与"不要轻意下马"的形象说法,生动揭示了家庭生活的责任与对待婚姻的谨慎态度。而"母亲文化"与"阳光教育"的相关章节是全书的重点,生动、浅白地阐述了如何做一个好母亲,同时又不丧失女性自己的个性的思想。其中有些带有格言式的说法,如"教育孩

王开敏 冯林 高友清◎著

子是母亲的天职","母亲应将这个天职工作作为最崇高的工作来完成","女人永远无下岗","世界上每个母亲都是英雄","世界上每个孩子都是母亲的永远牵挂","把完善的教育留给子女,乃是最佳遗产"等,对于当代中国的妇女解放运动而言,不啻是一道灵光,照亮了还处在遮蔽状态的女性潜能与意识的黑森林。

也许,有些高举女权主义大旗的现代女性会批评我,因为王开敏等三位作者的说法迎合了你内心深处的大男子主义的要求。如果真有这样的指责,我也不想辩解,因为我不想与任何贴标签的人理论。我倒想借此机会表达我多次在正式和非正式场合口头表达过的有关中国妇女解放的意见:中国的妇女解放一定要联手中国的男性。妇女解放不是简单地向男人要权利,而是要向整个压制人的制度要权利。只有人解放了,妇女才会有真正的解放。不错,如果借用经济学的木桶理论来说,在人的解放程度方面,妇女解放可能属于最低的一部分木板。但问题不是要锯掉那已经高出的部分,而是要努力补高那低矮的部分。因此,要求进一步解放的妇女们应该智慧地联手男性,通过各种立法手段,把女性在现代社会工作中还残留的那些自然的劣势,以一种合理的制度安排尽可能地加以削减:如在竞争激烈的现代社会里女性因为怀孕、哺乳而影响工作的自然劣势等,社会就应该对妇女在人口再生产过程中的贡献从制度上加以肯定,从而在各项工作的起点上做到与男性的平等。

当然,作为男性读者,我觉得书中的有些说法似乎还可以商榷,比如"文化生于母亲","母亲才是文化的根源,是文化的母体",以及"母强子才强,子强国才强,国强民族才强"的线性推理等等。就我个人的成长经历来说,母亲与父亲对于我的人生影响都是至关重要的。我的父母都不识字,母亲给予我的是温情与宽容,而父亲给予我的是规矩与毅力。母亲善于、乐于倾听我的理想,而且我从十几岁起就会做饭的能力是在帮助母亲烧火时看会的。父亲像一道警界线,他让我懂得很多能做、不能做和必须做的规范。特别是父亲在农闲时帮助母亲做家务的实际行动,让我成家后非常自然地做任何家务活,没有一点大男子主义的心理障碍。其实,一个和谐的家庭,一个重视儿女教育的正常家庭,父母对于孩子的影响都是至关重要的,而且大体上可以说是塑造孩子阳刚与阴柔两种性格的力量。当然个别家庭的情况又有所不同,有时家庭中的阳刚之性反而由母亲塑造。不过,在当前母亲角色被我们社会普遍漠视的情况下,《母道》一书突出地强调母亲在家庭教育中的重要性,进而强调母亲对于一个民族发展的重要性,具有历史的合理性。

就我个人的专业知识而言,我并不是这本书最为合适的作序者。然而,承蒙该书第一作者王开敏女士的信赖,我不能不接受她交给我的这份光荣任务。她是我们一家人的好朋友,我们一家人都从与她的交往中获得了精神上的益处,尤其是在孩子的家庭教育方面,获益良多。凭我的学术直觉相信,关于母亲的重要性,以及关于家庭教育方面的专业性著作,在这个知识大爆炸的时代一定是很多很多的。十年前,友人王东华先生就写过一本《发现母亲》的煌煌大著(八十万字),阐发做母亲的道理以及家庭教育过程中父母的重要性。前几年,他送我一本简写本,也有四十五万字。我不敢说,《母道》这本书在家庭教育与女性学的学术方面有多少实质性的突破,但我可以肯定地说,从家庭教育、从女性如何做一个合格的母亲,同时又能展示女性自己的文化风采的角度看,《母道》一书的确提出了很多发人深省的新见解,提供了一些新方法,值得很多母亲以及将为母亲、准备做母亲的女性们一读!

另外,据谷歌网站关键词搜索,"母亲文化"一词是近几年才流行的一个新词。2005 年 9 月 16 日天津市举办了母亲文化周活动,给 10 位"让你感动的中国母亲"颁了奖,"母亲文化"一词风靡全国。之后,2007 年、2008 年山东邹城孟子故里连续举办了两次"母亲文化节",南京市妇联与南师大金陵女子学院主办"绿色健康母亲学堂"。由此可以看出,"母亲文化"绝对是一件刚刚开始的新兴事业,期待着更多的女性与男性去从事这项伟大的事业。从提倡"母亲文化"以及以母亲文化的视角阐述妇女应当如何找到适合自己性别的事业的角度看,《母道》一书也将为近几年来刚刚开始的"母亲文化"的事业做出一份新的贡献。这是《母道》一书在女性文化建设方面所体现出来的特殊价值。

虽然,在现代汉语里,"母亲文化"是一个新词,也是一种新观念,但在中国传统文化里有着丰富的母亲文化的内容。传统的"母亲文化"里有很多与父权主义、专制主义思想"剪不断,理还乱"的纠葛,还没有进入现代女性主义的学术研

王开敏 冯林 高友清◎著

究视野。但如果要在现代中国提倡母亲文化，就无法避免对中国传统的母亲文化进行研究。从词源学的角度说，"母道"一词出现甚早，《礼记·昏义》说："天子脩男教，父道也；后脩女顺，母道也。"《后汉书·列女传》中亦有"虽母道益隆"的说法。可是，在中国近一百多年的现代文化传统里，有关如何做母亲的文化资源实在是太薄弱！一百多年来的妇女解放运动，其重心放在了女人如何与男人一样平起平坐，如何在社会生活中与男人一样实现自己的个人价值，这当然没有错，可是相对地忽略了如何做一个合格的母亲的问题。不仅女人们自己忘记了，或者不愿意面对这一问题，而且整个社会似乎也忘记了。因为，我们的社会很少给任何一位优秀的母亲发奖金，给予任何实质性的或精神性的荣誉与奖励！因为，在很多人眼里，再伟大的母亲也只是在家里做了一些私人性的事情，好像与整个社会无关！就整个社会对"母亲"角色的遗忘而言，实在不如传统社会还特别表彰一些有特别贡献的母亲（尽管那种表彰的原因在现代人看来是有问题的）。因此，《母道》一书的另一种价值在于：把母亲文化提到了我们的日常生活与学术研究的视野里，要求我们从文化的系统角度去思考"母亲"角色在社会生活中的价值与意义。而且还从"母亲"的角度为当代中国及今后的妇女解放运动提供了一个新的视角。

"道"在中国文化传统里，就是今日"哲学"的意思。"母道"也可以理解成关于如何做母亲的哲学思考。哲学既是追求真理的学问，也是不断地审查那些自以为是真理的各种命题是否具有真理性的追问活动。愿《母道》一书成为那些已经是母亲，即将是母亲，和将来准备做母亲的女性们思考"我们现在怎样做母亲"的深沉而又严肃的发问，引发出更多的"应当如此这般地做母亲"的智慧性的答案。当然，那些已经是父亲，即将是父亲，和将来准备做父亲的男性们也不能袖手旁观，而应当积极主动地配合那些母亲、准母亲和将来的母亲们。在此，我将鲁迅先生的《我们现在怎样做父亲》一文的最后一段文字稍加改编，送给大家，以兹共勉：共同肩负家庭教育的闸门，放孩子们到宽阔的地方去；此后幸福地度日，合理地做人。这是一件极伟大的要紧的事，也是一件极困苦艰难的事。

当我看完《母道》一书的样稿，行走在校园里构思这篇小序的时候，看见了路边已然盛开的鲜艳的迎春花。在这早春的时刻，周遭的世界还是冬天的肃杀景象,珞珈山的万木还是一片墨黑,小鸟也不知龟缩在何处。我想,《母道》一书不也正象征着当代中国"母亲文化"早春里的一朵稚嫩而又略嫌幼弱的迎春花么！而迎春花既然已经开放,那万紫千红的春天还会远吗?

是为序。

2009 年 2 月 22 日初稿,26 日定稿

第一章
先进的母亲文化

母亲文化是一个以科学、平衡、和谐的理念来创新的概念，它对母亲的社会角色更偏重于文化思想上的诠释，而不仅仅是生物学意义上的诠释。文化生于母亲，动于母亲，兴于母亲，亡于母亲。母亲在养育子女的过程中，直接或潜移默化地将自己的文化、观念、思想传递给下一代。在培养孩子的过程中，母亲具备何种性质的文化，对于子女的成长具有关键的作用，同时，对母亲自身也至关重要。

女性在这个社会中的文化劳动，以一个最具有与男性不同的、不可替代的、独特的、内在性的角色——母亲展现出来。时代要求女性树立全新的符合社会发展趋势的女性文化价值体系，满足女性对本体文化的需求，把母亲的体验和人的教育作为人文教育中核心的一部分来对待。

先进的母亲文化是精神与灵魂层面的概念，是良好的修养、平和的心态，懂得尊重和关心他人，是爱，是温柔和宽恕。以此构建科学的思维模式，优化我们的生活方式，改变我们对生命、对自然的态度，以享受的方式拥有自己，拥有优秀的后代。

大爱无疆——母亲文化内涵

文化作为人类思维成果和行为方式,涵盖了语言文字、文学艺术、科学技术、伦理道德、政治制度、文物典章、宗教习俗等许多方面。在这些方面中,所有与母亲这一角色直接、间接有关的内容都是母亲文化内涵的最坚实基础。

人是一种文化动物,任何人身上仔细分析起来都具有文化的元素,只是不同的人身上的文化内容可能差异很大。在有的人身上健康向上的文化元素多一些,而在另外一些人身上可能所受的低级、庸俗文化的影响较大。文化对人的影响和作用是通过一种无形的方式,通过影响或者塑造人的观念而产生,这种影响或作用往往并非突然之间就完成,而是潜移默化长期作用的结果。母亲这一角色不仅仅是一个生物学意义的概念,更重要的是一个文化角色。但是,母亲在自我发展的过程中的本体文化需求被社会、学者和研究机构严重忽视。

从性别的角度切入,揭示女性作为人的本质属性和有别于男性的自身特征,是母亲文化研究的逻辑起点。母亲文化的创建为母亲这个群体的价值发现和发展提供了依据,同时,让社会认识母亲们在整个社会里的重要意义,对母亲的地位给予产生高度承认和肯定。在文化层面上,女性文化要求给予母亲这一角色本体以文化界定。**女性文化的真正意义不在于让女人的思维方式、行为方式变成男人的**,而是在一个充满了出人头地的竞争与冲突的男性世界中,追求个体灵魂的高雅、独特和内在性,使之成为一种能让所有女性养心、养身的优秀文化。

文化生于母亲，动于母亲。而很多女性对于文化的理解仅停留在物性上，很多人认为文化等同于学历。每年的母亲节到来之时，就可以在各类传媒中见到和听到这样的说法："我的母亲没有文化，但她希望我们成为有文化的人，她省吃俭用供我们上学读书，使我们拿到了大学文凭和硕士、博士学位。"**孰知母亲才是文化的根源，是文化的母体，这也是多年来我们女性争取男女平等所没有找到的真正问题所在。**女性自己把自己的文化内涵给否定了，拼命地在男性世界里与他们争个高低，使女性本体最具有代表意义的母亲这一角色被严重淡化。

母亲文化是用以中和男性世界的野蛮和征服之气的。从这个意义上来说，母亲文化既能满足现代女性在文化方面的需求，同时又从男性创造出的抽象式的概念文化中抽身出来，返回到具体的个体中，以恢复人们对于事物的微妙差别和独特性质的认识，并能够感受同样细微的反应，以此优化我们的生活方式，改变我们对生命、对自然的态度，以享受的方式拥有自己，并拥有建立了男女平等思维方式、行为方式的后代。

一次我们一家三口从外地旅游回来，我赶忙进入厨房为家人做了一桌可口的饭菜。一家三口高高兴兴地吃完饭后，儿子忙着接电话，丈夫坐着看电视，我则再一次进厨房去洗碗。这时候，儿子马上顺口说："老爸，老妈做饭累了，您去帮帮忙吧！"老公却说："这是你妈该干的"！儿子当时没说什么。打完电话后，他和老爸就关于家庭劳动的责任展开了辩论。儿子一再强调，家庭事务是全家人共同的事务，而不是谁该做而谁不该做的。当老妈不辞辛劳为我们做饭，又不声不响收拾家务的时候，您应该用一颗感恩的心去感谢她为您所做的一切，而不是这么生硬地说出"这是她该干的"！当我听到儿子说的这一番话后，意识到当一个母亲培养出了这样一个具有男女平等的思维模式的后代，将享用一生的物质和精神上的幸福。

母亲文化内涵包含很多中国传统文化中关于家庭和睦、和谐的思想与观念,同时也对母亲本身的文化需求给予了心灵的滋润。当前,在构建社会主义和谐社会中,为适应社会的深刻变化,充分吸收和运用先进的母亲文化的宝贵资源,具有重要的理论意义和现实意义,并需要有识之士加以认识并给予高度的重视。

"世界上每个母亲都是英雄","世界上每个孩子都是母亲永远的牵挂",这两句话最能体现母亲文化的深度、广度、厚度,是最大爱的文化内涵。母亲文化成为女性文化的根文化,才能使女性文化有了源泉,有了生命,才能使这个群体有精神的脊梁,她才会真正发展、壮大、繁荣,具有生命力。

养育是第一事业——母亲的社会观

母亲对于社会责任的理解,不仅可以影响到孩子的成长,决定家庭的美满,而且对自身幸福、对社会有着间接或者直接作用。

母亲角色的社会双重性体现在她在同一时间进行工作的两种状态,即在家庭工作中的抚育孩子成长的天职工作与在社会上的职业即她的生存工作。女性应有一个自己的社会舞台,并不意味着女性一定要在社会上像男性一样去打拼,去开创事业获得较高的职务和薪水,才算解放女性。**解放女性就是要给她自由的选择,让她去做适合做并喜欢做的事情。**随着人们认识社会的能力逐步增强并多元化,许多女性越来越意识到自己的社会属性的多元性和社会责任的多样化,认为相夫教子同样是对社会的一种贡献,而且也是非常了不起的贡献。如果每个女性在她即将做母亲时就认识到她的社会属性,她所应承担的社会责任是将孩子养育到成年时成为社会的合格公民的重要性,那么许许多多母亲在承担这一社会责任时，就会积极、主动地面对，对自己的人生就会有一个战略性的全盘考虑。

母亲社会观的建立是对女性为承担家庭责任的付出给予社会的认可。现在，社会把女性回到家中尽母亲责任看成是一件私事，是与社会无关的事。这种错误的认识使很多女性在成为母亲时认为孩子是自己的累赘，并堂而皇之地称是为了事业。

一个女人的完美事业应该包括两个部分：天职工作和生存工作，它们分别是女人的家庭属性与社会属性的具体表现。把抚养教育孩子的工作称为天职工作，就是说这个工作对女人而言是最重要的，对于社会则更重要。她关系到人类物种的生存和延续，关系到一个民族的素质。**母亲应将这个天职工作作为最崇高的工作来完成。**

母亲的天职工作是具有阶段性的。当我抚养孩子18年后，为社会培养了一个合格的公民，在这个过程中也升华了自我，在完成自己的社会属性和家庭属性的同时，我可以把我的思想和教育方法在实践基础上获得的成功经验总结提高，并加以传播，让更多的母亲和家庭受益。

法国思想家卢梭说过："在所有一切有益于人类的事业中，首要的一件，即教育人的事业。"完成好这个天职工作对家庭受益无穷，对社会也是一个非常大的贡献，理应引起我们的重视与关注。

我的孩子还在孕育时，我便把抚育他当作第一事业来看待，对他的每个阶段都认真关注，并结合他的现状，制定出一个又一个阶段性目标和相应的培养计划，然后一个目标一个目标地去完成。不论平时我的生存工作多忙，我都要抽出时间与他交流。我发现在这个过程中我会收获意想不到的快乐。这种快乐滋润了我的心田，使我在生存工作中出现不快或遇到困难时有一种坦然，同时也拥有了一种很平和的心态，促使我的生存工作干得更好，真可谓双赢。在我儿子童年时，我用童话般的语言和他交流，这使我获得了童年的幸福；青年时，我用青年的语言与他交流，我又获得了年轻的心灵。总之，在我

王开敏 冯林 高友清◎著

与儿子不同阶段的交流中,我所获得的幸福感是难以用语言表述清楚的。儿子和我共同成长、共同进步,我们彼此之间无代沟、无长辈之分。我把家庭琐事当作事业来完成,使我和儿子在一起总感到快乐。每当我高兴地把一桌饭菜做好,看到儿子吃得那么香甜时,心中就有说不出的高兴;看到他吃得干干净净,一点儿不剩时,更增强了我不断提高厨艺的动力。所以,在儿子 18 岁的时候,我已经是一个厨艺高手了,而且是无师自通,不管南方的、北方的特色菜,我都会做。烙饼、饺子、红烧肉、水煮鳝片、羊肉串等,这些我儿子爱吃的饭菜,我都做得不比餐馆差,以至于儿子被我的一手烹饪绝活儿吸引得只想就近读书,这样就可以每顿都吃到我做的饭菜了。他在我的精心培养下,吃得好,睡得好,身体健康,体形匀称。他的情绪也总是积极向上,给人阳光般的感觉。这使他拥有了好人缘和开阔的视野,为他今后的发展打下了良好的基础。

儿子的成长、成才是我人生中最大的成就。有这么一个身心健康、人格健全的孩子,他在精神上和物质上所给予我的满足将是长久的。因此,我深信,抚养好子女才是女性真正不可忽视而且受益最大的天职工作。

母亲的完美事业也缺少不了生存工作,生存工作是母亲不脱离社会属性的工作。女性并非一定要守在家里,她可以有自己在社会中的职业。这样既可以避免长期待在家中生活的单一,又可以更好地接触社会,为家庭获得更多的收入,改善家庭生活,提高生活质量。身为母亲,我把生存工作与天职工作放在一个坐标系中,而我在这个坐标系中找到 45° 角来发展自己,在不同阶段对两个工作定出不同的期望值。具体来讲,在孩子小的时候(0 岁至 3 岁),我对生存工作的期望值定得不高,既不想出人头地,也不追求职位高升,而只要求认真做好分内工作。这个时期我会把天职工作当成重中之重来完成。"三岁看老"这句俗语家喻户晓,但并没有引起母亲们的高度认可。**孩子的早期是我们教育的最佳时期,而且这种早期教育的丧失是终身再也弥补不回来的。所以说怎样在生存工作与天职工作中找到自己的平衡点,最终做到二者双赢是需要母亲**

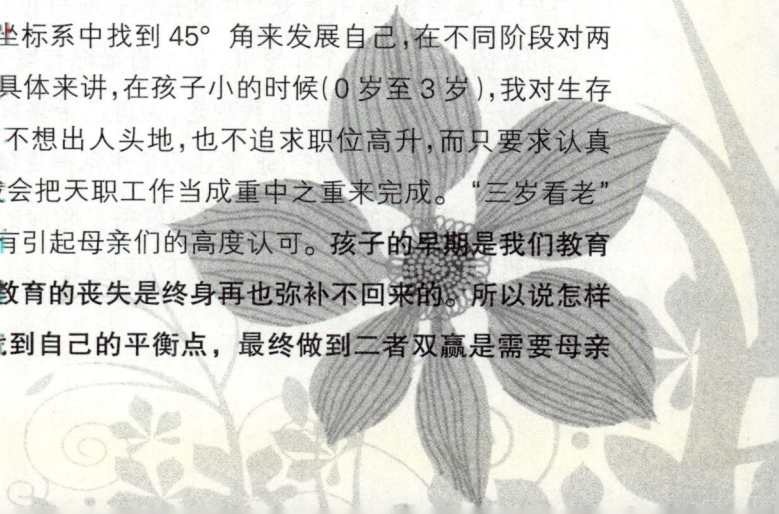

认真经营的。

根据我的理解，抚育子女应该是女性的天职，女性对于自己的天职工作一定要有很高的期望值，这样才会把大部分精力与时间花在子女的培养与教育上，这也是母亲不能推脱的责任。对社会来讲，女人永远对社会的可持续发展起着非常重要的作用，女人是不会被社会所抛弃的。因此，**女人永远无下岗**。

"把完善的教育留给子女，乃是最佳遗产。"所以，作为女人和母亲，如果你能够把教育子女当作自己的事业，那么你将永远无下岗。

我必须是你近旁的一株木棉
——母亲的自我观

舒婷的诗《致橡树》表达了那个时候女性就已经有了自我宣言，女性有着自我意识，而女性中的母亲也有自我观。母亲也是一个个体，有着自己独立的生活空间、个体思维。每个母亲都有属于自己的想法和观念，而给自己培植好一个良好积极的自我观念，为自己带来好的心情，不断地学习充实自己，营造属于母亲自己的空间，能让母亲生活得更精彩。

科学定位女性的各个阶段，把握好每个阶段的生存技能，是女人一生的幸福。女性一生最重要的五个阶段如下，见图 1-1：

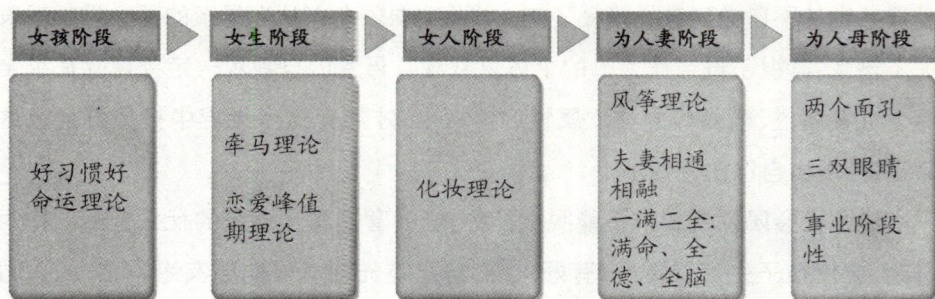

王开敏 冯林 高友清◎著

女孩阶段	女生阶段	女人阶段	为人妻阶段	为人母阶段
好习惯好命运理论	牵马理论 恋爱峰值期理论	化妆理论	风筝理论 夫妻相通相融 一满二全：满命、全德、全脑	两个面孔 三双眼睛 事业阶段性

图 1-1

◆**女孩阶段**：此阶段最重要的是良好的习惯培养，并将之在生活中不断实践成为一种生活常态。

◆**女生阶段**：此阶段最重要的是把握好性别差异的科学规律。

◆**女人阶段**：此阶段需要把握美丽的实质，文化和思想的化妆才是女性最高级别的化妆。

◆**为人妻阶段**：此阶段是女性与男性结合后的磨合期。

◆**为人母阶段**：此阶段是女性最丰富、最迷茫、最有挑战性的时期。

女人的整个机体结构，都是为了适应物种的永存。但我们已经看到，人类社会绝不会完全听任自然的摆布。生殖功能尤其不再完全听任自然的摆布。在我国已正式采用了科学的避孕法，并实行了一对夫妻只生一个孩子的国策，这对于刚刚成为母亲的女人们就会面临避孕失败带来的一种特别绝望的补救方法：人工流产。做这种手术是许多女人不得已而为之的，并且经常干扰着她们的爱情生活。怎样科学地避孕，也是自我观的重要内容。

对于伟大母亲的歌颂不绝于耳，但她的处境所存在的种种缺陷（如月经、妇科疾病之类等）和繁琐家务所带来的种种烦恼，却被人们严重忽视。由于母亲拥有把孩子带到这个世界上来的神秘特权，同时，人们又那么看重物种的繁衍，而将孩子的利益看得高于一切，放在了第一位，导致母亲的本体问题被忽略，使很多母亲也从不自觉到自觉接受了这一事实。很多女人从当母亲的那一天起就丧失了自我，忽视了母亲作为人的个体自我观。母亲的自我观一定要建立在纵坐标为社会属性、横坐标为独立属性的体系中，才能在这个世界中把握好自己的命运，开发出自己的潜能。

建立社会属性就要求不能脱离社会，学会营造属于自己的社会空间。作为母亲，要使孩子生活得更好，有好人缘，自己首先要有好的朋友缘，有好的人力资源网络。聪慧的女人从女孩儿、女生到女人，最后成为母亲，一路走来，对儿时的朋友、读书时的朋友，还有成家之后的朋友，都有一种经营的理念。对他人来说，要使人感到和你交朋友有受益的地方。对自己来说，每个朋友都有值得学习和让自己受益的地方。同时要多关心国家大事，参与公益活动等，这样与社会的联系紧密度就大，生活的圈子就大，就不会脱离社会，就会感到幸福和愉快。

独立性就是一定要建立自我意识。首先要学会爱自己才会爱别人，由爱产生的兴趣追求是个人追求的完美体现。一个人从小到大的成长过程就是个人不断追求完善的过程。尤其是你做了母亲后，个人的不断完善意识就要进一步加强，这不光是关系到你本人，还有你的下一代。所以说独立性的建立对于完善个人非常重要。作为母亲，要学会读书，多读书、读好书，用大量的新知识、新信息填充我们的个体，使我们在精神上富有，同时学会独立思考、勇于实践。母亲是天生的教育实践家，我们要在实践中把这种能力不断增强，在教育孩子的实践中不断升华自我。在培育孩子这一方面，母亲的作用非常重要，母亲的经历和知识构成都会对孩子的成长产生重要影响。现在学校教育在培养孩子掌握知识方面做得比较好，但是在孩子的人格培养和心理健康教育方面做得不够，这个空缺母亲一定要补上。而要能够胜任这个任务，就要求母亲自身必须懂得心理学、交际学、教育学等方面的知识。要有一套科学的学习方法，使自己成为一个有独立人格的人，这是一个长期的学习、积淀的过程。

母亲作为个体来讲，最重要的是精神生活，也就是文化思想方面的需求被他人及母亲本人严重忽视。人们重视女人生物方面的功能，对母亲的本体文化

劳动却视而不见，这就是女性长期在争取男女平等方面所丢失的最重要的内容。所以说母亲文化的创建是对这方面最强有力的支持。在自我意识中没有本体文化岂能建立起自我？人的自身生产的重要载体，没有被界定在文化劳动的范畴，使很多从事女性文化研究的学者都认为迄今为止人类的文化主要是男性文化，是男人创造了工业、艺术、科学、贸易、国家和宗教，而且还认为是男性力量在维持和不断更新人类文化，这不能不说是一种自我的否定，是女性文化的悲哀。

试想人类没有女性，人类的物种何以繁衍？没有母亲的十月怀胎，再优秀的男性只是个细胞。我以为人类的文化是由男性、女性共同创造的。当代人类文化以彰显男性文化为主，而女性文化以隐形状态存在。不是因为女人的力量太小，而是因为她们表现力量的方式没有将女性在社会中的文化劳动以一个最与男性不同的、不可取代的、内在性的角色——"母亲"在文化劳动的范畴内展现出来。这样就使我们女性文化长期处在一个隐形状态，而女性由不自觉到自觉成为男性文化中作为文化本体上的"他者"。这就是女性文化不能与男性文化共同成长、携手并进的原因所在。

社会应当给予女性与男性同样的机会，这是有积极意义的。但女性决不能停留在"给予"，而应当积极为自己的本体文化构建努力奋斗。**母亲文化作为具有个性特质的文化应当属于女性的根文化，**她把母亲对人类物种繁衍的贡献以文化形式展现出来，满足女性对本体文化的需求。

随着社会风俗日益温和，女性受教育的程度越来越高，她们可以做她们最感兴趣的事情。她们有时间读书，有时间思考，也有时间实践，有自我意识，有本体的先进文化。女性文化大发展时代即将到来。

新的性别文化应该让男女充分发展新的能力，这样才能淡化性别，构建一个性别一体的思维模式，对母亲的自我发展及对下一代的影响都很重要。男女性别有差异，但男女是同为一体的，也就是说，差异与不可分是女性文化的重要内容。要从这个本质问题看到，这个社会正是因为看到了男女能力的差异，才有

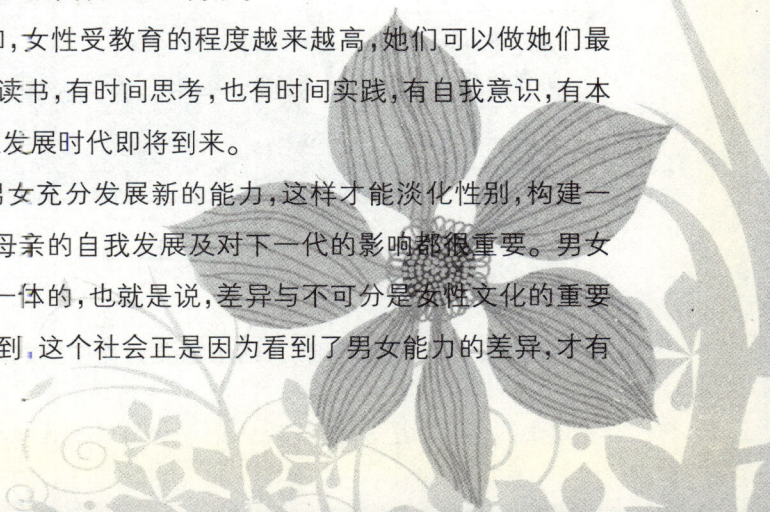

社会分工的不同。男女的平衡一定是科学地建立在男女能力差异基础上而将社会分工有所区别。这样才能使男女双方的能力不断加强，使潜能得到最大的发挥，使社会进步得更快。这样才有利于构建相互理解和尊重的和谐社会。

给我一个温暖的家——母亲的家庭观

在人类社会中观察到的家庭，有着各种各样的形态，其所具有的社会和文化功能也是多种多样的。但是家庭发展的五个阶段是有规律的，如图 1-2 所示：

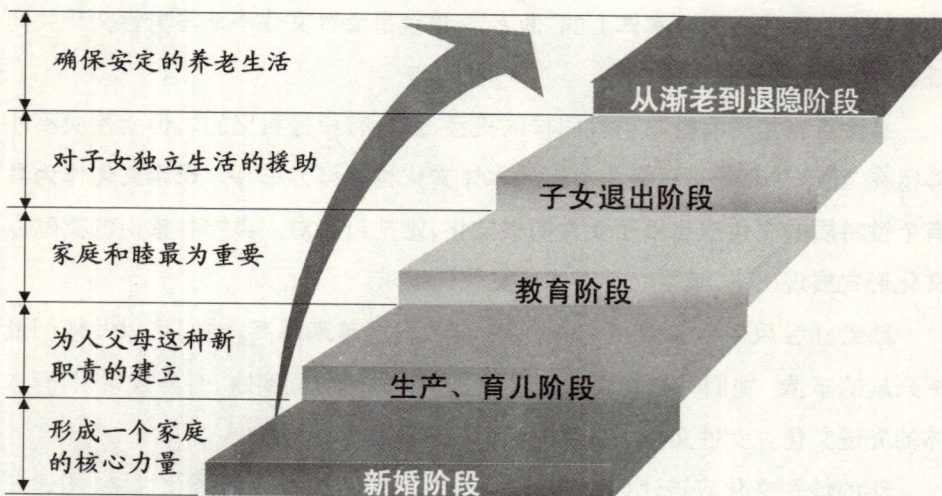

图 1-2

在这五个阶段的基础上，这里主要讨论中国的现代家庭。由于中国是全世界中唯一一个实行一对夫妇只生一个孩子的计划生育国策的国家,那么家庭就是由夫妇、亲子等少数近亲成员构成的。成员之间由深厚的感情、亲情相互连接。母亲是三人之家具有制衡能力的人,和谐的家庭需要有和谐文化素养的母亲的经营。在城市,大多数是双职工家庭,母亲们要平衡工作与家庭的关系。

在传统中国社会,以儒家思想为主体的社会主流意识形态,期望"女人"做一个仅仅局限于家庭生活的贤妻良母。为了彻底剥夺女性的社会属性,制定了一系列与之相关的女性行为规范。在这种社会期望与规范之中,传统的家庭母亲角色就被社会塑造出来了。晚清开始出现变革,尤其是 20 世纪初的新文化运动,知识分子喊出了"打倒孔家店"的口号,女性角色开始重塑,长期禁锢于闺阁之中的女人,也开始走向社会。直到 1949 年中华人民共和国成立,中国社会中的性别角色才发生了质的变化。中国共产党领导的新中国在社会制度与思想观念上都营造了一种男女平等的氛围(宏观方面)。"时代不同了,男女都一样"的观念开始深入人心,中国的女性从此真正走出家庭,成为社会生活各个领域中的"半边天",彻底打破了评判女性标准的"三从四德",建立了男女平等理念基础上的新女性形象。在党和政府的鼓励和支持下,广大妇女纷纷走出家门,参与社会建设,获得经济独立。同时广大妇女把自身发展纳入社会发展的主流,把谋求自身的解放和发展定位在以帮助妇女提高经济参与程度,增加经济收入,改善经济地位上。对于怎样培养妇女的家庭观则被大大忽视,同时淡化了母亲在家庭中做出的不可取代的贡献——爱。

爱社会、爱国家、爱人民,爱!但要知道家庭才是爱的发源地。人们对男人和女人这种人际关系能产生的爱视而不见,对这方面的学习没兴趣,更没有精力和时间经营家庭这个社会最小的集团,没有建立"经营家庭是母亲最值得付出的事业"的思维方式,这样就出现很多女性有所谓辉煌的事业,但家庭生活却一败涂地的情况,这样的人生能算成功吗?何况,家庭生活是否稳定、幸福,又直接影响到一个人的情绪、健康,最终也会影响到你所认为的事业。因此可以说,一个人的一生,一定要将家庭定位在你的事业之中,家庭的成功是你人生成功必不可缺的。任何成功也弥补不了家庭的失败,而且人生的社会工作期限很短,回到家中却是一辈子。

家庭是社会关系的最基本形式。无论一个人拥有什么样的地位、财产、声望,无论是健康的人还是病、弱、残者,家庭都是他(她)须臾不可缺少的地方。因为性别能力的差异,男性把家庭这一块让给了女性,所以母亲建立科学的、合理的家庭观,对己对家人都是大福,因为家庭是可以培育出最强烈、最真实、最不可摧毁的真爱的场所。家庭培育出夫妻的爱、孩子的爱。夫妻的爱带来了对社会对他人的爱,孩子的爱成为他未来能去爱和被爱的朋友,而且爱将伴随孩子一生,孩子们进而学习做爱侣、做真爱夫妻,然后做有爱心的父母。

科学研究的事实已经告诉我们,爱是在家庭内部培育,得到成长并开花结果的。自幼未在家庭中得到爱的人,是很可悲的,日后的各种问题,都可能根源于此。

个人影响家庭,家庭影响社会,社会影响国家,国家影响世界,这是一条无法否定的规律,从正面和反面都是如此。在这条规律中也可以看出当代母亲在家庭中举足轻重的作用。这种家庭劳动不被社会高度认可,不把她放在文化劳动范畴中进行研究,对国家、对民族、对个人都是不科学的。由于家庭具有不可替代的作用,正确地构建母亲的家庭观是需要人们大力支持和提倡的,并且是女性文化应特别重视的内容。

近年来家庭动荡和解体呈快速上升趋势,给多少当事人尤其是孩子留下了令人痛心的后患。通常情况下男性一方再婚的几率很高,而且很多家庭的解体是由男方的外遇等问题构成事实上的婚姻解体。在这方面对女性的伤害程度极大但是被人漠视。这种文化现象我把它称为离婚文化与婚姻文化,这也是母亲文化中的内容,将来再展开详述。

家庭这个词并不总是表示同样的意义,在我们日常生活中,它作为名词出现;在心理学上,它作为一个代表个人意义的词汇出现;从社会学的立场出发,意味着是一个社会集团。所谓家庭就是由夫妇、亲子等少数近亲成员构成的社会集团,成员之间的深厚感情即为家庭关系。家庭成员在一起生活就构成了一个社会集团的生活开始。应以战略的眼光看到,家庭的集体生活是一个更大世界的成功生活的开端。一个人的工作、社会活动、人际关系和公民身份都会不断地在这个社会集团中得到最早的实践与锻炼,从而懂得在某个场合、某个时间遵从一定的秩序,培养出尊重和服从集体的品德;一个人的责任意识的培养也从家庭生活开始,他会学着对家庭和社会承担起自己的责任,即夫妻忠诚和双方对配偶、对子女的高度责任感。

家庭对个体的重要性怎么强调都不过分,尤其是对女性。因为除了一些非常态的案例,绝大多数人一出生就会面对着自己的家庭,并且还将在这个家庭中发育成长。这种与家庭的联系就男女两性而言是同样的。在中国这样的社会里,母亲与家庭联系的强度恐怕还要超过男性。因为女性在一生中只要做了母亲就与家庭共度一生。从家庭的角度看,女性在一生中主要承担的是为人女、为人妻和为人母的角色。她一生就是生活在两种家庭即生长家庭、生育家庭中。女性在自己的生长家庭中还是较为自在的,只要家境不是十分贫寒,那么她的生活一般都是无忧无虑的。她首先在其生长家庭做女儿,如果她不是过早夭折或终生不嫁,那么,她将组成自己的生育家庭。在生育家庭,她先是担当妻子的角色,在生育了子女之后,她又充当了母亲的角色。对女性这几个阶段的人生角色,母亲角色的重要性是不言而喻的,她是人类物种得以繁衍的主要承担者,又是孩子的第一教育人,同时又是夫方亲属网络的主要感情联络人。但其地位常常受到夫方亲属的压抑,这在很大程度上也就是婆媳关系、姑嫂关系很难相处的原因。而娘家由于担心女儿的处境,会经常来探望,这对于女儿坚守母亲角色岗位,尽力适应新环境,平稳过渡初为人母阶段无疑是极大的鼓舞。这种现象体现在当了母亲的女性,多是将孩子给自己娘家带的现象。

对于女性家庭地位问题的综合解释,人们常从资源贡献、文化背景等角度展开讨论。如资源理论指出:在配偶家庭中,家庭权利的分配乃由夫妻所拥有相对资源而定。这资源包括教育程度、职业、收入以及社会参与。也就是说夫妻之中教育程度或职业、收入较高者或对外界社会参与较多的一方可能拥有较大的权利。如果将资源作更宽泛的理解，指女性能给家庭带来的从物质层面到精神层面的各种贡献（从女性自身的角度看，则是她拥有的资本），或许能发现女性家庭角色与它的根本性相关。这样一来，女性的经济收入、受教育程度自然是一种资源，影响到其家庭地位。从物质层面看，女性从娘家带来的嫁妆当然也是一种资源。从精神层面来看（其实这背后包括着物质基础），女性的家庭背景也是资源。家庭背景确实十分重要，即通常说的"门当户对"，它还会影响到夫妻的角色关系。有很好社会背景的女性，她很轻易地就将这样的人力资源用在家庭成员的身上，使其夫有借助外力之势。这种好的社会背景的人力资源甚至是人生最重要的财产，可胜过财富。

　　女性在家庭中还有一项资源是孩子，从夫家接受角度看，一个女子在生了孩子之后无疑与其夫及夫家其余成员有了紧密的关系，夫妇双方加上孩子即为"稳定的三角形"。真正使丈夫的家人接受一个女性的，是那个孩子。对孩子的关怀是家中的一种结合力量，有了孩子的女性就成为了母亲，固然遇到一些初为人母的困难，但孩子同时使她增加了在夫家挺起腰杆的资本，尤其是生了男孩的母亲。所以说一个女性在家庭中的角色地位就其年龄、辈分等方面的关系来看，母亲这个角色在家庭中有着较高地位。如果再加上资源总和大的缘故，那母亲在家庭中的权利地位将得到保障。

把最好的给孩子——母亲的育子观

每个家庭都希望拥有一个健康聪明的孩子,每个母亲都舍得将自己的一切都给孩子,怎样才能培育出优秀的孩子是每个母亲关心的问题。在培养孩子的道路上,母亲走什么样的路是至关重要的。每一个母亲都想走好自己的路,都想把孩子培养好。母亲这个群体,从本质上来讲,她们天生具有教育实践家的能力,每个母亲都是与生俱来的教育家,但现状如图 1-3 所示:

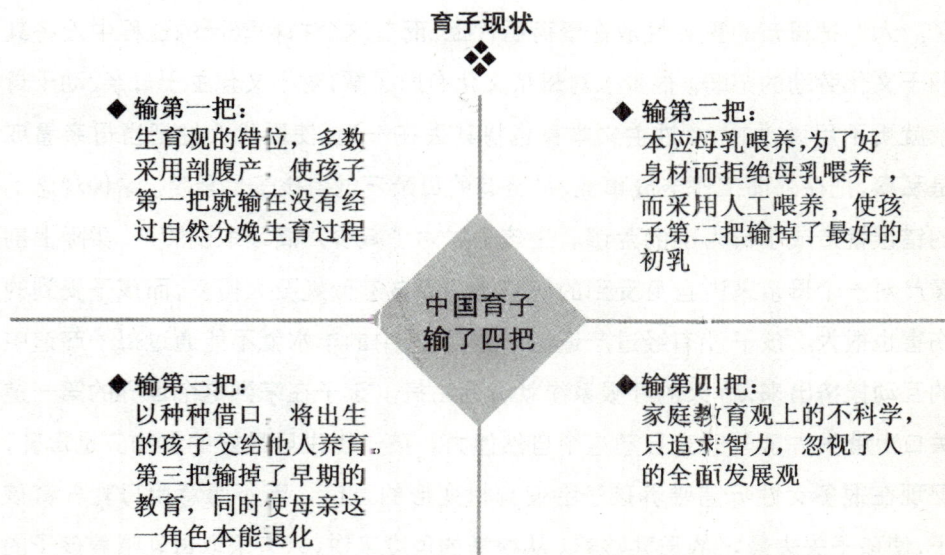

育子现状

◆ **输第一把:**
生育观的错位,多数采用剖腹产。使孩子第一把就输在没有经过自然分娩生育过程

◆ **输第二把:**
本应母乳喂养,为了好身材而拒绝母乳喂养,而采用人工喂养,使孩子第二把输掉了最好的初乳

中国育子输了四把

◆ **输第三把:**
以种种借口,将出生的孩子交给他人养育。第三把输掉了早期的教育,同时使母亲这一角色本能退化

◆ **输第四把:**
家庭教育观上的不科学,只追求智力,忽视了人的全面发展观

图 1-3

我们的母亲没有认识到这一点，没有几个母亲将自己看成具有老师一样的作用，更没有多少人认为母亲在教育学层面上比老师重要得多。教育者（母亲）对受教育者（孩子）的了解，是进行教育的前提。母亲对孩子的了解是从胎儿就开始的，任何人都不可能像母亲那样影响孩子，也不可能对孩子的一举一动有如此深切的把握。长期共同生活形成的母子情结是母亲对孩子施加教育的最好条件，而母子之间无可替代的信赖感（尤其是在0～3岁阶段），让母亲比谁都能更及时地把握孩子的思想脉搏，而这一点是任何一位老师都不能达到的。加之孩子在未成年期视母亲是家庭生活的核心，是孩子赖以生存和成长的依靠，母亲在孩子心目中的地位是至高无上的。俗话说"没妈的孩子是根草"，这个阶段孩子们乐于接受母亲的教诲，尤其是0～3岁阶段的孩子，其教育者就是母亲。我把这个阶段称为孩子的黄金教育期，这时孩子在受教育上是一张白纸。**母亲是孩子的人生导师，母亲比孩子今后的老师要重要得多。**

但建立这种思维模式的母亲在当代是极少数，把母亲当事业对待的就更少了。人们把母亲的重要性放在繁衍后代上，而在这个物种繁衍的过程中没将其归于文化劳动的范畴。很少人对母亲文化有所了解，对于文化生于母亲、动于母亲就更不用说，加之女性主义本身也将其丢在一边，使现代女性把当母亲看成是私事，把在外面工作当成事业，甚至有的母亲还觉得孩子是累赘。这种观念上的错误就造成了行为上的荒谬。生孩子时为了减少疼痛采取剖腹产，实际上剖腹产对一个母亲来讲自身受到的伤害比选择自然分娩要大得多，而孩子受到的伤害也很大。孩子没有经过产道这个过程，肺中的羊水就不能通过母子产道中的互动排挤出来，后天的呼吸系统就容易生病。孩子在来到这个世界的第一道关口上就失去了与母亲互动这个自然能力。孩子出生后最好的食物应是母乳，但现在很多女性听信喂养孩子会使身材变形的宣传，而不愿意用母乳养育孩子，使孩子失去最好的母乳喂养。从科学的角度来讲，只有采取母乳喂养孩子的母亲体型恢复最快，同时孩子的免疫能力大大增强，而且为他健康的体魄打下良好基础，这对孩子的长久发展是至关重要的。由于母亲本体文化的宣传不到位,使很多初为人母的母亲们在一开始就输掉了。由于我国的国策是一个家庭只生一个孩子,使现在的小家庭形成一个孩子六个成人的结构(加上女方的父母、男方的父母)。本来孩子最好的第一素质教育人应该是母亲,可由于双方的父母都健康,青年父母将小孩给自己父辈或者保姆带,这样又使孩子失去了最佳的教育阶段。把一个孩子培养到18岁时成为一个社会的合格公民,就是母亲对社会的最大贡献。有良好道德行为习惯的人,到哪里都是受人欢迎的。一个民族的素质提高,突破口在母亲的素质提高。只有母亲的素质提高了,在先进母亲文化的引领下,一大批成功的母亲教育出一大批成功的孩子,我们的民族才会强大。**母强子才强,子强国才强,国强民族才强。**

现已中年的一代母亲(职业女性),几乎都是在孩子出生42天之后,就不得不离开孩子,匆匆赶赴自己的工作岗位。虽说如今母亲的产假有所延长,但也只有三个月期限。至于孩子,要么交给祖父母或者保姆,要么不得不将孩子送到千里之外的亲友家中抚养。母亲如此狠心地抛下嗷嗷待哺的孩子,她有多么痛苦,谁都知道。母亲之所以不得不选择这种痛苦,是因为她必须立即投入工作,恢复她的社会角色。社会如此对待产妇和孩子,无疑是文明社会的悲哀。

随着社会向着和谐社会发展,这种倒退不能不引起人们的关注。近代以来妇女解放运动主张妇女为了男女平等而走向社会,参与到职场竞争之中,把在这方面的成功看成是女性的事业成功,忽视了男女性别差异,漠视应该以性别能力的差异进行社会分工。同时也有许多"女中豪杰"不但对男性权威发起挑战(非常少数),还对自己的性别特征发起挑战,只从共同的人性层面理解男人与女人。"只有人性,没有母性"成为一个深具哲学意味的口号。一些女性拒绝与"男人"相对应的角色特征,更不会主动为这个角色特征的本质文化构建贡献出她们的智慧。在这种女性主义武装下,她们不愿成为男人的妻子、孩子的母亲,为的是力求与男性并驾齐驱,在社会大舞台上纵横驰骋,追求功名利禄。这些人获得成功,脱颖而出成为人中豪杰,这没有什么不好,但毕竟是少数。少数女性的社会成功更应该将大多数妇女的利益放在她们已取得的社会成功中进行研究,在捍卫已获得的社会权利时,对女性的母性本能给予一个更好的文化诠释。

物有阴阳,人分男女,女性作为人类自身生产者,她跟孩子的血肉联系和相依为命的权利是根本。母亲在养育孩子的过程中,也养育着自己的母性。这是只有作为女性才能享受到的幸福。也可以说,母性是人性在女人身上的具体体现。就此而言,女人的人性表现得比男人更丰富,这在许多文化艺术产品刻意美化并赞颂母亲形象里就能看到。发展妇女的社会性,提高女性的经济地位是对的,但男性与女性因为性别不同所带来的性别能力的差异,应该在社会分工中科学地进行分配,使两性的长处得以发挥,使两性的本质特征得以彰显。把母亲这项最为神圣艰巨的人类自身生产工作提到多高的高度也不为过。没有母亲哪有人类? 但现实是,虽然人们重视产品质量,对任何一种工作都必须经过相应的培训才能上岗,但惟独生孩子、当母亲这项最为神圣和艰巨的工作,不要求经过任何培训和教育,社会没有给予她们固定学习的场所。这种现象背后是对人的权利和教育、需求、特性的极大漠视。在这样的漠视之中,对孩子权利和母亲权利的剥夺几乎是顺理成章的。

女性文化一定要弘扬母性。要把作母亲当作是一项伟大事业,越是伟大的事业越需要充足的准备。社会在教育制度和教育资源上都应为人类自身的生产这项伟大事业提供相应的支持,使每个初为人母的女性都能感受到社会的关注与爱护。

人类的素质和命运归根结底受到母亲素质的制约。一个女人的母性越是发展得充分,孩子所得到的关爱、呵护就越充分,他们的心田将越富于活力和弹性。如果我们社会都视母亲为神圣,每个女性都心安理得地做一个好母亲,每个母亲又在自己的母亲文化滋润下成长,这样的现状就是人类的福音。

作为母亲要有终生学习的习惯:从学习中获得知识、快乐、幸福,提高自己的文化素养,使生活更丰富。个人生活最丰富的女人,给予孩子的将最多,向孩子索取的将最少；母亲如果在努力和竞争中掌握了人的真正价值的意义，将最能恰如其分地把孩子抚养成人，自己也走向完善。

珍惜做母亲的权利——母亲的角色观

母亲角色观的科学构建对个人、对家庭、对社会、对国家、对民族都十分重要。母亲是人类存在的根源。但我们人类到现在还没充分意识到母亲对孩子生理、心理层面有如此重要的影响。尤其是"女性主义"，从来没有将母亲角色放在文化平台中讨论，使母亲的文化内涵首先在女性本体中丧失。母亲们没有意识到自己是文化的母体，一切文化的源头是母亲。母亲文化是一切文化的根文化。

在先进母亲文化引导下的女性首先就必须爱自己，要使自己有一个好身体、好心情，并将母亲爱自己的认识提高到是为孩子准备的高度。这样才会倍加爱惜自己的身体，意识到母亲的责任。现实社会由于这种先进的母亲文化宣传不够，很多母亲根本就没有想到自己的身体既属于自己又是为孩子准备的，因此便毫无顾忌地打胎，打了数胎后又去治不孕症。避孕药还没停半年以上时间就怀孕等。这些对孩子不利的因素从来没有放在母亲的行为方式中认真加以考虑。往往是母体已经被欲望、享乐蹂躏得不成样子时，才给孩子无奈地留出一块土地。其实孩子的健康身体来源于母体的健康(古希腊女子不能参加国家级的体育赛事，但提倡女子参加体育运动，因为他们认为健康的母亲才能生育健康的后代)。母亲身体好则孩子强，母亲身体不好则孩子弱，母亲的身体对孩子的影响是长期的、终生的。现代社会流行的减肥、魔鬼身材，以瘦为美的时尚，不能不让人担忧。这些年来刚出生的独生子女重症患儿不断增多，不孕症女性也呈递增趋势。女性在没当母亲前就严重忽视了自身的健康，更谈不上会为孩子保持一个健康完整的母体的思维模式。这是母亲角色观中最应引起全社会人关注的问题。观察在校女大学生早婚问题时会看到这种情况，少数女大学生不择手段地傍大款、走捷径，盼望找到一个有钱、有地位、有权的老男人，但从来不会从生物学、优生学、人才学方面对自身将要为人母认真考虑。受过高等教育的女性都不能对母亲角色观有科学的认识，这再一次证明女性本体文化的落后和匮乏。

只有构建科学的母亲角色观和以人为本的思维模式，才能造就出优秀的母亲。优秀的母亲是民族人口素质的基础，是实践素质教育的关键。而母亲素质的提高，则应从生活习惯、思维模式和价值观的改造入手。

母亲必备的十大素质如图1-4所示：

● 做一个好母亲的十个方面

1	自我认同（主宰自己）
2	感受快乐
3	做别人不愿做的事
4	立即行动做好当前的事
5	你想见的就是你想得到的
6	让别人感动
7	目标引领
8	付出的也是得到的
9	妄想与真实
10	善待自己善待他人

图1-4

王开敏 冯林 高友清◎著

1. 母亲应有很强烈的自我认同感——即自己绝对有能力将孩子培养成一个合格的社会公民。

2. 母亲一定要感受在抚养孩子的烦恼中的快乐。

3. 主要是指在抚养孩子过程中尤其在早期(0~3岁)你最不愿意做的事最应该自己去做,这是孩子与母亲最早的爱的互动。

4. 如果母亲对孩子的关注是科学的话,很多应该由你立即做好的事你会在最佳时间完成。

5. 如果你在抚养孩子过程中把见到的孩子的一切表现都当做是你想要得到的来享受,你会获得阳光般的心灵。

6. 你在抚养孩子的过程中,你的行为举止能让别人感动的话(尤其是孩子),你会在未来获得无限的回报。

7. 抚养孩子的阶段目标一定是坚定不移的,要贯彻执行到底,长远目标和阶段性目标的关系:前者是引领,后者是为完成前者而制订阶段性具体任务。

8. 母亲的阳光心灵必须要建立科学的模式,每一份付出都是你的得到。

9. 母亲在抚养孩子过程中一定要把不现实的因素一一剔除,针对每个孩子构建合理的符合社会发展的培养模式。

10. 母亲首先只有爱自己才能爱他人,在这种理念指导下她才能善待自己、善待他人。

具备以上十大母亲素质的女性对自我的情绪、行为、心理等就拥有了自我调控能力,就能构建合理的价值观体系,降低在抚养孩子过程中付出的心理成本,提高自己的幸福指数。

在传统观念中,母亲的意义和作用偏重于生物的意义,很多时候把女性看做是繁衍人类,使之生生不息的载体,而忽视了其社会及文化层面的涵义,这是对女性的一种不公正的对待。

而现在不少女性又产生新误区,她们对母亲是孩子的第一教育人没有认识。把教育孩子作为私人的事情,从来不会把自己对孩子的教育放在重要位置考虑，而把自己从事的社会职业看做最能体现自身价值的头等大事，忽视对孩子的教育。殊不知，教育孩子才是实现自身价值的最大体现。母亲角色观的最重要一点就是母亲的教育者的角色构建。教育孩子是世界上最深奥的学问之一，把孩子培养成为一个有益于社会的人，则是母亲义不容辞的责任和天职。因为孩子不仅仅属于母亲和家庭，还属于整个社会，孩子将来是社会的公民，是社会的财富。一个为孩子健康成长付出血汗的母亲，一定能够在今后的岁月中获得社会和孩子的丰厚回报。

"母亲才是创造历史的真正动力"，对于女性来说，她的体力抵不上一个男子，但她在培养孩子方面有着极重要的独特的价值。她可以把孩子培养成孔子、孟子、爱因斯坦、林肯等成功人士；同时也可以将孩子教唆成杀人犯、贪官等给社会带来负面影响的人。母亲的工作从这个意义上提得再高也不过分。但现实中母亲的工作没有任何报酬，没有社会的认可，没有法律、制度等给予保障。

人的生产是一切生产中最重要的生产而没有得到重视。在一个不尊重母亲的社会中，对有些母亲理直气壮地宣称不承担任何母亲责任也就能够理解了。

福禄培尔说："国家的命运，与其说是操在掌权者手中，倒不如说是掌握在母亲的手中。"因此我们必须构建先进的母亲文化，用先进的母亲本体文化启发母亲成为人类的教育者。主动学习，主动承担，主动教育，主动总结，在学习实践过程中培养出高素质的母亲教育家，使每一个孩子的最初教育都能够成为母亲最为重视的工作。

王开敏 冯林 高友清◎著

阳光心态——母亲文化四部曲

在抚育我的儿子艾天成长、成才的 18 年里,我一直致力于"母亲文化"的实践、探索与构建。我越来越感觉到:母亲不仅对于孩子、家庭的幸福至关重要,而且对于一个民族发展与壮大的影响不容忽视。因为这个民族的每一分子都是由母亲抚育长大的,母亲的理念和教子方法与民族下一代的成长息息相关。

先进的"母亲文化"是一种具有中国传统智慧的、理性的、特别适合母亲这一群体的思维成果和行为方式的总结,是在家庭关系中,母亲向孩子传递自己对文化的理解的最优文化。它具有中国传统文化的内在精神和显著特征,包含很多中国传统文化中有着非常丰富的关于家庭融洽、和谐、和睦的思想和观念。

根据我个人的人生实践体验,我总结出了四个理念,称之为"母亲文化四部曲"。如图 1-5 所示:

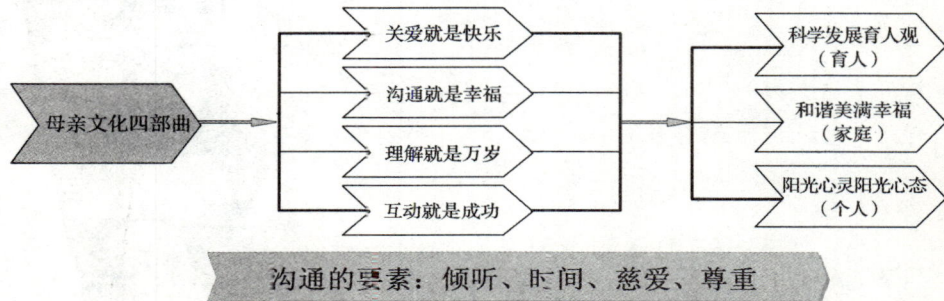

图 1-5

母亲文化四部曲

- 关爱就是快乐
- 沟通就是幸福
- 理解就是万岁
- 互动就是成功

- 科学发展育人观（育人）
- 和谐美满幸福（家庭）
- 阳光心灵阳光心态（个人）

沟通的要素:倾听、时间、慈爱、尊重

◆ 关爱就是快乐。把体现了你对文化的理解的关爱无私地奉献给孩子、家庭和社会，你将从中收获快乐。

◆ 沟通就是幸福。与你的孩子、家人、同事平等相处，经常进行心灵交流，探讨对古今中外文化的理解，你将会感受到幸福。

◆ 理解就是万岁。引导孩子、家人、同事、自己学会换位思考，只有这样大家才能更好地和谐共处，更好地理解别人，同时也能促使别人更好地理解自己，从而创造出和谐的家庭与和谐的社会。

◆ 互动就是成功。教育孩子不仅要在思想上、口头上，更要在行动上，与孩子互动。与家人的互动、与同事的互动都能落实到行动上时，你的成功就在眼前。

"母亲文化四部曲"是母亲文化的实践准则，它能使母亲受益，孩子更可以受益，家人和社会共同受益。它是家庭、社会和谐美满的源泉，母亲获得快乐，孩子更可以快乐地成长，最终实现母子双赢，母亲成为幸福的母亲，孩子成为成才的孩子。长此以往，将会有一批批成功的孩子出现在我们面前，民族的素质整体得以提高，这也是先进的"母亲文化"对于家庭、社会的重要贡献。

第二章 捡拾缺失的
母亲文化

孟母墓碑上的荣耀

人是一种文化动物，而且文化对人的影响和作用是通过一种无形的方式，通过影响或者塑造人的观念而产生作用，这种影响或作用往往并非突然之间就可完成，而是潜移默化、长期作用的结果。

母亲这一角色不仅仅是一个生物学意义的概念，更重要的是一个文化角色。她在养育子女的过程中，直接或潜移默化地将自己的文化、观念、思想传给自己的下一代。

我国古代最早的韵书之一《广雅》（三国魏人张揖编）对"母"字的解释是："母，牧也。言育养子也。""牧"直意为"放牧"，是一个有过程持续的动词，此解强调了在母亲的职责中长期的"育"更高于"养"，也很好地诠释了母亲这一角色的意义。因此，在培育孩子的过程中，母亲具有何种性质的文化，对于子女的成长成才具有关键作用。

说起母亲文化的历史，可以追溯到史前。人类从原始社会走出后，生存环境依然十分恶劣，仍需以群体的形式来对抗外部压力。这时，温婉、慈爱、宽厚的母亲，便本能地成了这个群体的中心，这就是母系氏族社会。母亲肩负着生儿育女和管理氏族内外事务的重任。在那样一个年代，母性的温柔宽厚成了人类最具安全感的依赖，人们知其母不知其父，名字称谓也都随母亲。这在我国古人的姓氏中可窥知一二。

我国最古老的姓都从"女"旁。《说文·女部》中就收有一些最古老的"姓"用字，如黄帝姬姓，炎帝姜姓，虞舜姚姓，从这些也能大概窥出姓氏的起源。而单就"姓"字本身也能说明这个问题——从"女"从"生"，姓即是"源于同一女性始祖的族属的共同标志"。这便是母亲在人类文化史上最原始的荣耀，她们在那样的

王开敏 冯林 高友清◎著

社会中起着管理和教化整个群体的作用,这一文化群体对人类历史的影响可想而知。然而,随着社会逐渐进入男性为主体的阶段,母亲这一角色越来越被忽视。直到后来,甚至是今天,母亲在自我发展的过程中的本体文化需求被社会、学者和研究机构严重忽视。

不过,尽管在中国过去几千年中女性文化被深深压抑,但母亲这一特定的女性群体并不缺乏丰盈的文化内质。孟母、岳飞的母亲、清孝庄太后等,她们或知书达理或深明大义或多谋睿智,历史记住了她们的名字。

在中国古代母亲的典范中,我们必然要谈的一位是孟子的母亲。关于孟母的详情,知道的人未必多。孟子的母亲姓仉,父亲名叫孟激,是一位怀才不遇的读书人,为谋求发展,别妻抛子,远游求仕,三年后,带给孟母的却是晴天霹雳般的噩耗。从此孤独无援的孟母开始了坎坷的人生旅途。她下定决心,要凭着自己的双手谋取衣食所需,更要以自己的力量,把独子教养成为一个有用的人。

孟母不只是小心翼翼地注意儿子的起居冷暖,更重视环境对孩子身心潜移默化的影响,不厌其烦地以"言教"和"身教"来完善儿子的人格。

孟家原在马鞍山下的鬼村,山麓坟茔处处,孟子和村中其他儿童追逐嬉戏,不时看到丧葬的情形,也三五成群地模仿大人们的礼仪,扮演丧葬的过程。这使得孟母十分忧心。为了孩子有一个好的环境,孟母把家迁到了十里外的庙户营村。这里是一个"日中为市"的交易集市,远近村民都来集市交易,讨价还价,喧嚣热闹,这场面对孩子来说是颇有吸引力的,耳濡目染,孟子也学会了锱铢必较。为了不让孩子沾染唯利是图的市侩气,孟母再次迁居。她第三次把家搬到了邹城的学宫附近。

学宫附近每天都有读书人来往,他们那高雅的气韵、从容的风范、优雅的举止与循规蹈矩的礼仪行为,都给附近居民潜移默化的影响,这里的孩子们,常群集在大树底下,演练宫中揖让进退的礼仪,有模有样,一片庄严肃穆的景象,使得远远察看的孟母由衷地感叹:"这才是孩子们最佳的居住环境!"虽然房子狭窄不堪,但是孟母带着儿子还是安安心心地定居下来。

孟子的母亲还十分注意身教,"言必行,行必果"。东邻有人杀猪,孟子不解地问母亲:"邻家杀猪干什么?"孟母当时正忙,便随口回答:"给你吃!"孟子十分高兴地等待食肉。孟母为了不失信于儿子，在捉襟见肘的生活费中，拨出一部分钱买了一块肉，以兑现对儿子的诺言。

孟子能成为中国历史上正统思想体系中地位仅次于孔子的人，这位伟大母亲是首先应该被称道的。而且这一历史现象本身就是一种值得重视的文化现象。

诺贝尔之母

没有人将居里夫人列为人类最伟大的教育家。事实上，居里夫人是最优秀的教育家、最伟大的母亲。作为一个女性，其自身能第一个为女性赢得诺贝尔奖已极其不易，在丈夫居里罹难后能忍受如此巨大的痛苦坚持研究更当列入神圣行列。在这艰苦的环境中，让人不可思议的她竟然还两次获得诺贝尔奖项，成为全球第一个获此殊荣的科学家，并且是世界上第一个面对如此众多男性科学家而独享如此辉煌的女性。

居里夫人创造的另一个奇迹是作为母亲在自己两次获诺贝尔奖之后，又将女儿伊雷娜培养成为了诺贝尔奖获得者。居里夫人不仅成了镭的母亲，而且成为了诺贝尔奖获得者的母亲。居里夫人不仅是有史以来最伟大的科学家，而且也是有史以来最伟大的教育实践家和最伟大的母亲。

玛丽·居里一生都是个强悍和伟大的女权主义者。她冷静地对自己的女儿说："在由男性制定规则的世界里，他们认为，女人的功用就是性和生育。"她的女儿伊雷娜，后来成为世界上第二个获得诺贝尔化学奖的女性。

居里夫人天下闻名，但她一生淡泊名利。尽管她获得的各种各样的奖金、奖章、名誉、头衔无数，但她全不在意。有一天，她的一位朋友到她家做客，忽然看见她的小女儿正在玩英国皇家学会刚刚颁发给她的金质奖章，于是惊讶地说："居里夫人，得到一枚英国皇家学会的奖章是极高的荣誉，你怎么能给孩子玩呢？"居里夫人笑了笑说："我是想让孩子从小就知道，荣誉就像玩具，只能玩玩而已,绝对不能看得太重,否则就将一事无成。"

居里夫人把对女儿的智力开发诀窍总结为:"把握智力发展的年龄优势。"
早在女儿不足周岁的时候,居里夫人就引导孩子进行智力体操训练,引导孩子广泛接触陌生人,去动物园观赏动物,让孩子学游泳,欣赏大自然的美景。孩子稍大一些,她就教她们做一种带艺术色彩的智力体操,教她们唱儿歌、讲童话。再大一些,就让孩子进行智力训练,教她们识字、弹琴、搞手工制作等,还教她们骑车、骑马。

在世界名人对其子女进行的家教中,居里夫人是惟一盼女成凤获得成功的。因为她发掘了两个女儿的天赋领域:大女儿伊雷娜·居里的天赋是自然科学,后因"新放射性元素的合成"于 1939 年荣获诺贝尔化学奖;小女儿艾芙·居里的天赋是文学艺术,日后成了杰出的音乐教育家和传记作家。

每天功课一做完,两个孩子就会被带到户外去,无论天气如何,伊雷娜和艾芙总要步行很远的路。居里夫人还在家里的花园里设了一个横架,上面挂了一个吊杆,一副吊环,一条滑绳,让两个女儿在家里进行体育锻炼。此外,女儿还在体操学校接受训练,因器械操的出色成绩,常常拿到一等奖。而居里夫人无论怎样忙碌疲倦,都要抽空陪女儿骑自行车出游。一到夏天,居里夫人就带领两个女儿下水,指导她们游泳。1911 年暑假,居里夫人带女儿第一次旅行到波兰,伊雷娜和艾芙学着骑马,居里夫人背着行李在前面引路,她们在山里旅行了 5 天,晚上就住在山民的小屋里。居里夫人之所以强化女儿的体魄训练,是因为她意识到:体魄是人的意志、坚韧及力量的体现;一个人没有强健的体魄,在事业上无法成功。

天赋是人与生俱来的一种素质。人的天赋不能培养不可造就,却可发掘。为了发掘女儿的天赋领域,居里夫人早在伊雷娜、艾芙牙牙学语时,就开始细心地尝试、观察、比较。她在笔记本上写着:"伊雷娜在数学上聪颖,艾芙在音乐上早熟。"女儿刚上学,居里夫人就让她们每天进行一小时的智力工作。当姐妹俩入了中学,她又在女儿每天放学后,再上一节"特殊教育课"——请人教两个女儿学习化学、数学、历史、绘画、各种语言和自然科学。

经过两年特殊教育课的尝试、观察和比较后,居里夫人发现:大女儿伊雷娜具备科学家的素质,小女儿艾芙的天赋领域是文艺。正是这种发掘女儿天赋领域的特殊教育,终使伊雷娜·居里和艾芙·居里双双成凤。

继居里夫人和她的丈夫获诺贝尔奖之后,由居里夫人培养成才的两对后辈也相继获得诺贝尔奖:长女伊雷娜,核物理学家,她与丈夫约里奥因发现人工放射物质而共同获得诺贝尔化学奖。次女艾芙,音乐家、传记作家,其丈夫曾以联合国儿童基金组织干事的身份荣获 1956 年诺贝尔和平奖。

如果说 20 世纪最伟大的教育实践家和母亲居里夫人还不能说明母亲对社会的伟大贡献,那么,在中国上下五千年的历史长河中也有许许多多伟大的母亲。如图 2-1 所示:

❖ 中国成功的母亲

蔡元培之母周氏	胡适之母冯顺弟	吴青之母冰心	茅盾之母陈爱珠	老舍之母马氏	曾宪梓之母蓝优妹
慈母的教育	培养「千里马」	「爱」——「立」的教育	循循善诱育巨匠	做孩子「真正的老师」	做生活的强者才能成功

图 2-1

一个母亲值几个师

法国思想家卢梭说过:"在所有一切有益于人类的事业中,首要的一件,即教育人的事业。"母亲作为孩子教育者的社会价值是巨大的。

前些年,我们为了证明科学对于社会的作用,常常援引一个例证:"一个钱学森值 5 个师。"那么,一个母亲她的社会价值又该值多少个师呢?

迟来的讴歌

为了证明这一点,我们有必要介绍一个人——孔子的母亲。孔子的母亲,鲁国颜氏之女颜征在。孔子 3 岁时,父亲叔梁纥病故,后颜氏带他到国都曲阜的阙里居住,当时家境相当贫苦。

颜氏的父亲是个思想开明的饱学之士。通过父亲的直接传授,征在不仅仅积累了丰厚的识见和学养,在教育和礼仪上也有很高的修养。她把父亲家的书籍搬运到自己的新家,准备在孔丘满 5 岁的时候教他念书。她先收了 5 个小孩子,在自己家教启蒙的书,得到每位学生家的学资——五斗小米和一担干柴,足以养活母子两人。

征在教孩子们习字、算数和唱歌三门功课,同时也教孩子们学习礼仪。孔子不到 6 岁开始跟班学习,后来,征在又收了几个小学生,孔丘成为母亲的小帮手,以尽辅导之微薄之力。经过孔母的苦心栽培和细心教育,不到 10 岁的孔丘,已经学完全部启蒙功课,因他聪敏好思,记忆力出众,喜欢帮助别人,成为同窗学习的佼佼者。这一段家教生涯、自己帮助别人学习的经历,对孔子以后办私学、兴教育产生了直接的影响。

关于颜氏教子的详情,可考的正面记载尽管不多,但从一些史料的侧面,我们也能感受到其母对他的强烈影响。《史记·孔子世家》中说:"孔子为儿嬉戏,常陈俎豆,设礼容。"这一定同颜氏的习育分不开。孔子说:"吾少也贱,故多能鄙事。"说明他的母亲对这个独生子没有溺爱,对他进行的是自强自立的教育。孔子还说:"吾十五而志于学。"一个父亲早丧的少年 15 岁立志于学,母亲必然起到了重要的作用。因此当孔子 17 岁母亲去世时,他的人生已经打下了良好的基础。

孔子一生办学兴教,传播儒学思想;修《诗》、《书》,定《礼》、《乐》,序《周易》,

作《春秋》,是我国古代伟大的教育家和思想家,对中华民族的性格、气质产生了巨大的影响。颜征在这位伟大母亲教育出的儿子的社会价值是深远不可估量的,那么这位母亲的社会价值又何以计量? 然而,可悲的是,社会没有承认她的价值,生活压力让她过早离世,她的名字更鲜为人知。

可见,相对于生存职业,母亲的天职工作一直是被社会忽略的,而这部分工作的社会价值却是不可估量的。然而直到今天,社会仍把女性回到家中尽母亲的责任看成是一件私事,是与社会无关的事,甚至当她们九死一生地完成"生产"后不久就被迫去为生计奔波。社会上有些人如此无情地对待产妇和孩子,无疑是人类的悲哀。

"艾天"现象引起的思考

完成好天职工作对社会和家庭是一个非常大的贡献,自己也会受益无穷,理应引起母亲的重视与关注。

对于我自己,当儿子艾天还在胎中时,我便把抚养教育他当做第一事业来看待。艾天出生后,我对他的每个阶段都认真关爱关注,并结合他的现状,制订出一个又一个阶段性目标和相应的培养计划,然后一个目标一个目标地去完成。不论平时我的工作多忙,我都要抽出时间与他交流。

1998 年,丈夫进入武汉大学任教,我当时正担任黄石市人大常委会常委,同时任黄石高等专科学校校办主任。为了一家团聚,让儿子有个好的成长环境,我放弃了在黄石市政府的稳定职务,举家迁往武汉。有人说我的放弃十分可惜,但是我觉得作为一个母亲这是一件很自然的事情。

我把家庭琐事当做事业来完成,和儿子在一起总感到快乐。在学习上我也从不强迫孩子,从未强制性地让艾天上什么课外辅导班。当别人都忙着带孩子上培优班时,我却我行我素地带艾天爬山、打球、看课外书。艾天求学时成绩也并非数一数二,总是在前 10 名左右徘徊。但他平时开朗乐观,爱好广泛。他爱运动,爱看电影,喜欢网页设计和网络搭建。他爱玩,玩简直成了他的生命,但学习状态却出奇地好。不管他爱好什么,我从没有阻止过他,只是给他以必要的引导。因为我知道,孩子也有思想,每个孩子心里都有自己的分寸。

2002年2月,美国弗里曼基金会负责人到中国挑选奖学金对象,经过层层选拔,全国共有70名学生入围。在面试中,尽管艾天的高考和托福成绩不是最好的,但他的综合素质吸引了主考官的视线。最终,18岁的艾天获得全球最高奖学金——弗里曼亚洲奖。2005年,艾天毕业时成绩优秀,获得了美国10%优秀毕业生证书。艾天毕业回国后被全球著名投资公司高盛(香港)公司录用。如今,艾天在事业上已有了自己的空间。

艾天的成长是我人生最大的成就。有这么一个身心健康、人格健全的孩子,他在精神上和物质上所给予我的满足将是长久的。

不但如此,在培优盛行的年代,我逆风而行,以独特的家庭教育方式取代培优的现象引起了巨大的社会反响。早在艾天得奖那天,就引起了众多媒体的关注。《武汉晚报》以图文并茂的形式,对艾天的获奖进行了专访,标题为《全球最高奖学金得主从未上过培优班》。《北京晨报》、《北京青年报》、《南京日报》、《华商报》、《鲁中晨报》、《潇湘晨报》等多家报纸也以不同的篇幅进行了报道。新浪网、南方网讯也不约而同地向众多网友发布了相关消息。这些都把关于"艾天现象"的讨论推向了顶峰,并引起了社会对于孩子教育方式问题的重新审视。

我之前从未想过对艾天的培养会对社会有什么样的贡献,但是我希望"艾天现象"能给天下母亲以启示,并有所帮助。如果能对社会有些细微价值,我将深感荣幸。

物有阴阳,人分男女,女性作为人类自身生产者,她跟孩子的血肉联系和相依为命的权利是根本。女性在捍卫已获得的社会权利时,对女性的母性本能也该给予一个更好的文化诠释。发展女性的社会性, 提高其经济地位是必要的。但是,男性与女性因性别不同带来性别能力的差异,因此社会分工应科学地进行分配,这样才能使两性的长处得以发挥,使两性的本质特征得以彰显。

养育孩子是女性最具优势的能力，一个教育有方的母亲的社会价值是不可估量的。

避孕还是接受"屠宰"

每个母亲都是一个个体，有自己独立的思维，她们更应该有自己独立的生活空间。每个女人在即将或已经成为母亲后都要树立一个良好、积极的自我观念，尤其是自我保护意识。因为母亲承载得太多，她更应该拥有一个如溪水般清澈顺畅的心情，和一种优质的生活。

女人的生理特性决定她在做母亲问题上一定要有清醒的自我意识。生殖功能尤其不能完全听任自然的摆布。很多女孩在做了女人后缺乏起码的自我保护意识。她们没有充分的心理准备，不清楚这样的事实：不管自己的意愿如何，生理天性都可能让自己成为一个母亲。因此她们没有准备便怀孕，然后又毫无顾忌地打胎，打了数胎后又去治不孕症，避孕药对自身和胎儿残留的危害性还没解除就又怀孕。

我的一个学生碧遥，她30岁结婚，婚后不久就怀孕了，然而夫妻两个都没有做好准备，并且当时工作正处于高峰期，怕因孩子受到影响，便做了人工流产。因为对避孕的必要性缺乏认识，没采取有效的措施，3个月后碧遥再次怀孕，紧接着又自然流产。这次流产给她带来的后果几乎是灾难性的，她已经成为习惯性流产，第四次流产后使得她不敢再怀孕。如今年近40岁的碧遥还没有孩子，尽管丈夫对她倍加呵护，但每次谈及这个话题时，她内心的痛苦还是让人感受很深。她对我说，在这件事上自己犯了最大的错误，如果时光能倒流，她绝不会再像最初那样愚蠢。

我们面临着一对夫妻只生一个孩子的国策，因此，又出现了另外一种情况，刚刚成为母亲的女人们就会面临避孕失败带来的一种特别绝望的补救方法：人工流产。做这种手术在肉体上和精神上的痛苦堪比接受屠宰，并且经常干扰着她们大多数人的爱情生活。她们的丈夫也许会因为怕再次酿成不良后果而疏远她们。

男人的欲望永远无止境，但母亲们和那些即将成为母亲的女人们要清楚：在这一点上，女人永远是悲剧的承受者。因此，使用科学的避孕方法，是女人做母亲前和做母亲后都必须想到的。

擦上一种叫"母亲"的香水

母亲个人生活要丰富，尤其是精神方面，这样你才能给予孩子最好的影响。这就如同香水，你首先要洒几滴在自己身上，否则无法感染别人。

也许你会说，母亲这个角色有一个难以逾越的本能之结，那就是——你一定要将孩子的需要放在第一位，其次才是自己。但是事实至少是这样的：如果你想做一个很有效率的母亲，你就也必须很好地照顾自己。这一点可以通过随处可见的例子来证明。

有一次我看到一个年轻母亲带着两个孩子在等公车。她穿得很整齐，但衣服上都是皱褶，头发也乱七八糟。从她脸上紧绷的表情可以看出来，她绝对是疲惫不堪。她的两个孩子在玩一个魔方玩具，还饶有兴趣地讨论着（在我看来这并没出什么错），而她一再对他们说："不要玩了！"其中一个孩子问："公车什么时候来？"她对他吼道："你以为我是司机吗？不要说话了！"孩子吓得一语不发，走到一边。倘若一个女人无法照顾自己，也会影响到她的孩子，上面的例子十分普遍。

其实，母亲是可以从这样一个几乎恶性循环的怪圈中走出来的。我的朋友嘉嘉就是一个很好的例子。

嘉嘉的儿子 4 岁,健康活泼,很能适应环境,经常受到称赞,然而她却经常感到心神不宁,惶恐不安。

在孩子出生之前,嘉嘉喜欢逛古物市场,她曾热衷于寻找隐藏着的宝藏。但是就像许多母亲一样,随着尿片、奶瓶、开车载孩子、家长会之类的活动,她个人的嗜好已经消失得无影无踪了。

她总是感到该做些什么其他的事,因此她总是想着下一个行程,无法全神贯注在当下的活动中。

为了重新找回自己的热忱,嘉嘉决定花一天时间去逛那些喜爱的老街。一个星期六下午,她把孩子留给丈夫照看,开车到离家一个小时车程的小镇,那里有很大的老牌古物市场。她花了一个下午做自己喜欢的事。她走进各式各样的小店,心中原本已经遗忘的自我又重新复苏了。这一天她过得很开心,虽然她只花了 30 元买了一个小小的彩色陶瓷罐,但她已经感到自己重新活过来了。

接下来的一周,嘉嘉跟家人在一起时也觉得更有参与感,她已经好多年没有这样的感觉了。她又有了生活的重心,也能够专注在自己身上。她发誓一个月一定要有一个星期六是专门属于自己的,那天可以做自己想做的事。

母亲还要学会营造自己的社会空间。作为母亲,要想让孩子有好的人际关系,自己首先要有好的朋友缘,有好的人力资源网络。**生活的圈子越大,与社会的紧密度也越强,就越有幸福感和愉悦感。**

亚莉也曾是被生活湮没而失去自我的母亲。在生完宝宝后,她的产后忧郁症一直没有消除,女儿和丈夫甚至不敢多亲近她。一个偶然的午后,女儿被奶奶带出去玩,阳光透过玻璃窗暖暖地照在她身上,亚莉突然想念起跟朋友共进午餐的时光——那是她们当母亲之前常做的事。她突然冲动地打电话给几个老朋友,约好周六到海滨吃午餐。她们请父母或丈夫照顾孩子,一起欢笑,捕捉美好的旧日时光。这样的午餐后来变成了她们之间的一种传统,让这几个女人保持了情感的联系,也在彼此的倾诉中得到了心理的抚慰,亚莉心中与社会隔离之感慢慢消失了。她开朗明亮起来,笑容如同阳光、香水一样挥洒,重新吸引了女儿和丈夫。

除此之外，学习是十分重要的。每个人都要不断追求完善，尤其是在你做了母亲后，这种意识更要进一步加强，这不仅自己受益还关系到你的孩子。当然，学习的内容也包罗万象，如美化居室、烹饪、化妆、服饰、理财、处事做人等。

丹妮与琼是朋友，她们都做了母亲，然而她们的经历却截然不同。丹妮总是有财务问题，琼却永远充足富裕。丹妮总是担心着，她要依照预算过生活，依照预算花钱，最后达到收支平衡。琼却是只要碰到钱的问题总会有意外之财出现。丹妮的女儿总是在跟她要东要西，但不论丹妮给女儿什么东西，她总是不满足。另一方面，由于琼总是忙于工作，和孩子独处和交流的时间太短，以致她在孩子眼中成了可有可无的人。琼总是问孩子要不要买衣服、玩具、运动鞋、脚踏车或滑雪板，而答案永远是："不要，我现在有的东西就够了！"

这两个女人在一起喝咖啡时，她们总是会谈起彼此截然不同的子女，然后各自心里做个比较。其实，两个孩子如此不同，却都表明两个母亲需要补充的东西。丹妮需要学习的是建立清楚的行为界限，琼要学习的是给孩子最珍贵的礼物——注意力、时间与爱，包括她自己。

真的，每一个女人都需要一个孩子来帮助她成长。每个女人不是生来就懂得如何完善自我，就如同不是生来就懂得哪种香水最适合自己。但是孩子会促使你自发地自我更正缺点，变得更宽容、更广博、更丰富，并以此来为你的孩子树立榜样。擦上一种叫"母亲"的香水，你就能够感染别人，尤其是你的孩子。

问题家庭，谁之过

对于女人来说，家永远是最终的归宿。一个人的一生中一定要将家庭定位在你的事业之中，家庭的成功是你人生成功必不可缺的。人生的社会工作期限实际是很短的,回到家中却是一辈子的事。任何成功也弥补不了家庭的失败。

在古代,"女人"的价值被局限于家庭中的贤妻良母,"五四"运动后被困于闺阁之中的女人开始走向社会。历史在前行,随着新时代全球范围女权运动的兴起,女人完全参与到社会建设中,她们获得了独立的经济地位,可与男人争锋天下。然而,女性该有怎样的家庭观却被大大忽视,于是一系列的问题又接踵而来。

欣欣是国内外知名的教育心理学专家,这让我们这些朋友对别人提起来都有几分自豪感。然而,朋友又都知道其实欣欣自己并不感觉幸福。欣欣的儿子今年11岁,先生远青是一家大型科技集团的副总裁。当年两人结婚时,欣欣刚大学毕业留校任教,远青事业正在起步阶段,远青对欣欣很满意,希望教书工作能让她有时间替自己照顾家庭。然而,学校并非与世无争的净土,激烈的竞争让好强的欣欣不甘落后。儿子6岁那年,便选择了出国留学,一直从研究生读到博士并在国外知名大学任教。

欣欣把孩子放在婆婆那里,别夫离子远渡重洋,一年只能看孩子一两次。欣欣曾多次对我诉说:"一闲下来,我就看孩子的照片,看着看着我就哭,想孩子想得心疼。开始回国看孩子,走的时候孩子还哭,后来孩子见了我显得很淡,甚至都不愿说话,我心里更难过了。"而且,由于爷爷奶奶的溺爱,儿子养成不少坏习惯。夫妻俩工作忙,所以也不自觉地就会用物质来弥补对儿子的爱。儿子过生日,先生给儿子买了一双1000元的鞋,而欣欣带孩子进商场,儿子也是非名牌不看,"孩子这么小,对物质的要求却越来越高,这真让我担忧。我是研究教育心理的,在对自己儿子的教育问题上却无能为力。"欣欣无奈地说。

更让欣欣苦恼的是,由于自己和先生相隔太远,两人的感情也越来越淡,有时在一起竟无话可说。远青不是不负责的人,但工作应酬的确又能让他接触不少年轻优秀的女性,这无疑又加重了欣欣的心病。欣欣大概听到过远青与某个女人的传闻,也无意中看到过两人在一起吃饭喝茶,于是一下子觉得天要塌下来。今年，欣欣放弃优厚的待遇匆匆回国，她紧绷的心终于轻松了一些，然而接下来与孩子、丈夫的感情沟通，欣欣能否轻而易举地解决呢？

女性走出家庭参与社会是时代的进步。然而在这个过程中，夫妻感情、亲子关系等种种困惑接踵而来，这让身兼妻子、母亲、社会人角色的女人身心疲惫。近年来家庭动荡和解体呈快速上升趋势，而且由男方的外遇等问题构成事实上的婚姻解体更为普遍一些。不能改变的事实是，这样的情况对母亲和孩子的伤害是最大的。然而，这个责任又该由谁来承担呢？

从留守儿童到"阿尔法母亲"

在我们周围有这样一个群体：他们的父母为了生计外出打工，用勤劳和智慧获取家庭收入，为社会经济发展做出贡献，子女留在了农村家中，与父母相伴的时间微乎其微，成为儿童中一个特殊的弱势群体——留守儿童。

根据权威调查，中国农村目前"留守儿童"数量超过了 2300 万人。他们一般与上辈亲人，甚至父母亲的其他亲戚、朋友一起生活。

父母外出打工后，与留守儿童聚少离多，沟通很少，远远达不到其作为监护人的角色要求，而隔代教育又有诸多缺点，这种状况导致留守儿童的"亲情饥渴"，使他们的生活、学习受到影响，很多在心理健康、性格等方面出现偏差。

"留守儿童"的概念，尽管是最近几年才提出的，但其问题却是由来已久。在王东华教授的《发现母亲》一书中，我曾看到过这样的一个真实事例：

一对众口称誉的医生夫妇，由于工作忙，把刚出生的儿子放在老家寄养。几年后,他们把儿子接过来自己带,但孩子一时很难与他们建立起感情。

孩子成绩不好,不爱听话,他们不反省自己,却让毒打成了孩子的家庭作业。稍不如意,气都出在这个可怜的孩子身上。孩子受不了这样的虐待,便偷了钱和粮票想逃回爱他的奶奶家,途中被发现送回后,父母不仅没有反思这么小的孩子为什么能够拿出这么大的勇气要回到奶奶身边,相反却认为孩子该严加管教,一阵更加残酷的毒打将孩子彻底地"打服"了,也让孩子对父母彻底地绝望了!

一个原本聪明可爱的孩子在家得不到温暖,只能到社会上去寻找,很自然地同那些野孩子交上了朋友,也很自然地有了小偷小摸的坏行为,下乡做知青时也就常干一些偷鸡摸狗的事——不过也仅此而已,但这一切无疑更加重了父母对他的厌恶感。

知青返城后,他被安排在他父母任厂医的工厂里,除了工资由父母代领外,连家都不让他住,而只能住在离家很近的单身宿舍。到了结婚年龄自然也得不到任何的关心,既没有多少零用钱,也没有一件像样的衣服,加之自己的劣迹,谈了几个女朋友都吹了……

事情到此仍很平常,日子仍然像往常一样平淡地过着,可积压在父母与孩子心里的怨恨都在接近极限。

终于有一天,因为某一件事情,这种仇恨爆发了,他趁父母不在家时(他始终惧怕他的父亲),发疯似地将家里的所有东西砸了一个稀巴烂,然后喝下农药自杀!在被送到厂医院抢救过来后,其父却用药欲置其于死地……再次被抢救过来后,医院虽然加强了对其父的防范,可怎么能够防范得了在这里任职的其父呢!

同样不胜折磨的其父下定了最后的决心,他趁护士不在的间隙用手术刀切断了自己孩子的股动脉,据说当时鲜血直溅到了天花板上,连抢救都来不及!

其父在跳楼自杀时被同事紧紧抱住,他一面挣扎一面哭喊道:"让我去死吧,我养了这么个不争气的儿子,还有什么脸活在世上,我对不起社会,我杀了他是为民除害……"

那个时候还没有什么法制观念，由于他的父母为人非常好，年年都是先进工作者，再加上他的儿子确有劣迹，最后对他父亲判了几年徒刑缓期执行！

家庭是社会关系的最基本形式，家庭生活是一个人社会生活的开始，家庭的和谐是一个人社会成功生活的开始。一个人的工作、社会活动、人际关系和公民身份都会不断地在这个社会集团中得到最早的实践与锻炼。爱和责任感是首先从家庭内被培育的，之后才会在社会中得到成长并开花结果。自幼未在家庭中得到爱的人，是很可悲的，日后的各种问题，都可能根源于此。

这不仅是一个家庭问题，也是一个社会问题。然而，家庭首先要为这个悲剧埋单。而且事实上，留守儿童问题绝不仅限于农村，在城市由于父母不在身边或工作繁忙而被留给其他人照管的孩子也是十分常见的。像前一节中欣欣和远青的孩子也是一样的。

可喜的是，目前人们都注意到了这个问题，都在着手解决它。而在这个过程中，又出现了另外一种现象——"阿尔法母亲"现象。

"阿尔法母亲"即 Alpha Mom，她们放弃现在的繁忙工作，专心回家怀孕生子，目的就是养育一个完美的孩子。这种现象首先兴起于美国各大城市。

露丝在纽约布鲁克林区长大，大学毕业以后进入华尔街的所罗门兄弟公司下属一家投资银行工作，10年后她成了所罗门美邦公司副总裁。但是她开始觉得自己生活中缺了些什么，在与丈夫商量后，她决定要一个孩子。她辞去工作，将全部精力放在即将到来的孩子身上。现在孩子约翰两岁了。为了培育完美宝宝，她阅读专业书籍和杂志，咨询专家，并且收看专门介绍"阿尔法母亲"标准行为的收费电视（Alpha Mom TV）。她将全部的时间都花在儿子身上，而且还雇佣了两个助手，因为经济对她来说不成问题。她说：书看得越多越发现，最好的教育方式就是和孩子待在一起，这样孩子会更聪明。

值得注意的是，"阿尔法母亲"虽然赋闲在家，而她们对于料理家务和照顾丈夫并不在行，因为她们眼中只有孩子，因此，千万不要将她们与"全职太太"等同起来。事实上，这些人目前很反感"全职太太"这个称号。露丝说："我在家并不是休息，做母亲与做公司主管一样，都是耗费巨大精力的事业。"

对于"阿尔法母亲"，人们的评价不一。有人大为赞赏，认为她们爱子心切，为了孩子的成长不惜一切代价，包括放弃自己的大好前程，真是"可怜天下父母心"。一些母亲表示，很想仿效，只可惜经济实力有限，心有余而力不足。

另一方面，批评声也不绝于耳。有人认为"阿尔法母亲"过于追求完美，把自己的意志强加给孩子，违背了孩子的天性，是典型的"拔苗助长"。露丝的一个朋友就直言不讳地说：**"露丝的行为很夸张，以自我为中心，她的孩子不见得喜欢这样的教育。"**

相对的自由和约束对孩子同等重要。过犹不及，这不仅是一个分寸问题，也是教育观念问题。目前，"阿尔法母亲"在全球尤其发达国家越来越多，在中国的数量也迅速增加。

社会的发展让家庭受益，同时也不可避免地带来一系列问题。这些问题需要国家和社会来共同关注，不容忽视。但在社会解决问题之前，家庭要最先担负起责任，尤其是家庭中母亲的责任是责无旁贷的。不管承认与否，母亲是家庭最重要的成员，所以母亲建立科学的、合理的家庭观，是尤其重要的——这与男尊女卑没有关系。

看见与看不见的挥霍

一位母亲曾对我讲起她做演员的女儿。她的女儿晓枫，从小爱美，艺校毕业后在演艺界发展。后来，与圈内一个情投意合的人相恋，29岁步入婚姻的殿堂。晓枫爱自己的事业，也特别喜欢孩子。她喜欢一家人享受天伦之

王开敏 冯林 高友清◎著

乐的感觉,她想把自己戏里的感觉演绎到生活中。半年后晓枫怀孕,10个月后,女儿妮妮出生了。晓枫感到自己是天底下最幸福的人了。

不过,演艺生活让晓枫习惯了美丽窈窕的自己。再加上丈夫周围总是有那么多年轻漂亮的演员,这给身材变得臃肿的她造成了一些压力。即使暂时不拍戏,她仍然希望自己呈现在丈夫面前的是苗条有型的身材。为了让身材快速恢复,晓枫从妮妮出生几天后便开始节食。这让晓枫的母乳很少,有时好几天都没有。晓枫认为女儿吃奶粉也是一样的,她给妮妮买最好的奶粉。母亲多次苦口婆心相劝,炖了肉汤、猪蹄等下乳的食物给女儿,可晓枫只是应付似的喝一两口就撇在一边。母亲看在眼里,急在心上,可是又没有办法。

健康的身体对幼儿健康人格和精神的形成具有重要作用,而母体健康与否对孩子又起到基础作用。女性首先应该爱自己,让自己有一个好身体、好心情,并将爱自己的认识提高到是为孩子准备的高度。

其实,像晓枫这样的女性并不少。由于对母亲这一角色没有系统的认识,看不到母亲角色对个人、家庭、社会的重要性,只是以个人的想法来处理母亲这一职责。

我的一位朋友也在大学做老师,她还对我讲起这样一件事。她的一位学生岚雅,人漂亮能干,十分有灵气,是学校里不少男生追求的对象,她个人也十分看好岚雅。但大学毕业前不久,岚雅出乎大家意料地和一位年近六旬的男人结婚了。岚雅的丈夫是商界巨贾,家资数百亿,和前妻离异不久后二人结合。

这件事引起了我们二人的思考。其实,我们心里都清楚,这绝不是个别现象。观察在校女大学生早婚问题,我们发现少数女大学生以找一个有钱、有地位、有权的男人为目标(能达到这样标准的男人年龄一般都偏大),却不会从生物学、优生学、人才学方面将要为人母这一职责认真考虑。受过高等教育的女性都不能对母亲角色观有科学地认识,这再一次证明女性本体文化——母亲文化的匮乏。

飞飞是我们楼里的一个孩子,她的父母都是独生子女,外公外婆、爷爷奶奶也都在武汉。由于双方父母都退休了,身体也都很好,飞飞的妈妈悦然歇完产假后便上班了。飞飞两岁半时,悦然出差去日本半年。看不到妈妈的飞飞,每天哭闹不停,吃东西也少了。由于抵抗力下降,飞飞整天生病,去医院看病成了家常便饭。如今,飞飞已经 4 岁了,身体一直不太壮实,也没有其他孩子那么活泼。在一起闲聊时,悦然总是觉得对不起孩子,她说:"在孩子最需要我的时候我却没在她身边。"

的确,孩子在幼儿阶段的抚养教育(尤其是 0~3 岁阶段)是重中之重,俗话说"三岁看老"就是这个道理。由于生理原因,母亲在为初生儿哺乳、养育婴儿方面具有天然的优势,母亲成了孩子成长的主要督导者。由于对母亲角色认识不够,许多孩子错过了最好的抚育阶段。

母亲是人类存在的根源,一切文化源头来源于母亲。母亲文化是一切文化的根文化。因此,每个女性母亲角色观的科学构建对个人、对家庭、对社会都十分重要。但女性本身和社会到现在还没意识到母亲对孩子生理、心理层面有如此重要的影响。尤其作为母亲的本体人群的"女性主义",从来没有将母亲角色放在文化平台中讨论,这让不少女性不是在挥霍自身的同时忽略了孩子,就是在不自觉中挥霍了孩子最宝贵的东西。这难道不该引起我们的重视吗?

45° 夹角的抉择

45° 夹角的抉择对我们女性一生是多么的重要,她是我们女性科学思维和行为方式的成功实践的标准。如图 2-2 所示。

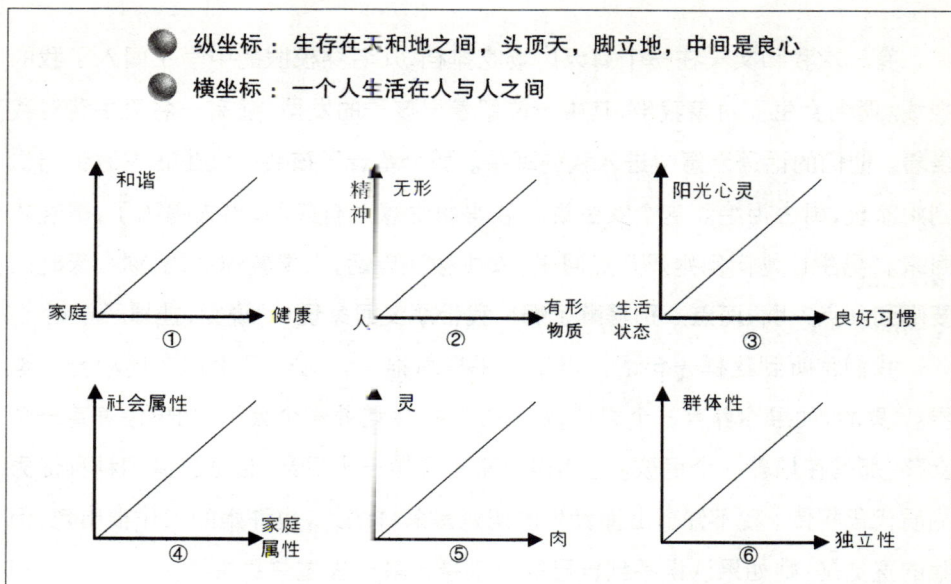

王开敏 冯林 高友清◎著

● 纵坐标：生存在天和地之间，头顶天，脚立地，中间是良心
● 横坐标：一个人生活在人与人之间

和谐
家庭 健康
①

精神
无形
人 有形物质
②

阳光心灵
生活状态 良好习惯
③

社会属性
家庭属性
④

灵
肉
⑤

群体性
独立性
⑥

图 2-2

◆ 女性要想建立一个和谐美满的家庭，必须有科学的思维模式，从图2-2①可看出，纵坐标代表精神层面，横坐标代表人的有形层面的健康。和谐家庭的每个成员的幸福指数只有在45°的夹角线上才能体现真正的和谐美满。

◆ 作为家庭成员的每一个人，尤其作为母亲更应该注重自身发展模式，精神和物质都不可缺，才能是一个富有幸福的人。

◆ 一个人的生活状态可从图2-2③看出，必须在心灵上的阳光和习惯上的良好的45°夹角线上生活，其生活状态才是人生的最佳状态。

◆ 家庭成员的任何一个人都是在社会属性和家庭属性的45°夹角线上生存才为最佳。

◆ 作为人，灵和肉的需求也永远是在45°夹角上才科学。

◆ 你的幸福指数永远是在群体性和独立性的夹角上才最高。

（备注：①~③图主要是母亲在经营家庭中应具备的科学思维模式，④~⑥图主要是家庭每个人应具备的科学思维模式。）

45°夹角中抉择的科学性在我们的日常生活中到处都可以看见。

有一次我和丈夫在一个露天广场吃排档,几名穿校服的中学生闯入了我的视线。两名女生面对着我坐,其中一位留着男孩子的发型。还有一名男生背对我坐着。他们的话语无意中进入我的耳朵。那个留着男孩头的女生正在邀请男生到她家玩,男生拒绝。这个女生说:"我妈妈生意上有应酬,出去喝酒了,很晚才回来。"男生让她问问她妈几点回来。女生拨通电话,大声喊道:"妈,你今天晚上要喝到几点? 啊,两点。别喝醉了啊! 我带朋友回家玩!"说完,挂掉了电话。

我们常听到这样一句话:"母亲一手摇着摇床,另一只手却在摇动整个世界。"真的,如果你养育一个男孩,那是在为社会培养一个公民;如果你养育一个女孩,那是在培养一个民族。因为她将来也会做一个母亲,会把自身的种种优秀品质代代相传。我不知道上面女生的妈妈是怎样的人,也许她的工作很出色,但我的直觉是:她如果认识不到自己的母亲身份最好去过单身生活。

每一个母亲都要遇到一个根本问题:母亲工作的目的是什么? 是增加生产和消费,还是促进孩子的发展和成长? 我们认为,母亲应走工作和培养孩子的中间路线,要做个好母亲,培养出高素质的优秀后代。

随着社会发展,女性在社会上的地位提高,女性集多种角色于一身,她们很累。但母亲是一种天职。母亲在家庭教育中的重要地位和作用是任何人无法取代的,孩子的品行和习惯,很大程度上取决于母亲的影响。

我的一个朋友、现在是博士生导师的一个政治学女教授说:"我儿子学习成绩不但不优秀而且还不能达到一般,因此升学和就业前景堪忧。我要告诉好朋友们明白这个道理:只要孩子优秀、能充分发挥自己的潜能,父母种地都比当个博导而孩子废了要强。"

许多例子表明许多事物对母亲的工作有利但是对养育孩子却有害。如果母亲为了工作而不去或很少去照顾孩子,进步将只有在牺牲孩子为代价的基础上才能取得,这显然是每一个母亲都应该避免的。因此母亲必须做出抉择,应该在母亲天职与谋生职业之间走 45° 夹角。

做母亲要选择让孩子以及丈夫和自己充满活力和主动的生活。

第三章　我们有个更广阔的家

有一种习惯叫文化

　　母亲文化如同任何一种文化，母亲文化就像一部电视剧、一场电影或一个宗教仪式，不是孤立存在的，而是多种文化要素复合在一起。

　　子充妈妈冯林是武汉大学的博士，生于书香门弟，父母都是知识分子。子充很小的时候妈妈就给他选择读物。妈妈选择读物时，往往注重读物自身的历史学、人类学、考古学、建筑学、心理学、文学、自然科学、美学等多种因素，这表明她具备以上的知识修养；她要求读物一般是当今科学文化背景下的世界名著或往昔的经典而非拙劣平庸之作，这表明她具有很强的比较鉴别能力；子充妈妈总在网上用最优惠的价格、以货到付款方式购书，这显示她具有经济头脑和掌握现代先进技术手段来服务家庭日常生活的能力；妈妈给子充买衣服一般都要名店名牌折扣价，这显示她对孩子衣服的质量、品位、文化含量要求很高但决不在这上面浪费钱财。

　　晓辉的妈妈肖肖文化层次不高，但经商的她经济条件很好，由于生意忙，她没时间陪孩子，更没时间去学习有关教育的知识。每当孩子要钱时，她总是非常大方，让孩子随便花钱。孩子的衣服和用品也非名牌不买，和别人谈起来，她总是颇为自豪地说："我小时候条件不好，现在只要孩子想要的，我都会满足她！"儿子成绩不好，不爱学习，她请了家教，还把孩子整天关起来不准出门。肖肖身上体现的是另一种文化。

　　冯林和肖肖显然是不同的。这不仅是两个母亲的对照，更是两种文化的比较。

　　母亲文化现象总是具有广泛的意义，即母亲文化的象征性。母亲文化的意义要远远超过文化现象人(比如作家)所直接表现的那个窄小的范围。衣、食、住、行这些最平常、最为人熟知的东西也会和"文化"相关。

比如,红与白本来是自然现象中的两种颜色,当妈妈把它们作为文化因素后,它们便具有了广泛的象征性。子充外婆倾向于给还是少女时代的子充妈妈穿白色的连衣裙,她认为白色不但适合自己女儿的身材、气质,也适合自己对女儿的目标设定:纯洁、高贵;子充妈妈喜欢给小小的儿子做大红小短裤,她觉得红色吉利,与自己的大胖小子那种蓬勃的活力,圣洁、甜美的气质,以及自己对孩子深沉热烈的母爱吻合。子充外婆喜欢用自己种植的玫瑰花的花瓣制成玫瑰茶给少女时代的子充妈妈饮用,因为这符合她自己内设的某种生活目标。

再来看看晓辉的妈妈和外婆。晓辉的妈妈肖肖从儿子长头发起,就给儿子后脑勺留一撮长长的头发,还辫一个细小的小辫。因为她小时候听老家的外婆说,男孩打扮成女孩好拉扯,尽管她并不十分相信这些。晓辉的外婆会做小虎头鞋以及绣着蜈蚣、蝎子、蛇等的漂亮肚兜给晓辉穿,因为在老家,据说小孩子穿上能避邪平安,肖肖和兄妹们小时候也曾穿过,这是以一种方式传递了老辈人对孩子健康平安的祝福。

这就是母亲文化在孩子生活中的体现。文化的象征性充斥于全部社会活动、家庭生活和社会秩序、母子互动之中。母亲与孩子互动的每一个细节,从母亲给孩子哺乳到穿衣、吃饭、做人、做事,都构成一个文化整体,而这个整体对孩子的影响是终生的、无穷的。

那秘密就是涓涓流水

教育子女是母亲天职中不可或缺的组成部分。母亲从怀上孩子到孩子出生后与孩子的互动，其一举一动都包含着人类文化的传承与生成。

母亲是家庭的主要经营者，母亲在养育子女的过程中，直接或潜移默化地将自己的文化、观念、思想传递给自己的下一代。因此，在培育孩子的过程中，母亲具有何种性质的文化，对于子女的成长成才具有关键作用。

房莉今年夏天刚刚考上一所名校的公费硕士生。她从幼儿园时代起就会照顾爸爸了：把洗脸水调到不冷不热，端给爸爸，让他在床上洗了脸刷了牙再下床；高中时房莉经常将用不了的零花钱攒起来，弟弟房岩也把自己剩余的零花钱和奖学金交给姐姐，高中毕业时房莉攒的零花钱有两万多元；大学时房莉经常为同寝室的一个贫困女生买饭菜，大三时弟弟有次开玩笑说自己没有钱了，房莉一次给弟弟汇来5000元。房莉的这些好习惯都是因为房莉妈妈就具备这些贤德和智慧。妈妈为人善良温和，懂得持家理财，乐于助人，自己也深深受益。并且她将这种思维方式和好习惯潜移默化地传递给了子女。女儿很好地继承了妈妈的思维模式、文化特征。

母亲可以一步步引导孩子认识整个世界，在互动中传递文化，并让好的修养成为孩子的一种习惯。当然，这要求母亲首先自身要具备良好的母亲文化修养。这里所说的文化修养并非指学历、书本知识，它是任何一种社会背景、社会阶层的母亲都可以不同侧重地具备的。

我的大学同学旭东曾讲起他的母亲。这位母亲是那个年代最为传统的女

性,连自己的名字都不会写。但是她却教给了他们兄妹很多做人的道理。旭东很小的时候,母亲就告诉他把好吃的留给奶奶,因为她的牙齿不好;旭东开始读书的时候,母亲就告诉他,自己小时候也想读书但条件不允许,如今儿子读书一定要为娘争口气;和人相处时,母亲告诉旭东,做人要实在,别人对你好你也要对他好;旭东谈女朋友的时候,母亲告诉他不能三心二意。旭东说,尽管母亲没有念过书,但文化书中所说的道理:孝道、诚恳、正直、进取等,母亲教给他的不比任何受过教育的母亲教得少,而且她是用最为朴实的方式进行了引导。

冯林博士小时候,母亲经常一边做针线活一边给他们姐弟们讲故事,比如普希金诗歌里的《金鱼和渔夫的故事》,讲到夜色深沉,母亲累得直打哈欠,说不讲了,不讲了,这个故事在家里的哪本哪本书里,你们长大了自己去看吧。她无意中在子女们的心中种下了文学的种子。冯林从大一开始发表中篇小说,他的小弟弟学的是经济学,但他的文学作品常被报纸杂志看好,约稿不断。

母亲、家庭和社会活动的一切方面,都可以归结为各种文化现象,比如母亲用一条大红绸子被面的小棉衣给婴儿做褓褛而不用白色的,母亲把筷子放在盛了饭的碗上的方式等等。

好母亲可以创造好生活。这好生活包括优质的物质生活和优质的精神生活。母亲优良的文化习惯如同涓涓流水,从孩子未出生时就一直流入孩子幼小的心田,滋养他的一生。

与孩子共同起舞

母亲文化不是静止不动的,而是时时刻刻处于变化之中。自然条件的变化、不同人群之间的接触、新发现与发明的出现,这些都会引起孩子的思维、习惯、爱好倾向与母辈有所不同。

朋友晓塘就曾颇为感慨地对我讲起这些:如今的生活变了,母亲能提供给孩子的东西也发生了巨大变化。婆婆以前要为 8 个儿女做衣服做鞋子,而如今自己却只需要在逛商场时稍稍留意,给儿子买几件合适的就行;高压锅、微波炉等的发明,食品加工、储藏的专业化让自己提供给儿子的食物具有更广泛的可能性,儿子经常为晚上睡觉前吃上海雨润烤肠还是吃河南双汇泡椒红肠、苏州苏阿姨馄饨而颇费思量,而自己小时候,睡前妈妈如果能提供一小块别样的面包,就会高兴好几天;电视机、网络的发明让自己提供给孩子的信息、游戏空前充足,孩子可以与世界最发达国家的孩子同时拥有最先进、信息含量最丰富的文化产品,而自己小时候想看一本书,妈妈都要在单位图书室排很长时间队去借;飞机、磁悬浮列车等的发明让母亲提供给孩子的代步方式、旅游范围不同往昔,自己小时候,母亲能骑自行车带自己出去转转,就是引以自豪的事。

我对她的话颇有同感。社会高速发展,使得孩子成长的文化环境同自己那个年代的文化环境有了很大的变化。不但如此,由物质变化引起的观念变化也让母亲与孩子间有了距离。我的儿子艾天刚成为小学生时,就对幼儿园时的衣服不屑一顾,我却不以为然,觉得衣服既然没有小到不可以再穿,质地又很好,就应该继续穿。艾天和朋友喜欢去麦当劳、肯德基吃饭,我则反对从众心理,不

王开敏 冯林 高友清◎著

提倡去吃这种高热量洋餐。

更重要的一点是，一般总是"物质文化"先于"非物质文化"发生变迁，女孩要穿超短裙，男孩要把头发漂黄、染红、染绿；并且，物质文化的变迁速度也快于非物质文化，导致母亲不认同如今少女的贞操观，看不惯孩子的裙子过短，不同意女儿堕胎，不同意儿子把头发染得花里胡哨，但妈妈的意识根本赶不上孩子的变化，物质文化与非物质文化不同步，于是产生更大的差距。

如何来缩短差距，更好地与他们沟通，并引导他们向积极的方面发展呢？我认为，母亲应更多地注意各种文化的协调问题。

我的一位北京朋友曾打电话对我讲起她的女儿方方。方方今年上初二，她们几个要好的同学早就迷起了周杰伦。她的小房间里挂满了周杰伦的照片；每当周杰伦有什么新歌，她都会最先知道；周杰伦有什么爱好，家庭和生活近况如何，她关心的比对母亲的关心还要多。朋友苦口婆心地劝女儿把精力放在学习上，结果却适得其反。她撒谎说要去同学家补习功课，结果却偷偷去看周杰伦演唱会。就因为这个问题，女儿和自己越来越有距离，一放学就钻到自己屋里，什么心里话都不愿意跟她说，她感觉自己都不像亲妈了。

朋友在电话中长吁短叹，说我们那个年代哪像这样，现在的孩子真不知道怎么了。

为了解开朋友的忧虑，我问了朋友一个问题："你上高中的时候是不是喜欢看琼瑶小说？"朋友说："是啊。""那你愿意当着父母的面把书拿出来看吗？""当然不会！""可是你会因为父母不让你看而放弃吗？""不会。只能让我更想看。"朋友恍然大悟，"我知道该怎么做了"。

过了一段时间，我出差去北京，朋友邀我去她家做客。那天，方方也在家。小姑娘很热情地出来和我们聊天，对我们说起了她们班里好多有趣的事，还因为班里一个同学跟妈妈打起赌来。

后来，我很诧异地问朋友："这是你说的女儿吗？我看没有什么问题呀！"朋友神秘地把我带到卧室打开了自己的电脑。我看到有一个文件夹里全是周杰伦的歌,另一个文件夹里全是收集的周杰伦的各种资料。她调侃道:"我现在也喜欢上周杰伦了,要不是你提醒我,我哪会重新变成'亲妈'呢!"原来朋友为了不再激起孩子的叛逆行为,打破僵局,主动与孩子沟通,并研究起了周杰伦。后来,她发现其实追星也并非一概都是不好的影响,只要掌握好分寸,也能学到不少东西。她如今已通过"周杰伦"这个契机同孩子成了无话不谈的好朋友,女儿也不再因对歌星痴迷而影响学习。

现在整个世界都处在巨大变革中,母亲根深蒂固的文化观念与孩子新鲜的文化理念出现了巨大偏差。不少母亲虽然高学历或十分富足,但由于知识、观念相对滞后,影响了与孩子之间的交流。其实孩子的变化有消极的,也有积极的,如何因势利导,变消极为积极,是每个母亲都应该思考的。

世界在跳舞,孩子随之而动,那母亲该怎么做呢?

我们有个更广阔的家

社会化是个人学习、掌握和运用社会普遍认同和接受的文化知识、行为习惯和价值体系,并成为社会成员的过程。

个人的社会化起点是家庭,亲子关系直接影响和决定个人的社会化发展方向。父母应该正确地认识和利用充满浓烈亲情的亲子关系,利用年幼子女对父母观念无障碍接受的心理基础,积极、主动、无私地向年幼的子女有效传授高尚的社会信仰、健康的价值观念等。在这个过程中,社会文化得以积累和延续,社会结构得以维持和发展。

冯林博士从儿子子充小学一年级时让他接触单簧管,小男孩对此产生了极大兴趣,不到一年,他已经是个有一定表现力的乐手了,"六一"儿童节他上台演出,得了才艺奖。他参加了学校管乐队,经常跟乐队一起参加各种场合的演出,包括在他父母所在大学的最大的舞台上演出。在那个庄严的大舞台上,他和同学们默契配合,把华丽的乐章献给师长、献给父母。子充在单簧管的练习中学会了耐心细致,增加了克服困难的自觉性,并越来越爱上了音乐。

妈妈引导子充学习单簧管这一社会化行为,使单簧管这种文化艺术通过孩子得以传递。如果没有社会化,社会文化就不能延续和发展下去。同时,子充在学习单簧管的过程中也是一种角色学习,他逐渐了解自己在群体或社会结构中的位置,并学会如何顺利地完成角色义务,在客观上维持和发展了社会结构。

对于孩子来说,社会化是十分重要的。父母的积极引导有助于孩子形成良好的个性和健康的公德,有利于培养和锻炼孩子良好的行为习惯、实用的生存手段,为满足孩子的社会化需求打下坚实基础,做好充分准备。

冯林博士的衡阳同学小北上大学时去市场玩,无意中从一个卖菜汉子的扁担上横跨过去,招致卖菜人最恶毒的诅咒和辱骂。小北哭着跑开,她根本不知道自己为什么被如此羞辱。妈妈从没告诉过她走路时不能跨越别人的扁担。她从此对所有的农民充满了厌恶。事实上,在南方农村,男人是很忌讳女人横跨自己的扁担的。在靠天吃饭的年代,扁担为他们分担压力,伴他们行走阡陌山水间,扁担是他们最亲密的伙伴。在他们看来,横跨自己的扁担就是对自己人格的侮辱,对自己劳动的不尊重。假如妈妈告诉过女儿扁担对于农民的这层社会意义,她就不会在这上面犯错误、受委屈了。

我在艾天年幼时就对他灌输"当官不要想发财,发财不要想当官"这样的观念,孩子长大后,自然不会犯一些官员贪污腐化的错误。后来,艾天在美国读完大学,毕业后到高盛集团工作后,笑对我说:"我要先发财再当官。"这种想法自然与当初灌输给他的观念不矛盾,是在当官与发财两者"鱼与熊掌不可兼得"时作出的明智选择。

我在黄石市做了一段时间的政府官员,开会、办公都有公车接送,但年幼的艾天从上幼儿园到上小学,却从没坐过一次"顺便车"。有一次,我和艾天要出门去坐公交车,艾天问:"妈妈,我们为什么不坐昨天的车?"我明白艾天说的是我昨天去开会坐的公车,于是严肃地告诉他:"公车是为妈妈办公务方便用的,不是为私人办私事用的,如果你坐派给妈妈坐的公车,就会有人举报妈妈,会罚款或扣奖金。"从那以后,即使司机开车路过学校门口,停车向放学准备回家的艾天招手,叫他坐车回家,他也不肯,宁愿自己步行回家。

这种公私分明的观念根植于艾天稚嫩的心灵后,随着岁月增长,更加牢固,无论是在职场,还是在官场,使他都不会因利益诱惑而无法自持,从而保持一份清廉,减少因贪念造成的人生悲剧。

每个人都必须首先通过社会化的途径,接受社会文化,学习社会生活技能,掌握社会生活方式,才能适应社会,才能在特定的环境中生存。母亲要做好孩子社会化过程中的领航者。

你我从来都不只属于彼此

孩子从一生下来,就处于最小的社会单位——家庭之中。孩子的成长过程就是一个走向社会的过程。作为家庭核心人物的母亲在这个过程中肩负着更大的责任。

国兴的父亲是省军区司令员,母亲是教师。6岁时国兴从家里偷了个奶瓶拿出去卖了,买了一个弹弓,被妈妈发现后遭到严厉的批评。此后妈妈采取多种方式告诉国兴这种行为任其发展对社会的危害性。一个空奶瓶对于这样一个家庭来说其经济价值是不值一提的,但孩子的这一行为具有重要的社会意义。

我以前听过这样一则故事:一个孩子从别人家回来的时候,顺手拿回了一块橡皮,回到家他的内心很忐忑,但妈妈不但没批评他,反而夸奖他。从此以后他的胆子越来越大,甚至开始偷钱。终于有一天,他的罪责严重到要被砍头。临终前,他把母亲叫到跟前,没有说一句话却咬下母亲的耳朵。母亲骂他不孝,他却说:如果当初他偷橡皮的时候,母亲能够阻止他,他今天就不会走上断头台了。

家庭中的成员尤其是母亲,是孩子社会化最早的引导者、约束者,对孩子进行必要的约束和正确的引导是十分重要的。

在艾天蹒跚学步时,我就告诉他把垃圾丢进垃圾桶;艾天和小伙伴玩耍时,会因为好玩随意采折园区的树篱,奔跑着从草地上经过,这时我会及时制止他,并给他讲明道理。艾天上小学后,我会鼓励他给灾区捐款,帮助学习有困难的同学。在我看来,没有什么比引导孩子做一个合格的社会人更重要的了。

不过母亲还要注意到,孩子自身也在不自觉中进行着社会化,他对事物会有自己的思想和看法,不管他在我们看来多么不成熟。母亲要注意自己意愿与孩子需要两方面的协调。

子充一岁多,妈妈开始给他刷牙——用一小块纱布挤上牙膏擦洗他的牙齿。可能是出于安全感的欲望,子充对别人在自己的嘴巴里捣腾深恶痛绝。但是妈妈觉得刷牙应成为一种习惯,总是设法坚持这样做。这件事进展得极其困难。一次,在子充坚决拒绝后,被激怒的妈妈强行进行,结果手指被一岁半的儿子死死咬住久久不放。她觉得自己的手指头可能被咬断了,她痛苦地大声叫喊,软硬兼施让儿子快松口,但儿子根本不理,直到他认为解了气,惩罚够了才松开。子充妈妈又痛苦又震惊地责问道:"你竟会对妈妈下如此毒手!准备把我的手指头咬断吗?"那幼小的男孩用晶莹的大眼睛坚定地盯着妈妈只吐出有力的几个字:"你是活该!"这个回答令子充妈妈大为震惊,因为她此前不知道她这个小小的儿子还会说这种犀利字眼,具备如此深沉坚毅的品格,自己一时无言以对,陷入沉思。

子充妈妈的错误是,她只看到了一岁半的子充是自己的小不点儿子,认为自己这样做完全是出于对儿子的爱,是无可厚非的;而且她认为刷牙对牙齿保健有好处,在孩子的成长中是必要的。然而,她忽略了一个问题就是:子充本身就是一个小小的社会人。在子充看来,这种做法对自身的安全感构成了威胁,令他痛苦万分、忍无可忍,而且妈妈竟会对自己的极力反对视而不见。如果将子充换成一个成人来想像,被人强加这样的行为会作何反应呢? 妈妈如果能想到这一点,相信就不会再感到震惊。

实际上,母子互动中的每一个细节都具有社会文化意义,不论是消极的还是积极的。母子关系中的社会化是双向的,即母亲引导孩子完成社会化,同时,通过孩子的反馈,母亲及时调整自己的做法,完成了自己以及母子关系的社会化和再社会化过程。

就如上面的例子,子充的反击捍卫了自己的安全、尊严,使妈妈在被惩罚后进行反思,使妈妈对他的独立性在震惊中得到承认和加强,对他另眼相看,这样妈妈下次就不会再犯同样的错误,母子关系就更加健康。

让我如何来爱你

在孩子的社会化过程中,母子的情感状态对孩子性格的影响非常大。

一般说来,母亲常以女性特征如感情细腻、做事认真仔细、性情温柔等来影响孩子。在现代社会,精神冷漠是普遍存在的可怕现象,想要改变这种现象,母亲的影响力是不可或缺的。

母亲对子女的爱对于子女及社会都意义深远。许多精神病和罪犯都可以追溯到幼年时期遭受的感情冲击。

美国一位50岁男子达列斯,20多年将妻子秘密囚禁于地下室,并将妻子为他生的7个子女中的5个陆续秘密贩卖到各地。作为一个父亲、一个丈夫怎么能够如此残忍地对待自己的妻儿呢？这一案例引起了很大轰动。心理学家萝普对这个案例十分感兴趣，在对达列斯进行心理调查后，揭示了这样的背后故事。

达列斯的父母结婚8年后一直没有子女，后来父亲因外遇和母亲离婚。离婚不久，母亲发现自己怀孕并将他生下，依靠做保洁维持生计。达列斯自懂事起就感觉到母亲对他的感情不好。母亲曾亲口告诉他，根本就不愿意为丈夫养育儿子，生下他就是为了向丈夫证明自己可以怀孕。达列斯从小受到母亲的虐待，打骂是家常便饭。幼年的达列斯曾试着帮妈妈做事取悦她，但却无济于事。在他的记忆里，都是母亲的拳打脚踢，他经常倒在血泊中。

不难想像，这样的经历会让达列斯形成怎样的性格，让他对亲情、爱情有怎样的理解。有这样的母子关系为背景，达列斯的行为就不难理解了。

一个人的性格形成固然有先天原因，但主要的是后天影响。一个对孩子怀有温暖而理智感情的母亲与另外一种母亲抚育起来的孩子是有差别的。母子关系直接影响着孩子社会化的结果。规律大概如下：

◆ 母亲的理解和情感温暖以及父亲的偏爱和过分保护能使子女性格平衡发展，但是也易导致自满。

◆ 母亲过度干涉保护，将导致子女对生活的消极态度。

◆ 父母的严厉惩罚易使子女出现被动、神经质、冲动和典型的"女人气"。

◆ 父母长期的拒绝可使子女无主见和创造性。

◆ 父母有反社会倾向、敏感多疑，子女常有类似的表现。

◆ 母亲羞怯被动、情绪不振，子女也自怜自恋，忧郁而无自信。

更值得注意的是，感情对孩子的影响是母子双方最不自知的，而且常常以"爱"的名义掩盖许多问题。

一位朋友告诉我一件真实的事情：一个初中女孩，她的爸爸妈妈都是从农村来到城市打工的，爸爸在建筑工地打工，妈妈做小时工。每人月收入各几百元，在城市里租房子住，还要供孩子读书。父母二人虽然日子过得很紧巴，但一看到活泼可爱的女儿就什么苦都忘了。女儿要什么给什么，犯了错误妈妈也舍不得责备。这就养成了孩子许多坏习惯。女孩一点也不懂得父母的钱来之不易，攀比心很强，花钱大手大脚。因为攀比，她向父母要了两百元钱买个小手机，两个月下来，手机费花掉 150 元。对这样一个家庭来说这并不是一个小数目。朋友问她干什么打这么多的电话，她却不以为然地笑着说："和同学们聊天啊！"

这不得不引起我们的思考。奉劝这类父母，请正确认识对孩子的情感，千万不要因"爱"而让孩子养成这样的性格：事事"以我为中心"，只知自己享受，不考虑他人，不知道任何得到的背后经历了怎样艰辛的付出。

如今，虽然电视、网络、报刊等媒介使得大量信息充斥孩子的周围，影响着他们，但母亲及其文化含量对子女的社会化影响仍是首要和基础性的，处于主导地位。变化的社会对母亲文化、母亲对孩子的社会化引导技巧、母亲自身的知识结构和综合素质提出了更高要求。

宝贝，别怕

消除孩子的胆怯心理，培养他们在众人面前表现自己的胆量和勇气，也是社会化需要的一种素质储备。成人社会化的最高目标是要取得成功，只有善于适度表现自己的长处，才有可能被他人发现，从而才有可能获得被人赏识和提拔重用的机会。即使是领导人，也要在公众面前学会适度表演，否则，作为公众人物就难以被人认同。

凡是成功的孩子在这方面都表现出色。从哈佛女孩刘亦婷到艾天，之所以能走进美国名校，也是因为他们具有演讲才能和表现能力。刘亦婷首先不是靠

成绩赢得他人的赞赏,而是在他人面前的表现能力;艾天在面试这一关胜出,也是如此,他对自己设计的个人音标的精彩解释,可能深深地打动了面试考官。演讲才能和口头表达能力的运用范围极广,朋友相聚,同学相处,与上级领导在一起,甚至参与各种大型社会活动,与人进行各种谈判,都是显示个人口才和智慧的时机。

公开课风波

徐晓冉的丈夫高友清在新半社从事新闻工作已有十多年。晓冉通过丈夫的职业认识到一个人的社会交往能力、口头表达能力、文字写作能力有多重要,于是特别注意引导自己的女儿高露在各种场合表现自己。

高露在武汉小学上一年级时,一次公开课展示前,她被班主任"另类处理":她胆量小,平时不敢举手发言,即使偶尔被老师点名发言,也十分紧张,声音特别细, 班主任担心她参加公开课时会影响班级整体教学水平评估名次,因此,将她和另外 3 名同学一起"请出",将其他班上的 4 名学生"替补"进来。

从女儿的详细口述中得知这一消息后,晓冉和丈夫商量了此事。高友清当天晚上就与高露的班主任电话联系,在电话中与班主任沟通了半个多小时,讲了这种做法的错误之处,它只能强化学生的弱点,使胆小的孩子更胆小,有悖于教育的基本原则,而老师的教育艺术恰恰应该表现在:如何通过有效的方法和技巧,使孩子改掉弱点,强化优点。同时,他向班主任明确提出,高露应该参加班上的公开课。最后,班主任接受了这一合理要求,第二天早上,高露和其他同学一起参加了公开课。从此,如何帮助高露克服胆怯心理,成了高友清夫妻俩在教育孩子的过程中非常重视的问题。

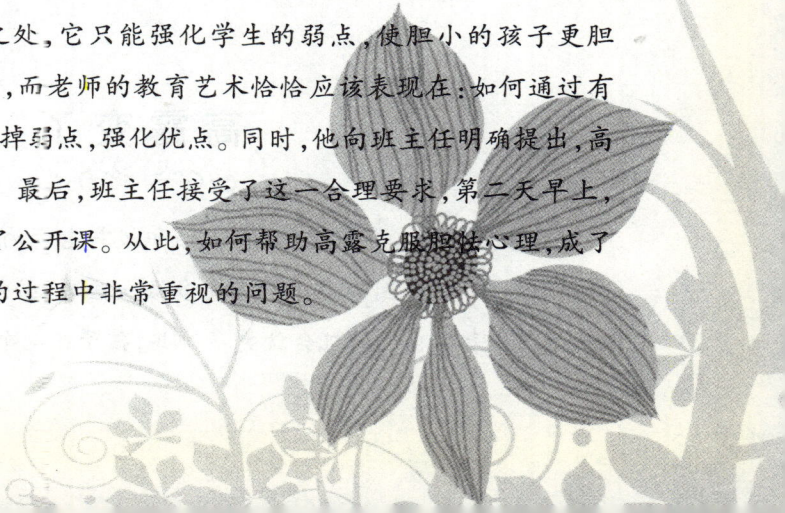

教授的启示

晓冉夫妇一起在武汉大学听工商管理课时,来自北京的一位教授讲了他教育孩子的一段经历:他送孩子上小学时,第一次与孩子的班主任接触就主动提出能不能让孩子当班长,班主任说班长要由同学选举产生,他又询问了具体的选举办法和时间。回家后,在刚开学的一个月时间内,他积极引导孩子认真学习,在同学们面前主动表现自己,为参与班长选举作充分准备。一个月后,孩子在班长选举中如愿以偿。孩子通过当班长,经常组织同学参与班集体活动,胆子变大了。而这位教授还经常向孩子灌输一个观念:班长是一班之长,学习也应走在同学们的前头,借此向孩子适当增加点压力,孩子学习也主动了。小学升初中时,孩子凭自己的优秀成绩考上了一所重点中学,免除了5万元择校费。

教授花了些心思和精力,将孩子扶上班长的位置,既培养了孩子的胆量,也提高了孩子的学习成绩,最终少花了 5 万元,可谓一举多得。

从教授育子成功的经验中,晓冉夫妇悟出一些道理:孩子的能力不是天生的,关键是家长要多为孩子争取实践的机会,在实践中培养孩子的胆量和其他各种能力。

高露变了

高露上小学二年级后,晓冉夫妇积极与老师沟通,希望老师让高露担任力所能及的班干部,因为当班干部要多做一些事,必须与其他同学甚至老师打交道,说话和表现自己的机会就更多一些,孩子在这个过程中胆量自然会变大,能力也会增强一些。由于高露的作文写得较好,班主任比较配合,先让高露担任语文小组的小组长,负责其他4名同学作文本的收集和发放。

在四年级上学期期末考试中,高露数学考了100分,下学期开始后,数学老师便让她当上了数学课代表,负责全班数学作业的收发,协助数学老师辅导少数同学的数学学习。班主任还让她当上了眼保健操管理员。班主任在高露的《综合素质报告书》中写下了这样的综合性评语:"这学期你当上数学课代表和眼保健操管理员之后,你明显进步了,学习积极主动了,工作更加大胆了。"

高露自己也感觉到"我的胆子慢慢大起来了,不是那孤独的小女孩了"。而作为家长,晓冉夫妇明显感到孩子的变化:高露的胆量大了,心胸更加开阔,行为表现自然,无论是在居住的小区院内,还是在外跟爸爸妈妈一起参加社交活动,见到谁都是主动跟对方打招呼,能判断对方的年龄,大胆地喊叔叔阿姨、爷爷奶奶。她待人的这种主动、热情、大胆也受到他人的喜爱。

孩子与人相处的心态,在众人面前表现自己的胆量,都是十分重要的心理素质,这种素质是决定孩子社会化能否成功的基础。如果说通过短暂的培优和补习,可以明显提高数学、语文、英语等课程的考分,那么,心理素质的养成则非一日之功,需要长期花功夫细心培育。

各种场合都要用好

基于这种认识,晓冉夫妇在日常生活中注意利用各种场合来培养孩子。请客吃饭,孩子参加时,晓冉夫妇就引导孩子在大人前面适度表现自己。高露平时喜欢看幽默故事,高友清夫妇就叫她向客人们讲幽默故事,还鼓励她拿起饮料杯子敬每位客人,并针对不同的客人说一句内容不同的"敬酒词"。

在高露10岁生日时,晓冉夫妇决定为孩子办一个生日晚会。他们事先做了精心安排,让她写好"感恩宣言"。在生日晚会上,叫她当着众多客人,宣读"感恩宣言"，表达自己对爷爷奶奶、爸爸妈妈和亲戚朋友的感恩之情，最后换上学习芭蕾舞的服装向客人进行"才艺表演"。他们有意让孩子反复做这类表演，使孩子逐渐变得胆大了，大方了。

在各种社会人群中，人的社会化具体体现为与人交往、合作甚至竞争的各种行为，而家庭是人的社会化起点。许多母亲没有在家庭生活中培养孩子对外交往的能力，使得孩子长大后存在"社交恐惧症"，出现性格孤僻，与人难以合作等现象，最后影响个人事业的成功。在家庭生活中，如果遵循社会上普遍遵循的"游戏规则"，孩子走出家庭后也会很快适应社会生活。

以民族的名义

一个民族的素质取决于民族个体成员的素质，个体成员的素质取决于最初级群体——家庭成员的素质，而母亲又是家庭中孩子素质教育最主要的担纲者。一般而言，母亲素质强则孩子素质强，孩子素质强则民族素质强。

日本和韩国这两个小国，为什么发展得这么快，就是因为有成功的教育，而母亲素质又是教育成功的关键。一篇文章上这样写道：作者到一个韩国朋友家里做客，朋友家很小的一个孩子从楼梯上摔了下来，孩子的妈妈只是看了看，作者要起身，而女主人示意他坐下，当时保姆就在孩子的身旁也是看了看又继续做自己的事情。

试想这样的事情在我们中国的家庭中又会是怎样的一幕呢？中国妈妈大多会跑过去，抱起哭鼻子的孩子，边用手锤打楼梯，边说："都怪你摔了我的宝宝！"

韩国人难道不爱孩子吗？我想当时孩子的母亲肯定也是很心疼的，但他们想得更远，这就是母亲的基础素质问题。

对孩子的素质教育的前提是，教育者，在家庭教育中主要表现为母亲，必须具备一定水平的素质。母亲素质好，会相应地表现为孩子先天遗传的身体素质优良，后天各种素质培养科学。

在美国工作的同学蕴然对我谈起她的美国邻居珍妮和她的孩子们。

珍妮与丈夫有两个男孩和一个女孩,分别为 16 岁、13 岁和 7 岁。珍妮是一所大学里研究中国文化的老师,懂汉语,到过中国几次。丈夫是一家信息策划及咨询公司的老板。这是一个富裕的中产阶级家庭。

春天来了,锄草的季节到了,各家庭院的草地每隔十天八天就得锄一次草。珍妮的大儿子罗莱格用电脑打出了锄草广告,挨家挨户地发送。上面印着他的名字——罗莱格和他家的电话号码,写着他愿意在周末的两天干锄草的活儿,工资以小时计,每小时 8 美元。不久之后,同学带女儿散步时,就看见罗莱格在周末的日子里弯着腰推着锄草机给邻居家锄草了。

同学和女儿周末到珍妮家拜访,正好有机会和罗莱格交谈。罗莱格是一个很有礼貌的男孩,在问好之后我们转入了正题:"罗莱格,经常看见你在附近干锄草的活儿,觉得你很可爱,你为什么去锄草?""我喜欢做这个事,可以赚点钱。""除了锄草,你还打别的工吗?""整个春天和夏天的周末,我都去锄草,每个礼拜至少做两次。冬天有时去擦汽车。西亚(罗莱格的弟弟)也干过锄草的活。莱丽思(罗莱格的妹妹)曾经卖过橘子汁。""你的同学们也干这些活吗?""他们有的去餐馆打工,我不去餐馆打工,那里每小时只能赚五六块钱,我锄草可以赚八九块钱。""你将来想做什么?""将来做医生,或者做牙医。"他敢学医,这说明他学习成绩很好,因为医生这个专业是很难考上的。他还告诉我,他每天在家里做作业的时间为两个小时,这在美国中学生中是相当用功的学生。

罗莱格是美国十年级的学生,也就是中国高中一年级的学生,再有两年,他就要进入大学学习了。许多母亲听了这个故事,或许会感到心疼,或者会想,家里也不缺钱花,为什么让孩子去干这个? 有时间多学习考一所好大学多好。

关于这个问题,蕴然后来听到了珍妮给她的解释:"这样的工作使罗莱格和他的弟弟妹妹们懂得了劳动与报酬之间的关系,懂得通过自己劳动获得报酬才是最值得高兴的事情,这里包含了人生的价值。他一面读书,一面想办法找活干,会体会到劳动的艰苦。将来,他无论成就了什么事业,都不会忘记尊重别人的劳动和平等待人。"

像珍妮这样的母亲、罗莱格这样的孩子,在美国很普遍,由此可以窥见美国家庭教育的一斑。而中国的母亲和孩子呢,尽管我们当中也有一部分重视家庭教育,但大部分母亲在这方面存在误区,他们辛辛苦苦地千方百计满足孩子的一切物质要求,不考虑实际情况,不考虑日后会给孩子带来什么样的后果。记得有一年"五一"放假了,一个小学生在游戏厅呆了整整两天,晚上也没有回家。而孩子的父母竟然一天打几次电话责怪老师没看好学生,和老师吵架:"如果孩子找不到就怎样怎样……"如果家长平时多注意对孩子的教育,控制手中的零花钱,又怎么会这样呢?

身为中国人,我并不想鄙薄自己的民族。但是从这里或许我们能找出西方发达国家与中国整体水平上存在差距的一些原因,以此给我们的家庭教育以警示。

我国素质教育者自身的素质有待提高,包括幼儿园、中小学甚至大专院校的从业者。很多母亲自身的素质储备也远远低于培养一个高素质的孩子所需要的水平,从而严重影响了民族素质及其提高。

当然,家庭教育中父亲的责任也不可推卸,但不可否认的是,由于性别能力的原因,母亲是孩子素质教育的第一人。民族素质的好坏很大程度上决定于母亲素质,一位有修养的母亲,会用她的各种品质来点点滴滴"浇灌"孩子,使之成为一个品质优秀的人。

良好的民族素质是一个国家国力强盛的根本保证。因此,提高母亲自身素质、繁荣母亲文化成为社会亟待解决的重大课题。

子充妈妈的教育故事

我们通常所说的素质可分为遗传生理素质、心理素质和社会文化素质这三部分。现阶段,由于人类已进入高科技时代,与农耕时代和尚武

时代如古希腊时代相比,素质教育首先更倾向于社会文化素质教育。如对人类文化的传承和创新,对社会规则的了解与遵从,对生存技能的掌握与运用。其次是对现代人心理素质的教育。对孩子的素质培养要达到良好效果,母亲及其他家庭成员的自身素质,包括身体素质、心理素质和社会文化素质必须具备相应基础。

冯林博士讲起儿子子充上幼儿园中班时的一件事。

因为前一天有事子充没去幼儿园,第二天"六一"节早上一到园,母子俩才发现今天得统一服装,统一活动。穿着新园服的小朋友已在院子里排队了,子充的新衣服还在老师那里,必须马上换上才行。可无论如何劝说,子充就是不肯换衣服。

能否迁就孩子,让他不用换衣服就加入队列?全园小朋友都换装了,儿子的班级是亮丽明净的天蓝色。妈妈不想因为自己儿子不穿园服破坏了一个班级的统一和谐,更不能因为自己儿子影响了整个幼儿园的统一布置,因为这是一次精心策划安排的社会活动。

那么就让那个无论如何也不肯换衣服的泪流满面的小子放弃这场一年一次的"六一"活动、远离他的小伙伴、远离人群,在角落里孤独忧伤,当一个被群体遗弃的看客吗?更不能!那样日后,这个明媚欢乐的"六一"对于儿子将变成黑色的、充满痛苦的回忆,并且会强化子充这种消极的行为。

但是一切劝告均告失败,下边的锣鼓已铿锵地敲响,队列开始缓缓行进。子充妈妈当机立断,抓住儿子的衣服,在老师的帮助下直接脱下。4岁儿子愤怒的哭叫声震耳欲聋,双手死死地抓住小衣服不让脱,但无济于事,衣服被迅速扒下换上新的,小屁股上还挨了几巴掌,火辣辣的。

妈妈脱下子充的小裤子时在心里笑了,她明白了子充不换衣服的可能原因——小男孩的小鸡鸡及其周围涂满了深红、深紫、深蓝、深黄等五颜六色,这是儿子的创作成果。初夏的午后,父母午休时,他经常用色笔在身上作画,开始在胳膊和腿上,后来专门描绘小鸡鸡了。描绘好了等父母醒后给他们看,总是惹得他们大笑不止,妈妈还经常夸他。也许他因此受到鼓励,经常在没人干扰下涂了玩,却没想到今天要在老师的眼皮下暴露。

几秒钟之后,子充已经穿戴一新,和全园的小朋友一样了。妈妈拉着儿子的手下楼,来到他班级的队列前。妈妈在他的小圆脸上亲了亲,对着他耳朵悄悄地说:妈妈最喜欢我的小子充了。然后松开手,看子充神采飞扬地回到小朋友身边,那身新的园服汇进中三班那一片纯净的天蓝色里。子充的小脸上充满了欢乐,妈妈几乎疑心刚才的事情是否真的发生过。

上例体现了妈妈对子充的素质教育。子充在身上各处画画,妈妈没有像其他妈妈那样,对子充说:"儿子,这样画身上很脏,妈妈还要一天给你洗几次澡。"不但如此,当子充向妈妈展示作品时还得到了很好的鼓励。在妈妈看来,他的那幅小鸡鸡画作构思奇特、用色大胆、色彩深沉而热烈,从美学角度来看不失为一个后现代主义的天才之作。子充的小鸡鸡彩画表现了4岁的儿子探索新经验的欲望。所谓新经验的欲望就是探索新鲜事物的好奇心,而艺术家、冒险家、发明家大多发端于此。

妈妈强行为子充换衣服,甚至不惜动武,是为了儿子更好地融入集体,加强了小男孩社会文化素质的养成——他在伙伴中愉快地度过了那个"六一"节的上午,队列没有因为子充的服装而不和谐,子充没有成为班级、幼儿园的另类,社会秩序、社会结构得到了维系。

子充不想换衣服,是为了避免他人某种反应和安全感的需要,这是很微妙的心理反应。妈妈注意到了,所以会在儿子耳边悄悄鼓励他,让他的心灵更阳光。

我们可以看到,子充有小男孩所应有的遗传得很好的身体素质,强健的体格,优越的智力,灵巧的有表现力的双手,不竭的精力和创造力;他具有良好的心智:他具有对新经验的欲望、对安全感的欲望、对反应的欲望和对承认的欲望(在身上画完后给父母看)以及在逆境中的心态和行为的迅速转换和适应(几秒钟后迅速融入集体)。

子充的行为表现和表现背后的心理有密切的联系,幸运的是妈妈看到了这

些。子充的画作、他对集体活动的迅速融入、母亲对孩子参与社会行为的高度重视体现了子充妈妈优良的心理素质、社会文化素质以及对此的理解。

用大脑和心灵去观察

鹏鹏妈妈是一位优秀的大学教授,为了工作、家庭鞠躬尽瘁,儿子如今上小学五年级。不久前,她委屈地谈起这样一件事。一次收拾儿子鹏鹏的房间,无意中发现一团揉皱的纸团,打开一看是一组图画,表示妈妈一天的遭遇。早晨妈妈刚出门,就被一个恶狗追逐,被啃下一大块肉,鲜血四溢;妈妈到商场买东西付钱,却发现钱包被人偷走……凡此种种,各种各样的倒霉事都让妈妈碰上了。更让鹏鹏妈妈意想不到的是,儿子在这组画的结尾,让一辆车把妈妈轧死了。鹏鹏妈妈说,她发现儿子这样在画中致她于非命已不止一次了。

我听后吓了一跳,提醒鹏鹏妈妈,要对自己进行反思,她是如何对待儿子的,以至于那个小小少年竟对妈妈如此怨恨。鹏鹏妈妈说,他犯错误时我们打他,还不准他哭。鹏鹏妈妈的确具备另一种特征:她以她典型的思路狭隘的认真,缺少人性的有条不紊以及她行为的机械,给孩子造成了一个怪异的印象。我建议她不要因此而责备鹏鹏:让孩子发泄发泄吧,这也是个调节的方法。

母亲对孩子进行素质培养时,应该考察孩子行为的本质,考察孩子行为掩盖下的动机。母亲应总是以自己的大脑和心灵同时去观察孩子,全面理解孩子的行为以及行为后显露出来的东西。

晓晓暑假很快乐。那天与妈妈一起去办公室,事先讲好先做完一个练习再玩电脑游戏。作业打开,他坐在那里唉声叹气,用铅笔敲来敲去,就是不写作业。

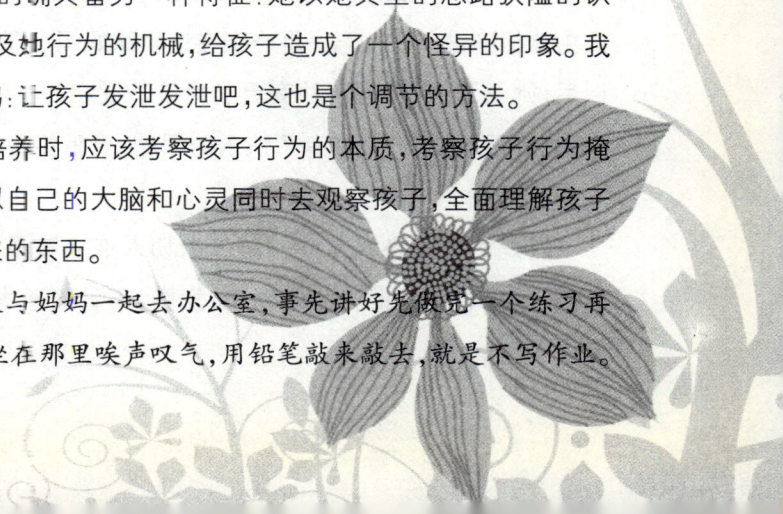

妈妈一边写稿一边耐心劝,反复催促他赶快做。这个6岁半、成绩优秀的一年级小学生一直置之不理。妈妈开始大声批评他,晓晓更不耐烦,抓起铅笔用笔尖猛击桌面,晓晓妈妈抽出大尺猛击晓晓的光腿,然后扭头继续工作,不理小男孩的高声哭叫。猛然,晓晓用一只削尖的铅笔一下子扎进妈妈的肩膀,血流了出来。妈妈惊呆了,她回头望着那张愤怒的、涨红的且泪水滂沱的小脸。她抓住儿子的手,把他紧紧地搂在自己的怀里。

晓晓涨红的、愤怒的脸以及那不顾一切的攻击或自卫行为,还有鹏鹏画中谋杀妈妈的行为,都是因为恐惧。晓晓及鹏鹏受到威胁,他们的愤怒就是他们恐惧的一种反应,而且他们已感到绝望和无能为力。晓晓妈妈就做了三种观察,即他愤怒了,他害怕了,他感到绝望了。

晓晓妈妈深刻体会到儿子在现实中母亲的武力下无能为力的感觉。而鹏鹏妈妈对其他的视而不见,仅仅看到鹏鹏的愤怒,那是最肤浅的。这将影响她与儿子的关系以及对鹏鹏的进一步教育。

也就是说,如果孩子妈妈对以上情况报以勃然大怒,看不到别的只看到那个生气的敢向母亲进攻的小人儿,那么可以说她一点也不了解她的孩子。但是晓晓妈妈能从那个发怒的小人儿背后去看,看到一个受惊吓的、感到无能为力的人,她就改变了自己的态度来对待那个只有6岁半的小男孩。她拥抱了自己小小的儿子,将他紧紧地搂在怀里,亲吻着他满是泪水的小脸。晓晓的愤怒渐渐平息下来,因为他不再受到威胁了,他同时得到了更深沉的爱。母子俩的心理素质由此得到进一步加强。是晓晓在这里给妈妈上了一堂心理素质教育课。从那以后,她再没打过孩子,并变更了为孩子设定的程序:再到办公室来,每次先玩半小时,再做作业,晓晓有了快乐的假期,更重要的是他的心灵更加健康阳光起来。

妈妈对孩子各种素质的培养的切入点应该是:妈妈不是从外部关注孩子的行为,而是关注他行为的动机、意图,不管孩子本人是否意识到这些动机。

给自己一个坦率而关注的小孩

琛琛上小学后，放学回家经常讲起同学之间的事，有次回家他对妈妈说："妈妈，李红影（他的同桌小女孩）上厕所时发现厕所有血。"（以前他也这样对妈妈说过一次，妈妈说，可能是谁的哪个地方不小心割破了吧。）没等妈妈说话他自己接着说明："是人血。"然后睁着大眼睛疑惑地望着妈妈。再搪塞这个问题已经十分不明智了。于是琛琛妈妈说："是这样，孩子，这确实是人血，而且很正常。妈妈现在就告诉你一些关于人体的常识。一个女孩的'小鸡鸡'开始每月流一次血了，这说明她已经长大了，为她将来做妈妈做好了身体上的准备了，这非常正常，她可以产生卵子了。如果女孩子长大以后，还没有这一月一次、一次持续几天的流血，那她就不正常了，将来就做不了妈妈、生不了孩子了。你想，这样的女孩，在结婚时会不会有麻烦？男孩会不会和他结婚？不仅是女孩，男孩长大也是这样，只不过男孩流出的叫精子，这表明男孩身体已经长成，做父亲的身体条件具备了。只有男子的精子和女子的卵子结合到一起，成为受精卵并跑到母亲的子宫里住下，孩子才能顺利发育。"

琛琛说："是这样啊，妈妈，既然精子在男的身上，卵子在女的身上，那它们是怎么跑到一起去的呢？"这问题可把琛琛妈妈给难住了，怎么对一个6岁半的小男孩说呢？只好顾左右而言他。可是孩子一定要问个清楚。琛琛妈妈于是说："这个问题，要等到你再长大一点，妈妈才能告诉你。"

对于这个敏感的生理问题，妈妈没有呵斥琛琛不让他谈及，或一直回避不给予科学的回答。她知道这反而会激起孩子的不良心理反应。琛琛妈妈以一种坦率、科学的态度进行了解释，使得琛琛的反应也变得坦率、科学起来。

有次琛琛在家门口玩,文雅的狗元元和儿子方方来到琛琛家的院子里并走到琛琛跟前,元元走过来舔舔琛琛的小手然后和方方一起走到旁边的大樟树下坐下。琛琛正在看一只大蚂蚁搬运馒头屑,忽然发现元元正舔自己的生殖器,这东西是他以前从没有看见过的。他指着那东西问:"妈妈,那是什么?"妈妈稍微迟疑了一下,正难为情不好说这个,她儿子没等妈妈回答立刻说:"噢,这是他的屁股灯吧。"妈妈笑晕了,说:"也许是吧。"

孩子的一切行为都不过是一种表达,一种宣言,每个细微的行为都是一种姿态,源于孩子特殊的个性。**每一个妈妈都应该学会用第三只耳朵去听孩子讲话,用第三只眼睛看待孩子的行为,并对其进行科学的引导。**

如若6岁的儿子希希如今已有数百辆玩具车,这让许多人怀疑她的教育是否出了问题。其实,如若并不是个溺爱孩子的母亲,对孩子的物质要求一直都保持很理智的态度。尽管家庭条件很好,但她很少给孩子大手大脚地花钱。那么,为什么在车辆玩具上会特别慷慨呢?不久前如若对我揭开了这个疑团。

希希还在襁褓中就对车辆有特殊的兴趣,哭闹时一看到车就会安静下来。稍大些后对车辆更是入迷,他能只凭声音辨出一辆车是什么牌子。妈妈看出了孩子在这方面的特殊天赋,不再阻止孩子玩车辆玩具。如若和丈夫为此给希希买了许多车辆画报,还和希希一起对车辆进行拆卸和安装。如今希希对包括拖拉机、垃圾车在内的大街上见到的绝大部分车的结构都了如指掌,他用其他坏了的玩具车的零件自己组装的车辆,比得上初中一年级的小表哥的手工作品呢。

琛琛妈妈用积极坦率的态度面对孩子对生理知识的好奇。希希对车辆玩具的要求,妈妈没有完全看成是一种单纯的幼稚的消费,而采取了积极科学的态度给予支持,使得希希在这方面的天赋得以很好地发展。这两个例子都说明,母亲必须做的就是鼓励并满足那些使孩子更主动、活跃、自由的需求。这样,他们的行为就不会再受感情和刺激的简单驱使,而会变得坦率,对事物保持科学的关注。一般而言,母亲如果设法使孩子在物质和精神方面的积极需求得到满足,对他的成长是十分有益的。

无所谓愿意和不愿意

母亲一定不要以强迫的形式要求孩子顺从，因为久而久之，孩子会变成温顺的、缺乏创造和活力的奴隶。

那么，如果有些事是正确有益、孩子必须要做而他又不愿做的，我们该怎么办呢？

不妨换个角度说出来，激发他自己的主动性。

子充小时候爱和一帮小朋友在外面玩，总是不想回家，如果好不容易说服他回家，他就会提条件：那你抱我回家。后来他妈妈找到一个解决的办法，说："子充和尤尤现在开始比赛，看谁先从花园跑到含章家的楼下，跑过去有奖啊。"两个赖着不回家、赖着不走路的小伙伴一听这话就狂奔而去了，大人追都追不上。

一个被动的人，是一个永远停留在吃奶阶段的婴儿，他的精神力量并没有得到发挥，会变得疲倦和昏昏欲睡。他自己不做任何事情，对生活会逐渐厌腻起来。而一个主动的人不会忘记化自己，他是他自己，并不断成为他自己。

为为吃饭总是漫不经心地把碗往餐桌边拉，因此打碎过两个盛满饭的碗。这天中午妈妈看他的碗又要掉下去了就责备他："你难道再准备把碗打碎吗？"为为一听立刻又把碗往边上拉，然后挑衅地斜眼看着妈妈。妈妈假装没有看见，她自言自语地说："不用担心，孩子会把握好平衡的，他不会把自己的碗打碎的，是不是，孩子？"为为一听立即面有喜色，把碗往里推了推回答："是的，妈妈。"

为为妈妈变责备为鼓励，使为为在这件事中变成一个主动的人，把这件事变成他自己的事，难办的事也迎刀而解。

培养孩子的主动性是素质教育的根本点，同时也是解放妈妈的重要途径。

妈妈开始培养那些根植于孩子并促使他变主动的需要,才有真正的自由时间,去思考和安排家里的其他事情。

冯林博士说起她和儿子的事。6岁的子充每逢被叫洗澡,他都要磨蹭十几分钟,说好吧好吧,等我把这本书看完就去。在他来到水龙头下之前,别人至少要叫他七八次,叫得令人厌倦。有次趁子充父亲不在家(这通常是子充妈妈改进儿子不良行为的最佳时机),看见儿子把最后一口午饭吃完,子充妈妈就说:"妈妈看看子充能不能自己把水调好,淋淋他的小脑袋小屁股,淋得像个小鸭子。"子充一听立刻扒掉自己的小短裤,跑去冲了个痛快。自此以后,一说洗澡,每次都是他先冲进洗澡间,调好水,自己给自己冲个痛快。这就是母亲怎样才使自己的家庭工作有趣有活力的一个小小的例子。孩子在这个炎热的夏天发现了最有趣的活动之一,冲澡;妈妈不必再费尽心机千呼万唤,洗澡成了孩子最乐意去从事的活动之一。

对孩子有益而孩子不愿去做的事情很多,比如做数学题,当前小学数学教材的改进就是我国素质教育迈出的新步伐,新形式承载老内容让孩子们在游戏中、在生活中学会用数学方法解决问题,学会数学,而学校教育也会轻松得多。社会以及妈妈要学会解放孩子,解放自己,这是素质教育的根本。

第四章　弥散在婚姻中
的母亲风情

婚姻者，何谓也

《易·序卦》说："有天地然后有万物，有万物然后有男女，有男女然后有夫妇，有夫妇然后有父子，有父子然后有君臣，有君臣然后有上下，有上下然后有礼仪有所错。"因此，人类婚姻生活在人类文明发展史上，具有确保种的繁衍及构建社会行为模式的双重功能。

人类社会自产生之时就有婚姻。

不过原始社会的婚姻是群婚。那时"其民聚生群初，知母不知父，无亲戚兄弟夫妻男女之别，无上下长幼之道"，处于不分辈分，不分血缘的杂婚状态。

两性之合俗称为婚姻。《白虎通义》说："婚姻者，何谓也？昏时行礼，故谓之婚也。"郑玄说："婿曰婚，妻曰姻。"孔颖达则解释说："婿则昏时相迎，妇则因而随之。故云婿曰昏，妻曰姻。"《说文解字》也说："娶妇以昏时。"为什么婚礼一定要在黄昏时举行？因为古代抢婚或掠夺婚普遍，是早期人类的一种比较原始的婚姻形态，也是古代部落间为增加人口用战争手段夺取妇女的一种野蛮和强制性的婚姻形式，这种婚姻形式曾普遍地流行于各民族。《易经》说："乘马班加，泣血涟如，匪寇婚媾。"因为是暴力抢亲，有夜幕掩护自然更容易得手。直到现在，于黄昏时分举行婚礼的习俗还在许多地方保留下来。

婚姻大事标志着一个人步入建立家庭、发展家庭的重要阶段。婚姻在种的延续上具有决定意义。人类活动中生物的、心理的和社会的三种最基本因素及其相互作用，在婚姻这一关系中反映得最充分、最集中。

夜来香在默默长大

你要种植一株夜来香，必须先准备种子、土壤，当然还要有充分的阳光、水分和营养，美满的婚姻家庭就如同一株美丽的夜来香，它的建立是需要精心准备的。

你我在不久前还是一个懵懂的小女孩或小男孩，但随着身体逐渐长成，对异性的爱慕之情日增，这表明在生理、心理上已在为结婚成家做准备。其实，每一个人从幼年就开始对婚姻家庭做准备了，尽管我们对此是不自知的。

结婚成家的准备是结婚当事人在性、爱情、婚姻三方面持续地社会化和个性化的过程。这个准备过程大体分四个时期：

学龄前儿童主要是从父母那里体验到婚姻所具有的心理与情感意义。"扮演新郎新娘"、"过家家"和大部分性游戏都在寻求并模仿婚姻家庭中的第一要素——亲密。

朋友的儿子尧尧从小体弱多病，经常不上幼儿园，极少和同龄的男孩女孩交往，平时在家附近游玩。但他很喜欢与小女孩一起玩，一见有可爱的小姑娘就跑过去从后边抱住人家。这时候尧尧的保姆总是在孩子的身后高声和别人评论：你看他多么喜欢女孩子。这对他的行为实际上是一种负强化。珈语小姑娘和他家住得最近、见面的机会最多，也是他最钟爱的对象。尧尧说："妈妈，我长大了要和珈语结婚，你和爸爸是不是最要好的？"听妈妈说是，尧尧说："我们俩会像你们那么好，我们要生个孩子叫鲁李妹。"

青春期之前，少年主要是在最初的社会人际关系中品味和学习婚姻情感中的另一要素——知心。

冯林博士的儿子子充6岁半，上小学一年级，回家经常说起他的同桌李影小姑娘，有次做作业在"你最喜欢的朋友"处画了个羊角辫小女孩，妈妈以为是大丫或小丫，因为她们双胞胎姐妹是儿子从幼儿园起的好友，也是妈妈最喜欢的孩子。可儿子说不是，画的是李影。有次竟对妈妈说："要是李影生个小妹妹和我一起玩就好了。"妈妈笑了，直率地说妈妈可不欣赏你这个同桌，因为她既没有美的神韵也没有雅的气质。他听了立即说，你是欣赏大丫小丫。

青春期之后，对性与性别的认知使"小"青年在男女截然不同中感受着春心萌动，也就是在准备着婚姻情感中的另一要素——吸引。

同事的儿子于刚上重点中学不到一年，体格健壮、成绩优秀、品德优良，但相貌很一般。有次他回家后十分沮丧地对他妈说："班上的同学选出十大美男十大美女，但是没有我。"他妈说，这不很正常吗？他非常悲伤地说："为什么？妈妈你看我不是挺美吗？我哪个地方不美？"

成年之际，青年人对人生、社会和异性世界有了更多的经验，便开始培养婚姻情感的又一要素——关心与体贴。

严岩进入一家公司不久就喜欢上同办公室的女孩辛雨。辛雨不但人长得秀气，还特别善良、有正义感，敢于站出来替受委屈的同事说话。严岩之后一直默默地关心辛雨，希望能进一步交往。尽管他知道在公司内部谈恋爱，对双方工作都不好，但是他觉得为这样一个女孩做什么都是值得的。

一般来说，各个准备阶段的缺乏、间断和失衡都会带来婚姻失败——即它不仅指结不了婚，也指独不了身，更指实际上缺乏生活能力和协调人与社会关系的能力。

天尊极少与别人交朋友，他对周围的人包括姐姐、弟弟等家人都充满了敌意。高中时他曾暗恋同班的一个女生并告诉了姐姐，姐姐对此付之一笑，姐姐觉得这不可能。她没想到弟弟此后对这女生又单恋了十几年，直到完全得了自闭症和妄想症。

婚姻准备是个性化的过程,尽管表面看来婚姻是一个人自己的事,自己认可就行了,但是这种自我认可也渗透着自己母亲的观念、心理、人格的重大影响。天尊的母亲就是一个经常做超现实幻想的人,儿子的状况与她不无关系。

结婚成家是人生大事之一。在家庭成员尤其是母亲的影响下,人们首先要认识自我、接受自我,对自身的心理、生理欲求非常了解,然后逐步形成性爱的指向和偏爱,并学会识别爱的信号,最终在社会规则的大框架里确定自己的位置,产生自己特有的婚姻期望。当一切准备工作就绪后,那株夜来香就会温柔绽放。

未婚妈妈,我该对你说什么

由于婚姻观念的开放,很多国家的未婚妈妈队伍都有不断壮大的趋势。据悉,美国的单身母亲人数已多达 1300 万人,她们抚养着 2000 万个儿童。我国的未婚妈妈人数也在呈逐年上升趋势。社会上也由此掀起了对这个现象的大讨论。

其实,"未婚妈妈"以前也不是完全没有,之所以在今天成为一个备受关注的话题,主要基于两个原因:第一,社会发展迅速,人们的观念日趋开放和宽容,能够理解相对多元的生活方式;第二,女性的社会地位特别是经济地位在不断提高,让她们较之以往更有可能按自己的意愿行事。

尤其是今天,不少未婚妈妈都是城市里的白领女性,她们有信心和能力处理妥当工作、生活和孩子的关系。她们比以往的未婚妈妈更阳光、独立、成熟,人们称之为"自主型未婚妈妈"。

我的一个毕业多年的学生晓曼,就已经做了好几年的快乐未婚妈妈。她曾这样坦然地对我说："现在,生孩子没有男人不行,那是科学问题;但养孩子,没有男人也行,这是观念问题。"

在全世界范围内,把"未婚妈妈"这一角色实践得最彻底的人,当属好莱坞巨星茱迪·福斯特了。茱迪分别于 1998 年和 2001 年通过人工受孕生下两个孩子,她曾说过:"我选择的银幕角色,都是男人世界里的女英雄,都是单枪匹马为真理、自由去奋斗,从不妥协的女人。在婚姻和孩子问题上,我理应如此。"以茱迪的知名度和片酬,她确实有足够的底气来实践这样的角色,但这样的智慧和功力一般人望尘莫及。

单身女性的经济情况在提高,全社会的宽容度在提高。不过社会在对未婚妈妈们表示理解的同时,对她们的"要求"事实上也在相应提高;而在现实生活中,因为来自经济与其他方面的压力,能将自己最初的决心、信心和爱心贯彻到底的未婚妈妈,仍是极少的。

2006 年 9 月,网名"意悠然"的未婚妈妈就张贴出一纸"忍辱生下孩子,奢望宝宝能见父亲一面"的"网络通缉令",声称自己同某男性网友相恋并怀孕,对方答应结婚,然而就在她怀孕期间,对方却悄然失踪;她已生下孩子,因父母与自己的经济能力都有限,希望该男性网友能承担起做父亲的责任。

这样的遭遇当然是不幸的。不过,在同情"意悠然"的境遇,唾弃那个不负责任的男人的同时,也有很多网友对她公然张贴男方真实姓名、身份证号甚至男方亲友身份的做法表示质疑。很多人认为,未婚妈妈的这种做法,更多会对孩子造成伤害。有网友说:"在你决定要将孩子的照片公布于网上时,你有设身处地为孩子的将来打算过吗?这个孩子从一生下来就成为了别人的焦点,父亲的隐私被母亲挖掘,母亲的隐私被千万人挖掘,而一个不懂事的无辜孩子,他的隐私……对不起,他从生下来就再没有隐私了!我支持你讨回你应该得到的东西,可你所用的办法,实在不是一个理智母亲的做法。"

很多网友还认为"某些人的玩世不恭、生活随便、不负责任,才是这一事件的根本原因",矛头直指未婚妈妈自身。许多网友在讨论中敲下了这样的话："你不是未成年少女，你有辨别力和分析力，那么你就要为你自己的选择付出代价，包括要承受一定的经济压力和精神压力。如果你已经做了要孩子的决定，后来发现自己不能执行这个决定，再出来寻求公众的同情时，公众就不会那么盲目了。"这不得不让我们再次想到"女性自我保护"的话题。

在我接触的未婚妈妈当中，大多数人都喜欢将自己的怀孕解释成一个"意外"，这点让我感觉非常不满意。

首先这对孩子来说是最大的不公平，不符合基本的优生优育原则，很少有人真正考虑过之前男女双方是否喝过酒，是否可能有遗传疾病，女方身体状况是否适合怀孕等因素。其次，尽管社会有了这方面的宽容度，但身体与尊严都是要自己负责的，不论是情侣还是夫妻，如果无近期要孩子的打算，就应该采取安全合理的避孕措施，尽可能避免"意外"发生。因为一旦怀孕，不管要不要这个孩子，势必都会给女方造成心理负担。我见过有的未婚妈妈生活艰难，对孩子连打带骂，后悔生下孩子；也有一些人堕胎后，产生惧怕心理，不再想结婚生子。

真的，所有的未婚女孩都应该有起码的自我保护意识和责任意识。要懂得，当一个好妈妈需要学习，当一个好的未婚妈妈，更需要严格的自我修炼。这种修炼包括：独立的人格——无论是否最终走向婚姻，这是保护自己和孩子的最大资本；清楚理性的自我了解——认识自我是认识世界的基础，基于这一点，仅仅凭一时冲动，认为"别人能做，自己也可以做"便是极不成熟的；有保证的经济来源——未婚妈妈必须做好一个人将孩子抚养成人的物质准备；坚持学习的勇气——不光是学怎样做妈妈，你还要学如何当爸爸，如何确保孩子身心健康。倘若从这些方面来综合考核，能够有资格做未婚妈妈的女性又有多少呢？因此，我真的要警告我们单纯可爱的女孩子们：未婚妈妈是一个长期艰苦的任务，绝对不要将未婚妈妈当做一种时尚！

择偶"牵马理论"

不可否认,女性的人生幸福很大程度上是来自家庭,组建一个温暖幸福的家庭才能为女性带来一辈子的快乐,所以,选择合适的对象对女性至关重要,因为择偶的成败将很大程度上决定家庭是否美满,女性是否能够获得幸福。

记得在很久以前的一个夜晚,当我为了选择对象的问题征求父亲的意见时,他语重心长地告诉我一句话,我至今记忆犹新,因为这句话使我成为了受益者。父亲对我说:"女孩选对象就如同骑手在选马。要多牵几匹马,轻易不要上马,轻易不要下马,还要学会饲养好你选中的马。"我把这句话牢牢记在心里,并用它来指导我对于对象的选择。

多牵几匹马,轻易不要上马

何冰是个文静的女孩,读书时母亲一直教育她要用心读书,少和男生说话。就这样,何冰直到大学毕业一直没有什么异性朋友,因为在男生眼中这个成绩优异的女孩总是一副高高在上的样子,不可接近。而事实上何冰是不知该如何与男孩相处。大学毕业后,何冰进入报社做记者,通过同学结识了现在的丈夫、高校教师王寻。由于工作原因,刘冰能接触不少优秀异性,不乏追求者。而且由于姣好的外表和优越的家庭背景,还有不少人为她介绍别的优秀的男青年。她不知道多牵几匹马,只想既然已经认识了这个,那就好好和人家处吧,当王寻向她猛烈求爱时,她很快答应了。不到一年两人结婚了,婚后不久,她的丈夫拒绝了导师让他继续攻读研究生的建议,自己决定学赌博,他说这个年头谁还学习?学赌博挣钱最快。他对妻子的劝告置若罔闻,最后终于因赌博而不上班、不回家,更不养家,并且赌债高筑。在女儿一岁的时候,何冰在法庭上"休"掉了丈夫。何冰至今后悔在选择伴侣的时候,没有多方比较对方的品性与才识。

何冰同岁的邻家妹妹李菲则不同,她和何冰同班,成绩没有何冰好,但个性活泼开朗,善于结交朋友。用何冰妈妈的话说就是"男朋友一大堆"。事实上,李菲一直都没有和谁谈朋友,她只是和异性谈得来。到了谈恋爱的年龄,李菲在众多朋友中,选了一个人品好、才华出众的男孩。正式交往一年后两人结婚。如今,丈夫成熟稳重,事业有成,十分让人美慕。

多牵几匹马是说在进入恋爱的季节后,要多接触些男性,这并不是要你花心,而是要你学会比较不同男性的特点。要想找到理想的对象,首先就要先了解男性,而了解的最好方式就是多交往些男性,比较他们的优点与缺点。只有在与不同男性的交往过程中,你才有可能从中找到比较理想的类型。

当然,你要善于把握同他们之间的关系,这个时候大家彼此只是处朋友,不要让别人误以为你已经在和他谈恋爱,否则会伤害彼此的友谊。在自然的交往中去发现适合你的异性,然后再继续发展关系。

在多牵马儿的时候,你也能锻炼自己的交际能力。

轻易不要上马是说恋爱是件神圣的事情,因为这是步入婚姻殿堂的序曲,不能游戏视之。作为涉世尚浅的少女,你一开始不会了解究竟什么类型的男性适合自己,而要了解一个人也是需要时间来检验的,所以你要有耐心去观察、去了解你中意的对象。感情也需要考验与磨炼,不要轻易就许诺别人终身,也就是不要轻易上马,通俗点儿说,就是不要一时冲动就把自己嫁出去。

男人的性情、才华、背景都是你需要认真考虑的内容。去发现适合你的对象,不要一味强求去选最好的、最优秀的,而是去选择最适合你的,不需要有任何虚荣,也不要去追随大流,不然终会自尝苦果。最好是找性格互补的,如果你是个外向的女孩子,找个内向些的男性不容易发生争执;而如果你很内向,那么一个外向的男性会使你更有乐趣。当然这只是一种建议。

人生伴侣的选择是非常慎重的事情,不能任由自己的性情胡来,不能冲动行事。一件衣服不合适可以扔掉再去买新的,但是爱人却不能这样,所以你需要时间,需要考验来帮助你下定决心是不是应该与他携手进入婚姻殿堂,这也是对自己眼光和判断能力、抵御诱惑能力的锻炼。

轻易不要下马,学会饲养好马

白鹭与曹杨大学时开始恋爱,白鹭喜欢曹杨的真诚,毕业后很快结婚。两人都心性未敛,总是因为一些小事大吵大闹。曹杨还是个大男孩,吃过晚饭后爱玩电脑游戏,白鹭觉得他无视自己的存在,十分恼火。白鹭总是唠唠叨叨,让曹杨回家后更不爱说话。夫妻两人虽然工作都稳定,月薪也不低,但房子按揭还是让白鹭备感压力。看着自己不少同学都嫁大款,或找了家境好的丈夫。女人的虚荣心再加上平日的小矛盾,让白鹭更是动不动就和曹杨吵架。白鹭一吵架就大喊离婚,后来两人竟一时冲动真办了离婚手续。离婚后,曹杨多次找白鹭和解,想复婚,白鹭还想再拿捏拿捏。结果,曹杨因为感情不顺,上网聊了个红颜知己。白鹭这下着了急,因为她真的舍不得曹杨,开始主动找他和解。然而,曹杨的心是否能挽回呢? 这还是个未知数。

如果你勇敢地迈出了婚姻的步履,那么就要做好长期的准备。对待自己的另一半一定要专心,不能见异思迁,更不要轻易下马。

在漫长的生活道路上,两个人即使感情很深,也免不了发生摩擦,出现矛盾,这个时候要学会检讨自己,学会化解它们,而不是去激化。有些夫妻稍有摩擦就以离婚相威胁,这是很不明智的,造成的伤痕也大。美满的婚姻需要双方来

经营,需要宽容与信任,需要忠诚与关心,也同样需要吵闹摩擦来点缀,你要正视你们之间的问题,而不要采取简单粗暴的方式对待自己的婚姻。离婚,不仅伤害自己也伤害对方,如果你们有了孩子,更会在孩子幼小的心灵上留下创伤。既然你已经跨上这匹马就不要轻易选择下马,这也是伦理道德的要求。

学会饲养好马是说当你与另一半建立家庭后,你就要学会把你的心思更多地放在他的身上。去照顾他的生活,关心他的事业,支持他、信任他。当然,所有的另一半都不会是完美的,这时你也要学会去努力改造他。你是他最亲近的人,你和他朝夕相处,你了解他的长处和短处、优势与缺点,用你的细心与耐心加以改变,给他中肯的劝告是你必须要做的事情。当你饲养好你的宝马后,你将会获得更多的幸福感,一个家庭才会制造出更多的快乐。

执 子 之 手

如果做女儿的时候,你还是家庭舞台上的"配角",那么当迈进婚姻殿堂时你已经成为了另一个舞台的主角。学会担当好你的角色,你要认识到,你就是这个小家庭的核心。为什么呢?因为为人妻的你将决定这个家庭未来的走向,虽然家庭由夫妻共同经营,但是妻子将承担得更多。

学做一手好菜

有些女性朋友可能不理解,难道女人非要做饭吗?是的,不但要做饭,而且

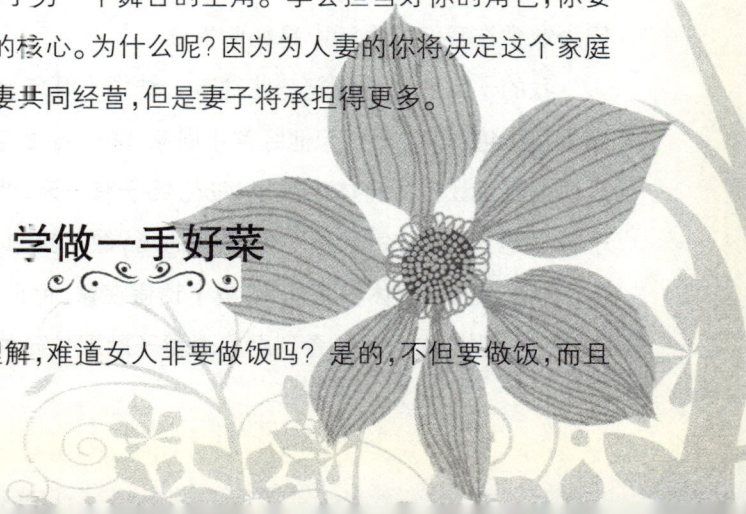

还要学做一手好菜。烹饪技能是我们生活的重要组成部分,身为人妻,你必须掌握几手烹饪的绝活儿。不要小看这门手艺,它可是夫妻生活的重要调节剂。家庭主妇是一家人饮食的计划者和执行者,而家中各人的营养和保健都是由她来主理的。每天要进食什么菜肴,吃什么主粮,喝什么汤水、饮品,吃什么水果、零食、小食品等全部是主妇们一手策划、安排及制作,责任重大。

在我还是个小姑娘的时候,父母就很重视我的生存能力的培养,父亲说:"女人,要将女人的长处发挥出来,就必须会做饭菜。"在我 10 岁的时候,家中的生活开支,就由我掌握。我不但掌握着家庭的经济大权,还承担起带好弟弟的责任。一日三餐,也由我一手操办。我在中学阶段,就成了一个很会做饭菜的高手。结婚后,我的丈夫便从我的手艺中吃出了好身体,也吃出了好心情。当我做的饭菜,被爱人吃得一点儿不剩的时候,我就感觉特别的开心,特别有成就感。

有的人可能并不赞成我的观点,他们会说,现在的生活条件改善了,完全可以上馆子吃呀,干吗非要自己动手呢? 我不这么认为。首先,那会大大增加家庭开支,不是过日子的好方式;其次,在外面吃饭,吃别人做的饭,与吃自己做出的饭感觉有很大的不同,品尝自己的劳动果实非常幸福;最后,做几样好菜、好汤可以为家庭生活增添不少乐趣,因为我们在日常生活中,夫妻之间的交流都是在锅碗瓢盆进行曲中进行的,在节日里或者一些特别重要的日子里,精心地准备一桌家常菜,既可以露上一手给爱人惊喜,也会给平淡的生活添加不一般的情趣。即使是在平时,一个善于烹饪的妻子也可以让丈夫感受到更多的好心情,因为饮食在我们的生活中是如此重要。

我的一位朋友曾说起一些往事。结婚十几年,外面的诱惑让他对现在的婚姻生活厌倦起来。那些天他经常不回家,和一些生意上的朋友整天吃饭喝酒。无规律的生活让他的身体出现了状况。终于有一天,他因胃穿孔被送进了医院。妻子什么也没有说,每天煲了他爱喝的汤,做了爽口的小菜送来,默默地喂他吃下。出院后他在家休养了几天,妻子请假在家,每日三餐都换着口味给他煲不同的汤、粥,做各式小菜。看到厨房里妻子默默忙碌的身影,他突然感到这个在厨房里为他忙碌了十几年的女人,他一生都无法割舍。

真的,一手好厨艺是夫妻生活的调味剂,可以为家庭生活增添无限的情趣。因此,在我看来,掌握做饭菜的本领是为人妻的一项必备素质。

做好"内务部长"

一个合格的妻子,还要勇于承担起内务部长的职责。女性的细致与耐心完全可以胜任这项工作,把心思多用在这上面,既调理好自己小家庭的柴米油盐,又协调好亲戚邻里关系,为爱人建立起一个稳固无忧的大本营,让他在家庭里感受到的是温馨整洁而不是琐碎紊乱,这样才更有利于他在外面打拼自己的事业。有人说,一个成功的男人背后站着一个了不起的女人,讲的正是这个道理。

我的学生展萍、宏宇大学时是很让人羡慕的一对。两人结婚后和宏宇的父母住在一起。展萍个性太强,和婆婆的关系总是处理不好,这让作为家中独生子的宏宇左右为难。婆媳整日的吵闹让宏宇心烦意乱,使得他工作都集中不了精力,总是出错,不久前他竟留下一封信离家出走。

像这样的例子我见过许多,家庭不仅仅是两个人的事情,它还会和很多人发生关系,三姑六婆,家长里短,很多事情都要处理得恰到好处,才能使家庭之舟行驶得平稳。

要当好内务部长还要学会理财,这一点对家庭尤为重要。

徐信在北京做生意,妻子薇雅在老家哈尔滨一家银行工作,一个人带着 4 岁的儿子。因为一直两地分居,徐信一直感觉和妻子的感情淡淡的,因此除了按月给家里寄钱(他给母子的生活费用)、每月回家看一两次外,徐信对家庭生活没有什么特别的感觉。2008 年的全球金融危机和"三聚氰胺奶制品"事件让徐信的奶制品加工厂受牵连而关闭,他手中的大把股票也跌到谷底。多年的努力化为泡沫,手中资金短缺,徐信回到老家一筹莫展。然而,妻子却拿出 60 万元鼓励徐信重新开始。徐信感到十分诧异，不知道结婚短短几年妻子怎么会有这么多钱。原来，薇雅把结婚5年中徐信给她和孩子的钱大概20万元一直做股票投资，凭着银行工作多年的经验，薇雅在金融危机来临前就把手中的股票全部抛掉。20万元变成了50万元，加上自己上班攒下的10万元，就有这些钱。徐信真没想到文静的妻子还有这样的本事，一直默默地站在背后为自己理财，而且对如今一无所有的他感情如此真挚，他感动地紧紧拥抱着妻子，从那天起他深感到家庭的重要，对妻子更是刮目相看。

真的，每个妻子都要善于理财。事实上，不是每个人都像薇雅这样得益于工作经验，像我这一代人，在学校期间并没有金融方面知识的积累。因此，养成善于学习的习惯就尤为重要。

理财的能力是要通过不断地学习和接受新知识来完善的。我自己就得益于学习，通过报纸、杂志、理财入门的书籍，我会时时注意最新的理财资讯，并将成熟的理财方案应用于生活。我把家庭财产分作三个等份。第一个三分之一我会用于证券投资，这是一种积极的投资方式，资金成长率较高，当然风险也较大，这就要求你掌握一定的证券知识后再进行投资，不可盲目。第二个三分之一，我会进行固定资产的投入，比如房地产，这个投入相对较大，但是收益却比较稳定，而且成长率较高。第三个三分之一，我会进行储蓄，这是非常必要的，因为必须用这笔钱来维持生活基本开支，同时保障家庭经济安全。理财为我带来了更好的生活，丈夫对我这方面的能力十分敬佩。

作为人妻，不妨去学习一下如何打理家庭、处理关系的本领，当好内务部长，为爱人事业的远航鼓足风帆。

协助丈夫规划未来

丈夫的事业与家庭的未来息息相关，因此你必须去关注他的事业，因为与

他朝夕相处的你是最了解他的人，你有这个条件成为他事业上的助手，协助他来共同规划他的事业。

要想协助他规划未来，你要先去了解他的事业，也许你并不能完全明白他做的事情，那就尽你所能去多了解一些，因为你了解的越多也就有更多的发言权。或者你也可以只是在宏观上谈谈自己的见解，也许这也会对他产生启发。

我和爱人艾勇结婚后，他告诉我他想继续求学深造，他对自己未来的规划是想做一个教授，而不仅仅是做一个中学物理教师。他向我征求意见，我对他的决定非常支持，因为我深信他是适合进行学术研究的，在不久的将来他会在研究领域取得不俗的成就。于是，我开始关注高校教育，协助他规划求学步骤。后来，他果然考取了硕士研究生，又到武汉大学攻读博士学位，3年后博士毕业，并因为科研成绩突出而留在了武汉大学，并顺利地评上了副教授。这之后，他又被选派到南极科考，成为南极科考的越冬队员，在南极的冰天雪地里度过了3个年头，圆满地完成了科考任务，载誉归来。他事业上的成功改变了我们的家庭生活，我们举家搬迁来到了武汉，住进了美丽的武汉大学。

当然，后来我们也因为艾勇的选择而发生过一点儿小摩擦。他一度受到下海潮的影响，想在商场上打拼一番，但我分析了他的个性与专长后，表示坚决反对。他开始不太理解，甚至因此与我发生了一些小冲突，我耐下心来劝解他，并帮助他分析他的优势与劣势。我深信他能够在科研领域里取得卓越的成就，但是他的性格决定了他并不适合从事商业活动，那会使他耗费很多时间却难以收到满意的效果。在我不懈地劝慰下，他终于打消了这个念头，更加专注于学术研究。而现在他已经成为某一重点科研项目的负责人。现在，我仍然一如既往地支持他、关注他的事业，并愿意奉献我的智慧帮助他取得更大的成功。

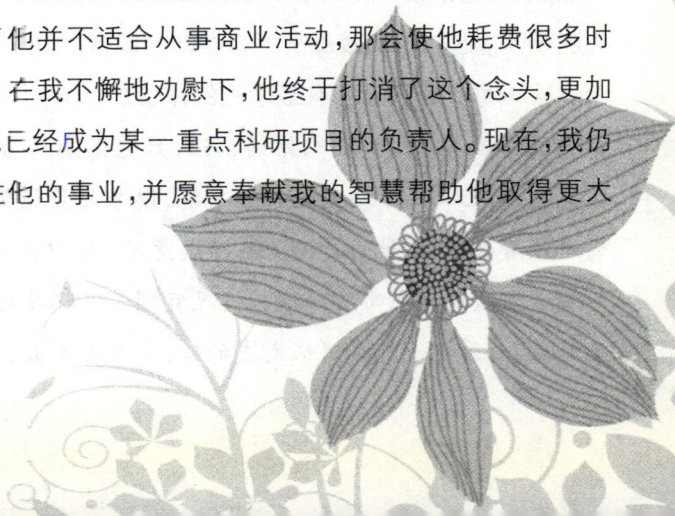

妈妈——谁都不能替代的角色

从你开始孕育小生命的时候,你就要慢慢调整自己去适应更为重要的角色了,那就是如何为人母。在我眼中,这是女性一生最为光辉的角色,也是转换角色最大的一次。因为从孩子降生的那一刻起,你将承担起更重的担子,你不再是要安排好两个人的生活,而是三个人,更为甚者,抚育孩子在很长一段时间里将会成为你的中心任务,这是你最神圣的天职。一个家庭中"母亲"的思维模式决定了这个家庭是否和谐美满,而对孩子从事阳光教育是必须有一个和谐美满的家庭来支持的。

你该有一个孩子

我总把抚养孩子当做母亲的天职,这是母亲最光荣的任务同时也是最重的一副担子,俗话说"十年树木,百年育人",抚育孩子是一个长期的需要耐心与爱心的事情。这是所有做母亲不容推卸的职责,也是非常神圣而伟大的任务,在这个过程中每个母亲都会有最幸福的体验。

芷清经人介绍和高鸣结婚,当时只觉得高鸣为人踏实可靠,各方面条件都还不错,自己又到了谈婚论嫁的年龄,便像大多数女孩子那样结了婚。婚后,高鸣对芷清很好,但她总是感觉生活没意思。她对我说脸上很少能笑起来,但是又不知道问题到底在哪儿。这种情况直到芷清怀孕后开始改变,当儿子齐齐呱呱坠地后,看着儿子那张酷似丈夫的脸,再看看丈夫,芷清心里第一次感觉发自内心的甜蜜。齐齐很早就会叫"妈妈"了,这是多么令人心醉的声音,在芷清心里这比世界上所有的声音都动听,让人回味良久。齐齐会爬了,齐齐会走了,会说简单的话了,他长高了,更聪明了……在这个过程中的每一天,生活一如早晨的空气般新鲜充满活力。芷清喜欢看丈夫带着儿子一路大喊大叫地疯玩,这时,她就会对生活突然生出一种厚厚的感激之情,脸上淡淡甜美的笑如阳光般挥洒。

把你大部分的精力与时间投入到你的孩子身上,关注他的每一天,抚育他健康成长,形成健全的人格和情操,使他成为一个优秀的人,这是一件非常了不起的事情,而且这其中也有很多乐趣是别的事情所体会不到的。从孩子呱呱落地,发出来到世界的第一声啼哭开始,他就已经成为了母亲人生的核心,你会感觉到他是你生命中最为重要的部分,他与你血脉相连,是你生命的延伸,于是你会对生活、生命有一种全新的认识。

保姆不能代替母亲

如今,许多母亲为了减轻育儿负担纷纷请来保姆。请了保姆后做母亲的虽然可以轻松一些,但也会有些负面影响。尽管随着家政行业的规范,保姆这一群体的水平也越来越高,但目前大部分保姆的文化层次仍相对较低。保姆的言行、性格以及情绪对婴幼儿所产生的影响是很明显的。这种影响不是潜移默化,而是直接的教与学。幼儿条件反射的形成,在很大程度上需要保姆的刺激强化。幼儿正处于人生模仿期的时候,保姆的胸怀、行事方法,甚至姿势、言谈和神态等都成为婴幼儿的模仿对象。由此看来,保姆性格的优缺点很有可能为幼儿性格打上一定的烙印。

佩佩在刚刚读研时结了婚,在距研究生毕业还有半年时,发现自己怀孕了。她想,要孩子是迟早的事,于是,佩佩生下了女儿。女儿9个月断奶后,正好有个不错的机会,她可以进一个知名研究所当研究员。佩佩一直向往这份工作,只是女儿该怎么办呢？佩佩父亲身体不好，需要母亲照顾；婆婆不在了，公公也快70岁了。佩佩只好让母亲在老家找了个保姆张姐。张姐不到50岁，做得一手好饭，但就是不认识字，大嗓门，一口的湖南方言。

佩佩和丈夫白天上班，女儿一整天就由张姐带。刚进入一个新单位工作，佩佩总是加班，为了能休息好，晚上孩子也暂时和张姐睡。几个月过去，女儿一天天发生变化。而每当看到女儿，佩佩都会感觉心酸。因为没有时间带孩子，女儿看到自己都没什么反应。女儿刚学会简单的话，一开口就是湖南腔。佩佩甚至觉得如今女儿的一举一动更像张姐而不像自己。让佩佩忧心的还有，张姐没有什么文化，而且还要顺便做些家务，对孩子也没有什么启蒙教育，而自己也顾不上孩子。女儿这么小性格就显得内向，不爱笑，不喜欢和人亲热。佩佩意识到这一点后，一有时间就和女儿在一起，但加在一起又能有多少时间呢？

请了保姆，无疑就会多一个人对这个家庭施加作用，在与保姆的朝夕相处中，孩子也无形中会受到影响。另外，孩子在0~3岁时更依赖妈妈，保姆与孩子的交流并不能代替亲情交流。完全把孩子交给保姆无疑会给孩子造成爱的缺失。因此，多和孩子相处，多为他（她）做些事情，不要完全依靠保姆，这是比较理性的。

艾天在出生后，他的父亲艾勇正忙于学业无暇顾及家庭，在这种情况下似乎有必要雇一个保姆来料理家务，这样做母亲的就会轻松一些。但思来想去，我最终放弃了这个念头。

在我看来，虽然自己既要带孩子又要料理家务事会累一些，但也是一种快乐。我干脆把做家务当做健身运动来干，扫地、拖地、倒垃圾、叠被、做饭、买菜，虽然很繁琐但是劳动量并不大，只要抱着一种愉快的心情，你会发现在家边带孩子边做些家务并不是很难的事情。做家务也是夫妻之间感情交流的好时机，可以互相谈谈做饭菜的手艺，聊一聊周围的新鲜事情，其乐融融，尤其是当我做好香喷喷的饭菜，煲好一锅鲜汤，看到父子俩贪婪吞咽的情形时，心里有种特别强的成就感。等到孩子稍微大一些，还可以教他如何做家务，有了这个小帮手，做母亲的就会更开心了。

第五章　生命在家庭
之河中起落

谁来拯救我们的婚姻

婚姻家庭要想维系,夫妻双方必须具备三点要素:双方必须都认定目前婚姻是自己不可或缺的人生价值(有共同的志趣);第二,必须愿意并善于为婚姻首先付出;第三,双方必须拥有促使对方适当互动的能力。

国青从孩子 1 岁开始就觉得嫁给这个丈夫不值得,他庸俗、无能、胸无大志,正好孩子两岁时他又有了外遇,她便在法庭上"休"了他。独身生活 30 年后,国青邂逅一位妻子刚刚病逝的国际顶尖级科学家,并接受了对方的求婚。她现在成了无微不至的妻子,为丈夫的事业和生活事无巨细地操劳。

国青因为和第一个丈夫志趣不投,最终让那段婚姻走到了尽头,也正是因为有共同的志趣,使得她甘愿为第二个丈夫付出。由此看来,共同的人生价值是婚姻稳固的基础,有了共同的志趣,双方的付出才更有动力。

志趣是可以培养的。家庭成员应该尽量寻找共同的人生价值。这需要夫妻一方的正面影响、引导,然而也需要另一方的配合,也就是说另一方必须有促使一方和自己互动的能力。

紫薇和许驰结婚时都是高校的老师。许驰当时是水利水电学院的教师。在儿子 4 岁时,许驰对收入有限的教书工作厌烦了,羡慕别人有豪华的房子,有名车代步。紫薇给他提了三条建议:继续读研深造;或者换到工程单位从技术工作重新做起;或者拿出一些钱踏踏实实学做生意。但许驰总是梦想着一夜暴富,不想从零开始。他三天两头不去上班,学赌博,学炒股。任紫薇如何劝告、吵闹都无济于事。家里的钱都让他拿去当赌注,债台高筑。债主甚至找到紫薇的办公室去要账。紫薇忍无可忍,在法庭上"休"掉了他。

许驰在外面独自闯荡了几年,四处碰壁后最终又回到老本行水利水电上谋生,进入国家南水北调工程不断钻研,不但改邪归正,而且工作表现越来越好,受到中央媒体的多次报道。这时他渴望回到紫薇和儿子身边,就开始四处求人说合。紫薇进行了慎重考虑,因为她不想再受第二次伤害。经过多方调查和求证,确定了他现在的道德品质、工作表现和业绩,紫薇才最终不计前嫌与他复婚。

紫薇与许驰复婚时,自己已经是高校里的副教授了,在她独自一个人的供养、扶持和教育下,儿子积极乐观,品学兼优。

在人生价值难以互相影响时,紫薇与许驰的婚姻结束。当许驰改变后,他有了让紫薇和他互动的能力,他们的婚姻又挽回了。因此,婚姻要想维持,并不能只靠双方或某一方的隐忍,最需要的是彼此对对方的认可。

放飞自己的风筝

家庭关系要持久、牢匿,夫妻双方必须自觉信奉和实践一套"家庭关系风筝论":在家庭中,男人就像高空翱翔的风筝,而女人就是风筝的操作者。操作者能对风筝收放自如,靠的是那根绳子不断,靠的是操作者手握绳子的实力和技巧。

剑兰长得漂亮,出身虽然算不上是名门,但是,比起从农村考上大学、毕业后留在城里的丈夫,家庭条件无疑是优越的。她的父母都是市直机关数得着的实权人物。剑兰是父母的掌上明珠,从小备受宠爱。在大学里她认识了相貌英俊、踏实可靠的林大伟。她觉得大伟要比城里的风流公子好管理。大学毕业时,二人明确了关系。父母尊重剑兰的选择,二人毕业后通过剑兰父母的关系双双找到了称心如意的工作,不久还有了宽敞的房子。

结婚后,她给丈夫制订了许多条条框框,如:丈夫家里的人不能随便来他们家中,丈夫也不能随便回老家,家里的事情要由她许可后丈夫才能去做,等等。丈夫认为以自己的条件能娶到这样的妻子真的是高攀了,只得委曲求全,他觉得人心都是肉长的,既然和她结婚了就是一家人了,以后慢慢地妻子会认可他的家人。

在结婚后的几年中,大伟尽量按照妻子的要求去做。可是,随着时间的推移,大伟发现妻子并没有像他想像的那样。城里距家也就是几十里的路程,而妻子只允许他一年回家一次,从结婚到孩子6岁,家里的亲戚还没有一个人到过他们家,孩子还不知道爷爷、奶奶是什么样子,爷爷奶奶也只是在照片上见过孙子。

剑兰的工作比较轻闲,时不时就到丈夫的单位去"关心"一下丈夫,有时还会到丈夫的单位门口去"接"他一起回家,并且经常把丈夫的口袋收拾得干干净净。大伟在外面有个应酬时,手机会每隔几分钟就响一次。除了无奈和尴尬,大伟找不到一点做人的尊严。

在一次单位会餐后,由于回家晚了些(也就是晚上十点多钟),剑兰将家门反锁,将丈夫拒之门外。大伟只好回办公室对付,在回办公室的路上遇到几个男女同事,在同事们的撺掇下,一起去酒吧又尽兴喝了个痛快。从此,苦闷的大伟慢慢找到了在外生活的乐趣,一个人自由地吃住在单位的公寓里。剑兰感到事情没有像自己想像的那样发展,就找到大伟的单位公寓大吵大闹,扬言要离婚,让丈夫丢工作。她的高压政策让压抑多年的大伟忍无可忍。一气之下,大伟离开了单位,和朋友一起经商,并很快约她出来办理离婚手续。任剑兰和亲戚朋友如何挽回都无济于事。看着丈夫远去的背影,剑兰的泪水不断涌出,但是她最终不知道自己到底错在哪里了……

其实,剑兰的错误就在于手中的线拽得太紧,没有给风筝足够高的空间。

　　生活中还有一些女人，过于完美主义，总是想彻底改变伴侣，强势作用下使得关系恶化。就如同手中握着风筝，却总要逆着风向放飞，结果事与愿违。

　　丈夫的一个年轻同事和女友试婚后就不再想结婚，原来，女友太要求完美了。不许多吃肉，必须吃什么；进门必须换睡衣；就连拖鞋都要进卧室换一双，进厨房换另一双，进洗手间再换一双……女友立誓要把他改造成一个心目中的"完人"，他不照做就吵架。他由此对婚姻产生了恐惧。

　　作为一个妻子、一个母亲，必须要对自己的家庭有独特和清醒的认识，对家庭成员的优点和缺点了如指掌：结婚前找丈夫可以选择，但一个男人做了自己的丈夫后，他的一些习惯和思维多年来已经定型，妻子很难再改变；孩子是不可选择的，却可以从头培养。

　　深刻领悟到家庭成员的这些特征后，母亲就可因势利导，顺势而为，在可改变的地方着力，而不必在不可改变的地方自寻烦恼。例如，既然丈夫不可彻底改变，妻子就不要整天为改正丈夫的生活习惯，一刻不停地喋喋不休。而孩子不能选择却可以从头调教，母亲应带着"培养"的心去关注孩子，给予孩子合适、科学的教养，孩子就会成功。

　　妻子真的应该懂得如何让风筝自由高飞，又不至于断线。该放手的时候给它尽可能多的自由，遇到强风时避过风头再将它收回到身边。风筝不断线，家庭才真正和睦、牢固。

每个妈妈都要美一点

　　我们时常听到男人说"外表并不重要"，但大多数情况下这并不是他们的心里话。男性容易对漂亮女性产生幻想，女性也希望自己的配偶英俊、成功。尽管这些听起来有些世俗或者说肤浅,可是调查发现,容貌对一个人的影响真是太大了。与人们通常认为的正好相反,那些高智商和社会能力很强的人,他们并不比那些不具备这些素质的人更受欢迎。越是美丽的女性,越容易被男性追求,越容易得到她们想要的东西。

朋友小奕说起过这样的事。她的小姑(丈夫的妹妹)在一个城市拥有几家连锁店,女儿聪明伶俐,丈夫不仅风度翩翩,而且在当地制造业很有成就,对她又疼爱有加,十分令人羡慕。她长得并不是十分漂亮,但见过她的人都对她有很深的印象。事实上,她是一个懂得修饰自己的人,她知道如何打扮让自己优雅脱俗。早年她薪水并不多,但她会拿出一部分来修饰自己,她的化妆品、衣服也并不都是名贵的,但她总会在不断摸索中找到适合自己的方法,哪怕仅有一瓶牛奶、一根黄瓜也会在她手中变为美容上品。朋友们都喜欢打电话咨询她关于美容的办法。实际上她只是高中学历。我的朋友自己有个堂妹,年龄与这位小姑相仿,然而她却没有那么幸运,这位堂妹如今已念到了博士,在学术界是许多人都知道的才女。按说她的容貌并不差,甚至比小姑要好一些,但"内在美胜于一切"的观点让她几乎成了一个女"先生"的样子。她也很想早日找到感情归属,但不屑于修饰的她总是让心仪的男人敬而远之。

关于这一点,我又想起我在讲课时遇到的一位妈妈容容。容容结婚生下女儿后,便在家带孩子、做家务,不再上班。丈夫因为工作多年后转行,事业起步晚,尽管目前很努力,也颇有升值空间,但是家中经济条件还是不太好。要养孩子,还要按揭还房贷,尽管容容有时也做些兼职赚钱,日子仍是压力不小。容容绝对是个贤妻良母,拥有传统家庭主妇的自我牺牲精神。她省吃俭用,省下钱为女儿和丈夫买漂亮衣服。丈夫出门被打扮得得体稳重,女儿俏丽活泼,自己却没有什么像样的衣服,款式都是好几年前的,化妆品也舍不得买好的。一次,她和丈夫、女儿去参加丈夫公司的一个家庭宴会。她和丈夫不小心听到了丈夫女同事的窃窃私语:"张经理的老婆怎么看上去那么老?可配不上他。"尽管丈夫极力劝慰她,但可以看得出丈夫依然觉得没面子。更让容容感觉心痛的是,当有美丽女性从身边经过时,丈夫的目光总是不由自主地被牵走,而忘记自己的存在。回来的路上,连女儿也对自己说:"妈妈,你看那些阿姨多漂亮,你也穿成那样就好了。"这件事让容容对自己的生活重新进行了思考。

当然,举这个例子并不是说内在不重要,而是要提醒那些没有"美化自己"意识的女性朋友要多加注意。

女人真的应力求容貌给人的感觉好一点,也就是美一点。人们的潜意识往往会受少儿时期形成的观念的影响。童话故事中的天使和美女都是美好和善良的化身,巫婆和丑女往往与丑恶和邪恶相联。在这种观念的作用下,女人初次给人的视觉印象美不美,会影响到别人对她的综合评价。

当然,让容貌更美一些,又靠化妆是不够的,"腹有诗书气自华",读书是最能提升个人气质的,拥有自己的事业空间也是锤炼干练气质的重要途径。然而,拥有了所有这些,也不能证明,你不需要容貌服饰之美。

我总是看到一些女人不大修饰,甚至在重要场合也是如此。我想这是由于对容貌的重要性没有清楚的认识,否则最低限度也会做点什么,比如买一件合体的衣服、做个面膜、修一修眉毛等,方法差一点不要紧,至少说明你知道这对你的人生是重要的。

别让暴风骤雨来袭

男人与女人一旦结为夫妻,对方的怀抱便成为自己温馨而甜蜜的避风港,在人生的大海中漂泊后回到这里可以挂帆抛锚;在长久奋斗、身心疲惫后可以在这里休憩安睡;在外奔波、打拼过程中久积的烦恼和郁闷可以在这里无所顾忌地发泄和倾诉。

不过，家庭交流更多的时候应是和风细雨，而不应是暴风骤雨。只要不出现婚外恋等关涉夫妻忠诚的原则性问题，夫妻交流就不应以暴风骤雨的方式出现。年幼的孩子心灵稚嫩，心理承受能力有限。父母争吵，家庭不和，时间长了，孩子容易形成心理阴影。

学生明明曾对我讲起她的大舅、舅妈。这是一对 20 世纪 50 年代包办婚姻的夫妻。大舅大舅妈结婚后生有三个女儿，二人感情一直不好。舅妈比大舅大 4 岁，却不懂得照顾人，结婚 30 多年中两人动不动就吵架，一吵架就摔东西，街坊四邻都来劝架，孩子吓得躲在一边。这样的家庭生活给孩子们的心灵造成了很大伤害。大姐一直性格内向孤僻，不愿和父母交流，到了结婚年龄找了一个酒鬼，大舅坚决不同意，而舅妈却在大舅出差时不商量就让两人结了婚。没多久大姐离了婚，并且一直情绪抑郁，后来把好好的工作辞掉了，钻在小屋里作画买画。后来，她竟然因精神分裂住进了医院。二姐脾气暴躁，动不动就和父母大吵大闹，结婚后和丈夫也是如此，后来经历了两次婚姻。三姐性格温顺乖巧，成绩一直很好，大学毕业后做了老师。但这位三姐脾气也"独"得很，和叔叔姑姑们很少来往，对亲戚很冷漠，而且 40 岁了还不愿意要孩子。明明说，她的大舅大舅妈后来分居，到 50 多岁时离了婚。暴风骤雨式的吵闹生活终于结束，然而他们对三个女儿的影响却是终生的，无法重头再来。

孩子是夫妻感情的结晶，是夫妻的未来和希望。为了孩子的身心健康和远大前程，夫妻应该多进行和风细雨式的沟通交流，偶尔发生争吵也应尽量避开孩子，在家时即使争吵无法避免了，也要关起门来，尽量压低声音，减少对孩子的干扰。

朋友芸茉对我说起她和丈夫如何处理分歧。没生女儿时，芸茉特别孩子气，动不动就大声和丈夫吵闹，丈夫总是说尽好话哄她开心。女儿出生后，一次她和丈夫吵架大喊大叫，吓得孩子大声哭起来。不久她去进修心理学，知道父母争吵对孩子影响很坏。从那以后，她再也没在孩子面前激烈地吵过。有时，脾气来了需要"理论"，芸茉便把女儿送到奶奶那里，再和丈夫"算账"，但这样一番折腾后

她会冷静很多，也能比较平和地解决事情了。

家庭生活并非总是一帆风顺，夫妻争吵也在所难免，实属正常，可以被视为夫妻交流的一种特殊表现形式。如果夫妻间已到了"懒得争吵"的地步，那么夫妻关系就快要终结了。然而，经常性的争吵和打闹既影响夫妻感情，更会对孩子造成极大的精神伤害，是夫妻应该特别注意和极力避免的。

是脆弱，也更持久

个家庭有核心成员：父母、儿女；还有外围成员：爷爷奶奶、外公外婆。家庭与外围成员以及外围成员之间的交流都会直接影响家庭的生活质量，需要当事人多加注意。

媳妇与公婆、女婿与岳父母交流时要格外小心，虽然大家最终会有彼此珍爱的"小宝贝"作共同的血缘纽带，但因彼此血缘关系的差异，尤其要讲究说话的艺术、交流的技巧。其口气、用语等表达方式不能等同于与各自父母交流的表达方式。说话要尽量委婉些，避免直来直去，否则，极易产生矛盾，最终影响到夫妻交流。

邻居女儿珍珍在家是独生女，在爸妈面前总是孩子气，想说什么就说什么。结婚最初，珍珍不怎么注意这些。有一次，像在妈妈面前那样，大嗓门地和婆婆说："哎呀，您懂什么呀！"婆婆的脸一下沉下来。丈夫后来也责备她不该那样说，尽管珍珍心里有些委屈，但从那以后在婆婆面前再也不敢用那样的方式说话了。

另外，双方父母之间只是因为孩子们的姻缘才走到了一起，他们彼此间的交流也要讲究技巧，否则，出现交流障碍和矛盾纠纷，最终也会影响一对小夫妻

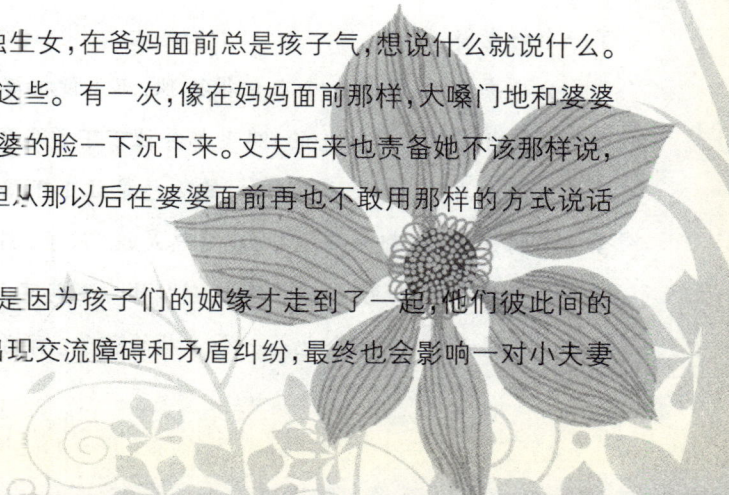

的交流。

在今天，家庭成员会时常走出家庭，参与社会交往。在社交场所，家庭成员间的交流过于热烈、亲密和频繁，可能会冷落了朋友，影响到家庭成员与朋友间的交流。这时，家庭交流应让位于朋友交流，以便维护好社会成员的朋友关系。

家庭是一所情感学校。家庭各成员以及家庭与社会成员相互交流的过程，会直接影响孩子。

鸿飞当初和丈夫交往时，公公极力反对。公公在政府机关工作，他早就给儿子物色了本单位同事的女儿，认为这样的婚姻对家庭和儿子都有利。公公曾找到鸿飞教书的学校当面告诉她不同意二人结合。丈夫的感情真挚专一，和父亲闹翻与鸿飞结了婚。婚后公公一直不愿见儿子儿媳。一年后鸿飞生下儿子丁丁，虽然公公对自己有成见，但每到周末假期时鸿飞还是主动和丈夫、孩子去看望老人。

丁丁3岁时爷爷查出癌症，丈夫当时正在执行政府下达的一个紧急任务，没有时间陪在身边，鸿飞正值暑假便过来和婆婆轮番在医院照顾。由于婆婆身体不好，熬不住，后来鸿飞几乎一个人整天待在医院。公公心情很沮丧，鸿飞总是耐心开导他，并让丈夫一有时间就把丁丁带来和爷爷说话，爷爷看到孙子心情就好许多。在公公最后的日子里，鸿飞每天都在家照顾爷爷的生活起居，从来没说过一句嫌苦、嫌累的话，记得公公最后对丈夫说的一句话就是："你真的娶了一个好老婆。"

公公去世后，婆婆一个人住很孤独，鸿飞便把婆婆接过来一起住，对老人很孝顺。每当买了什么好吃的，鸿飞都会让丁丁首先拿给奶奶。自从公公去世，婆婆脸上很少再笑，为了让她开心，鸿飞总是让丁丁陪奶奶说话，每次逛街看到适合婆婆的东西，她都会帮她买，婆婆总是说"孩子，别乱买东西了，留点钱自己存起来"，虽然她这么说，但孩子有这份心意心里其实是很高兴的。

耳濡目染，丁丁如今也是一个孝顺的孩子。有好吃的总是先想着奶奶。妈妈

下班累了，丁丁会用他的小手为妈妈捶呀捶。今年母亲节，这个6岁半的小家伙竟用彩条纸给奶奶和妈妈制作了10个不同款式的戒指和两只手镯和两串项链。他为了向邻家姐姐学做手工，整个周末都没出去玩。鸿飞看着儿子这些笨拙的作品，高兴地眼泪都流下来了。

真的，孩子可通过家庭不司成员的日常交流，学会如何对待和关心他人。特别是如何对待老人对孩子的影响更大更持久。中国实行计划生育政策已数十年，且已进入老年化社会，目前一个家庭可能既有爷爷奶奶，又有外公外婆在一起生活。自己的父母是如何与爷爷奶奶、外公外婆沟通交流的，这种交流是充满尊重、关爱，还是充满鄙视、憎恶，会对孩子产生潜移默化的影响，而这种影响作用是很迅速的，其结果是直接教会孩子如何对待自己的父母。

另外，夫妻间适度亲密的眼神和语言交流，在孩子面前表现出来，让孩子感受到父母间相亲相爱的感情，自己长大后也懂得如何去爱自己钟情的某个异性。

有些交流要懂得回避

家庭交流富有亲情，充满温馨而甜蜜，尤其是核心家庭成员之间的交流更是如此，它脱去了外交辞令的虚伪和冷漠，更远离了某些商业谈判的阴险和欺诈。

不过，家庭交流既有亲情性，也有技巧性，有的交流要适当回避。一般情况下，家庭交流的内容可以由家庭成员共享，如核心家庭成员之间一起交流可以增进彼此的感情，共同讨论某一问题，还可使家庭成员丰富思想，开阔眼界，增长见识。

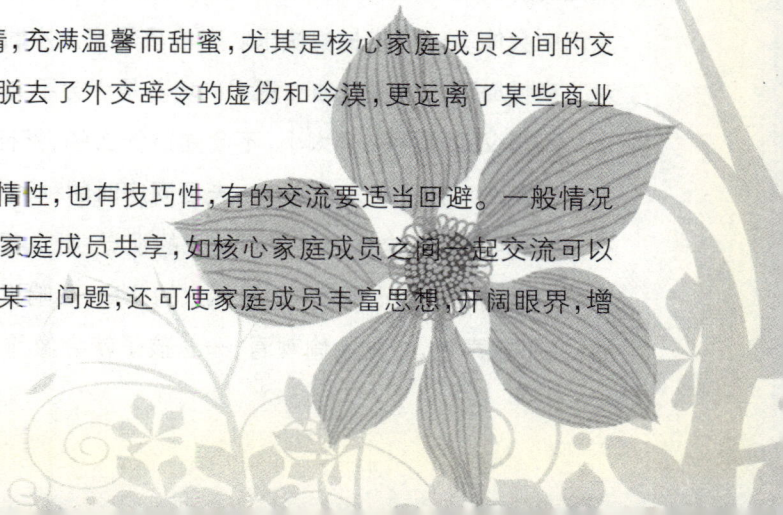

但在特定情况下，家庭交流还要遵循长幼有别、男女有别的原则，以维护和保持交流的私密性。否则，家庭成员双方的交流会给其他家庭成员造成负面影响甚至产生精神伤害。

有一次我为年轻妈妈讲课时，听到这样一件事情：一位妈妈在送孩子到幼儿园后，对其他妈妈讲起自己儿子的"趣事"：昨天晚上夫妻同房时，被孩子发现了，因为今天孩子起床后对她说："妈妈，昨天爸爸把尿尿在你的屁股里了"。这位妈妈是把这件事情当做孩子的趣事来讲的，觉得孩子幼稚，不懂事，我觉得这个妈妈才是真正的不懂事啊！

夫妻交流过程中适度的亲密举动和语言一般不必刻意躲避孩子，"夫妻夜话"应避免被孩子听到。不管是孩子处在孩提时代，还是青少年时代，夫妻之间有些特殊的交流内容不宜被孩子知晓，特别是夫妻在孩子面前打情骂俏，或"夫妻夜话"被孩子听到了，年幼、单纯的孩子会产生父母素质低级庸俗的印象，从而厌恶自己的父母。

关于孩子与父母分开睡觉的问题，我一直觉得这是一个常识性问题。有一个原则就是：不论孩子多大，哪怕是刚出生的婴儿，夫妻同房一定是要回避孩子的。

在两岁前，孩子小，为了方便晚间喂奶和换尿布，孩子可同父母睡在一个房间，孩子最好睡单独的小床，夫妻性生活时到其他房间。孩子两岁后，就应该到单独的房间睡了，这对独立意识的培养是十分有好处的。能够独立睡，在孩子的意识中会体验一种成长的快乐。有的孩子五六岁时还与父母睡在一张床上，这对儿童性心理的发展与独立意识的培养是十分不利的。

不少父母认为孩子太小，不会知道什么的，然而，事实并非如此，可不能小看这些刺激对孩子将来的影响！夫妻同房时的种种对孩子来说是他（她）平时没有见过和听到的，这样的场景对幼儿的视觉、听觉都具有极大的刺激性，这个印象会深深印在他们心里。特别是较大的儿童，影响更大。一些幼儿发现父母同房后，会不露声色，经常偷偷观看，一些孩子就会像前面提到的那个案例一样，把见到的情景讲出来,还有的孩子会被吓哭。

儿童目睹了父母的性生活,对儿童的性商会造成哪些不良影响呢?第一,提前唤醒儿童的性意识。第二,在儿童的性游戏中模仿父母性交。第三,这类儿童对性的好奇和探索比其他孩子要强烈,由此他们与性有关的行为和语言会引起他人的反感,并招致老师或父母的批评或惩罚,给孩子带来不必要的挫折感。当然,还有更多的其他间接的影响。

另外,女孩进入青春期后,母女间的交流不宜被父亲听到,女孩也羞于自己与母亲的交流被父亲知道,母亲一定要多加注意。

有多少纯真熬得住"抓阄"

大自然中,动物之间总是会为食物、配偶和其他有限的资源而相互竞争,其中强壮的、聪明的和对异性有吸引力的动物在生育后代方面占有更多的优势,因为它们能强行占有更多的资源,包括配偶。与此同时,它们的后代也会因为母代为它们提供的丰富资源比同类过得更好。

和动物一样,那些可以获得相对丰富资源的独生子女,一般会比多子女家庭孩子更健康地成长,受到更好的教育,过上更好的生活。

冯林博士少年时代,父母带着他们姐弟三个,常常在每个月末为粮票、布票犯难。而他们同院的李婶家,尽管夫妇二人没有她父母的工资高,但因为家中只有靖宜妹妹一个孩子,生活宽裕得多。虽然她从父母那里也得到了良好的教育,但至今她还记得少年时代的她一直羡慕靖宜妹妹,羡慕她能够穿上最新的花布衬衣,羡慕她能牵着妈妈的手高高兴兴地、亲亲热热地去电影院排队。那时她甚至有时怀疑妈妈并不爱她,尽管后来她明白了,妈妈的时间和精力要分给三个人，她的爱是一样炙热的。但对一个幼小的心灵来说那怎么能一样呢？

我国的人口政策提倡一个家庭只生一个孩子。尽管我们的计划生育政策得到了大多数人的拥护，但是在农村，许多人在有了一个宝宝后还是在想办法生第二胎。而且随着人们思想的变化，最近几年在城市中，不少年轻家庭也都有要多子女的倾向。

在我看来，三口之家的国策对优生优育意义重大，不但符合我国的国情，也和现代高度发达的人类社会背景下人们普遍的生育观相一致。我长大后结婚生子，组成了一个三口之家。在经过多年的母亲文化的研究后，如今的我对这样的家庭模式颇为认同。因为每个家庭的资源是有限的，独生子女家庭的父母可以把比多子女家庭父母更加富裕的时间和精力放在对独生子女的教育培养上。关于这一点，可以用很多例子来证明。

兰州市榆中县新营乡的一个小山村里，一对夫妇有一双儿女。姐姐小梅长弟弟小松1岁，由于家庭特殊情况，小梅晚入学1年，和弟弟同班。从小学到中学，姐弟二人成绩都十分优异。家里没有什么家当，却挂满了他们的奖状。

2005年8月24日下午，对于开学就要念高二的小梅和她的弟弟来说，是个特殊的日子。这天，父亲将他们召集在一起说，今年收成不好，家里没钱同时供两个孩子念高二（当年收成一共只卖了不到2000元钱，两个孩子一年高中的学费、生活费合计要六七千元），只能通过抓阄的形式，集中家里有限的资源供其中一个孩子继续读高中。父亲放下烟斗，叹了口气，从口袋中取出两个小纸球放在手心让两个孩子抓阄，然后把纸球放回自己的手里。抓阄结束后，父亲说，小梅的弟弟继续读高二，而她只能在筹到钱后再继续上学。

抓阄后，小梅变得沉默寡言。25日傍晚，小梅父母干完农活回家后发现女儿不见了。夫妇两人很着急，他们动员全村的人满山找了两天三夜都没找到。8月28日的上午，一个来自永登的电话告诉小梅父母，小梅在靠近临洮的一处山沟的草丛中被找到了。原来当小梅知道父母无力再负担自己的高中学费而面临辍学后,心灵失衡之下纵身跳下山崖!

尽管小梅没有受重伤,但身上各处都有不同程度的外伤,精神萎靡,一直对着墙角发呆。由于家里没钱,小梅找到后没有被送到医院,父母四处筹钱打算为女儿治病。

小梅的母亲说,姐弟俩学习成绩都很好,她也很想让两人都上学,但家里的情况不允许。"每当女儿说想上学,我的心就像刀子割一样。"

"抓阄上学"宣判了一个孩子的前途和命运,这是多么残酷的事。然而,尽管残酷但至少"落选"的孩子还可以在农村务农或者进城打工,他的生存是没有问题的。而"抓阄上学事件"同一年发生的另外一件事——"抓阄治病"则完完全全是残忍地直接宣判了一个孩子的死刑。

2005年12月,网易新闻报道:"安徽金寨县古碑镇中心学校初中学生胡述章、胡帅兄弟俩分别被诊断患有腰椎骨肿瘤和白血病。因家庭贫困,兄弟俩决定抓阄谁来治疗。13岁的胡帅为了让哥哥胡述章得到治疗,不惜用抓阄"作弊"的方式,放弃自己的治疗。"

这是一个社会悲剧,人们由此呼吁从制度上建立全民众的保障和救助制度。然而,社会的进步需要循序渐进,因此这便首先成了一个实实在在的家庭悲剧,一个母亲的悲剧。对于一个十几岁的孩子来说,正是天真烂漫的时候,而生活却让他们小小年纪过早地承受压力。

我们不能再去指责他们悲苦的父母,然而如果不是多子女家庭,而是一个三口之家,命运或许会有所不同,至少父母身上的担子要轻一些。

这两件事当时很快得到网络、媒体的报道,小梅、胡氏兄弟的命运或许有了一丝转变的希望,社会也许不会抛弃他们。然而,经历了一次这样的遭遇后,他们的心是否会留下永久的伤痛?

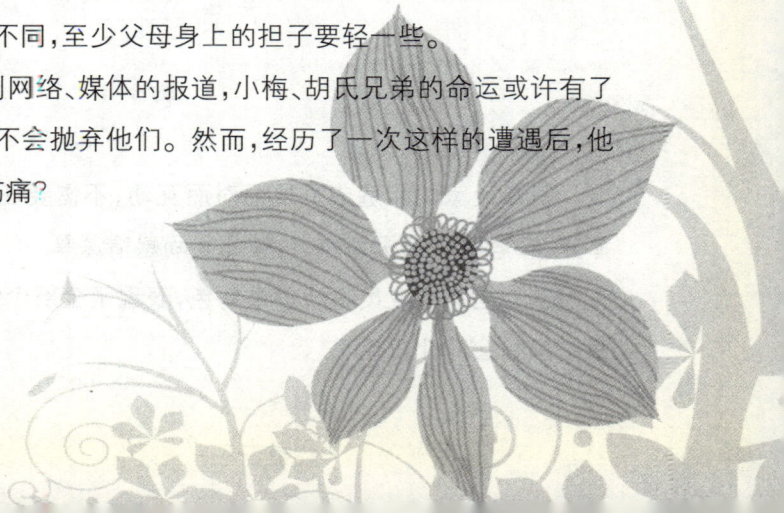

三角形最稳固

　　三口之家只有三个人,成员非常有限,只有父子或父女、母子或母女和夫妻关系,是密切的情感联系,也是最典型的核心家庭。父亲、母亲、孩子,这三条线组成了最为稳固的三角形。冯林博士的儿子子充在上小学三年级的时候,有一次听完父母给他讲解的家庭关系之后,自己创作出了下面这幅图(见图 5-1)。

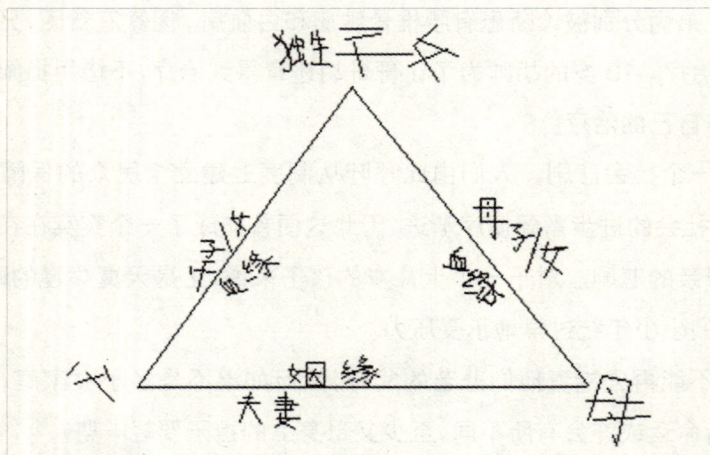

图 5-1

　　三口之家的家庭成员是面对面互动,不需要任何中间环节,对彼此的言谈举止、音容笑貌都极为熟悉,彼此之间感情深厚。

　　三口之家的成员扮演多重角色,表现了全部个性。父母与独生子女都不是只扮演社会职业角色。

子充小时候经常在客厅大声命令："爸爸，你给我过来，把那辆车给我拿来。"他父亲就会立即停止在厨房给子充妈妈打下手，跑去听他儿子吩咐，经常像儿子的小兄弟似的被儿子支配得团团转。

当妻子忙不过来时，丈夫总是忙着做饭、看孩子、买东西、招待客人等。父母既是长辈，又充当孩子的教师、朋友，甚至小兄弟、学生。在这多种角色的交往中，三口之家的成员表现了各自全部的个性，包括兴趣、爱好、习惯、气质、信仰、情操、工作作风等各个方面。夫妻或父母与子女之间可以相互进行多方面的评价。"妈妈过来，帮我擦屁股好吗？"子充小时候一高兴就要撒娇。母亲如果没事或想宠一宠儿子就会爽快答应，有时正忙着就会说，自己的事自己做。子充就会立即反击："自己的零食自己决定什么时候吃、吃多少。"如果爸爸请子充帮个忙，小男孩又不想帮，子充又会说："自己的事自己做。"

因为三口之家各成员之间是血缘和姻缘的关系，因而交往富于感情，充满人间最纯净的亲情而不是停留在就事论事的表层关系上。彼此之间都了解对方的内心，能够深入地进行情感上的交流。夫妻和父母与孩子之间期望相互关心与安慰，有一种共同的心理维系，情感交流是成员间亲密关系的基础。

三口之家整合的程度高。由于三口之家彼此相依为命，关系极其纯粹而密切，利益休戚相关，所以群体意识极强，群体整合程度高，尤其是在维护和争取家庭利益与荣誉方面，三口之家所有成员在行动上往往表现出高度一致。

母亲，你该是什么样的边

独生子女家庭成员间充满着富有感情色彩的各种角色关系，它们之间的关系具有特殊性。三口之家，正如一个三角形，是最稳固的。因而

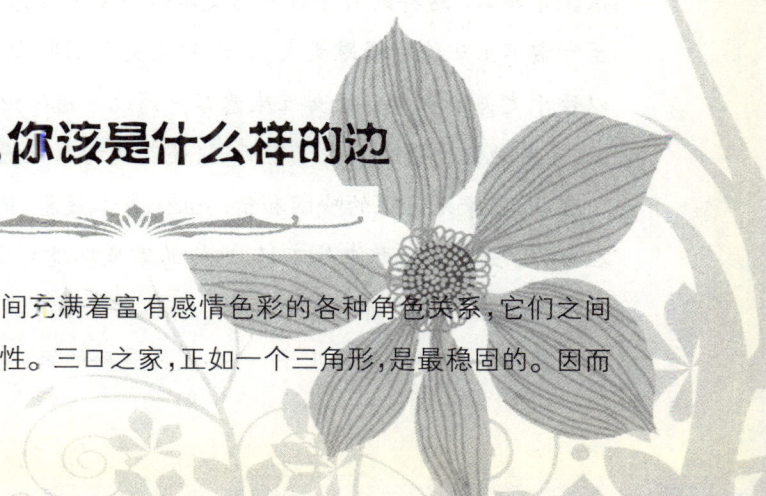

某个特定成员是不能随便由另一个人来代替的。

三口之家任何成员的缺失,例如夫妻离异、亲人病故等都会给其他成员造成很大的心理震动。我有一个叫尼强的学生,他的父母离异后母亲再嫁,他觉得自己彻底被亲人抛弃,他离开母亲住进外祖父家。外祖父外祖母无论如何疼爱都温暖不了他的心,他开始仇视周围的一切,跟任何一个与他打交道的人作对。

在三口之家中,生物的、心理的、社会的三种因素在相互作用中稍有不协调就可能引发比以前的多成员家庭更为严重的矛盾与冲突,甚至造成三口之家的缺失或解体。然而,单独一个因素的不良状态是否会造成全体的瓦解,还取决于其他因素对这一因素发挥着何种以及多大的作用。比如对待丈夫的婚外恋,有的妻子能化险为夷,表面上风平浪静,让孩子毫无觉察而免受伤害;而另一个妻子可能会走向极端并殃及孩子,最后家庭破裂。

秀秀本有一个快乐的三口之家,儿子小雨聪明活泼,丈夫鑫桐英俊、体贴、有责任心。然而就是这样一个家庭,因为秀秀的不理智而濒于解体。

在儿子5岁时,丈夫辞去机关工作,开始自己创业,并很快有了自己的天地。由于生意原因,丈夫经常和优秀的女人打交道,丈夫成熟男人的魅力让不少女人着迷,以致于经常有女人打电话以谈生意为由约他出去。鑫桐对外面这些并没有放在心上,他心里只有秀秀和儿子,但工作应酬总是让他早出晚归,经常很晚才回家。这样的日子让秀秀更加敏感多疑起来,她总是担心丈夫有外遇,甚至常常不上班偷偷跟踪丈夫、一看到丈夫和别的女人在一起,就当面大吵大闹。以致于丈夫不少重要的女性生意客户因此不愿和他公司做生意。秀秀有时要出差,于是她便偷偷在家安了窃听器,还花钱请人监视丈夫的行为。鑫桐很快知道了这些,妻子无休止的吵闹和猜忌让他身心疲惫,他便不回家,去父母那里或睡在公司。夫妻感情越来越不好,这样的家庭环境对小雨的性格造成很大影响,原本活泼阳光的他变得越来越内向。他甚至不愿回家,总是去爷爷奶奶、外公外婆家住。看着内向忧郁的儿子,一个支离破碎的家,秀秀伤心欲绝,她不知道到底

是哪儿出了问题。

丹亚的遭遇和秀秀差不多，可以说比秀秀更遭，但结果却迥然不同。丹亚的丈夫也是一个白手起家的公司老板。二人感情一向很好，丹亚总是把家照顾得很好，儿子襄襄聪明懂事，上初中一年级，成绩很好。但是不知从什么时候起，丹亚的直觉告诉自己，丈夫和以前不一样了，尽管他在午夜应酬完还一样地回家。终于有一天，丹亚证实了丈夫的游离。连续两次，她看到丈夫和一个女人在暧昧地喝茶。这让丹亚的心像是被人戳了一刀，她真想冲上去，狠狠地抽丈夫耳光，然后和他离婚，但理智没有让她这么做。

当时正值儿子的暑假，丹亚把儿子支去异地外婆家。丹亚把自己锁在屋里躺了一天，没上班没吃饭，在各种极端的念头闪过后，丹亚反思了自己最近和丈夫的感情生活。丈夫并不是个随便的人，这么多年来在亲友中已是一致的观点。那么自己呢？自己这些年来总是忙于各种的事务，上班、家务、儿子……繁忙的生活让自己和丈夫几乎成了室友而不是夫妻了。她突然想起，和丈夫已经很长时间没有聊过天了。

晚上，丈夫回来，两人开诚布公地谈了一次。从开始的炙烈相爱，到如今的出轨，丹亚非常理智坦诚地和丈夫聊天。丈夫承认喜欢和那个女人在一起，她能梳理自己的情绪，而丹亚则很少注意自己，但他说并没想过和丹亚分开，也不想让儿子知道此事。丹亚承认自己对丈夫情感关心不够，希望能够在儿子回来前两人能处理好此事。

后来，两人主动安排了夫妻间的共同生活。每天丹亚不论多累，丈夫有空时都会和他多沟通，聊聊彼此每天见到的有趣的事，每天内心的困惑。周末有时间就一起去购物、去公园，重温曾度过的美好时光。丹亚还在丈夫空闲的时间交给他一些力所能及的家务，采购、接待老师的家访等，使丈夫承担起了必要的家庭责任，责任感也更强了。

一个月后，当儿子回家时，夫妻二人已经有惊无险地度过了这次婚姻危机。

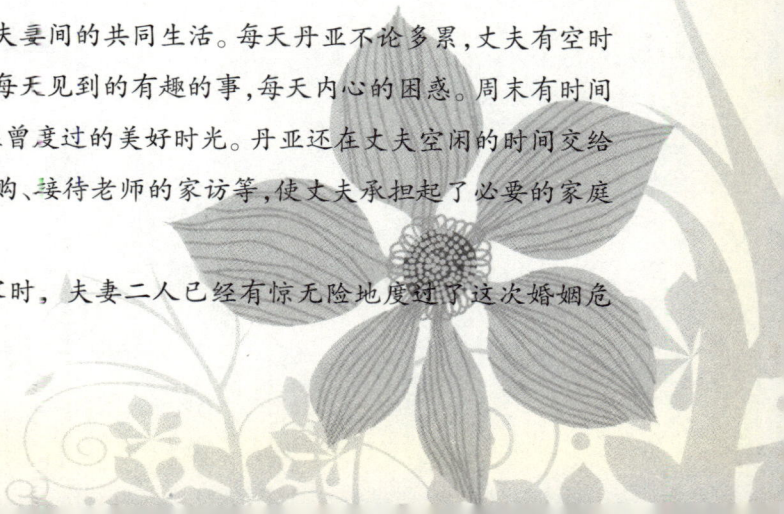

在三口之家这个三角形中，由于母亲在家庭中的核心地位，她这条边起着更重要的支撑作用。如何让家庭更稳固，这也是一门艺术，需要技术和技巧。当一个母亲走向成熟时，家庭生活质量就会进一步提高，家庭就会更稳固，父母和孩子就会同时受益。

第六章　该有怎样的
家庭教育

妈妈，请让我爱上学校

胡适曾经这样说："一个人小的时候，最是要紧，将来成就大圣大贤大英豪大豪杰，或者是成就一个大奸大盗小窃偷儿，都在这家庭教育四个字上分别出来。"胡适一语道出了家庭教育对于孩子成才的重要作用。随着孩子的成长，他要走进学校，这时家庭教育还要科学配合学校教育。

家长要和学校、教师密切联系，互相配合，形成合力，保持教育的一致性。在日常学习中，家长最了解自己的孩子，知道他的身上有什么缺陷。教育孩子时碰到了问题，家长一定要和学校配合好。

朋友晓孜对我讲起这样一件事。女儿萱萱上小学四年级的时候，学校举行了"我爱家乡"的系列比赛活动，有写作、演讲、画画等比赛项目。萱萱在征文比赛中获得了年级组一等奖。她是个好强的孩子，回家后天天对着镜子背稿子，准备参加接下来的演讲比赛。孩子的精神固然可嘉，不过她的朗诵、演讲水平实在让人不敢恭维。

一天放学回家后，她撅着小嘴，一脸不高兴地对朋友说："妈妈，我真不明白，老师为什么要请张默参加演讲比赛，而不请我。"

"张默的朗诵、演讲水平比你高。上次家长开放日，家长对她都很佩服。"朋友说。

"可她演讲的内容是我获奖的那篇文章呀！"

"那有什么关系。"

"有本事自己写稿子，这是不公平的！"孩子愤愤地说。

"看来你很有意见，说说为什么？"

晓孜理解女儿的心情，老师的确应该先做好女儿的思想工作。于是她觉得让孩子先发泄够了，也许心里会好受些。孩子罗列了许多理由，而朋友在绞尽脑汁想：孩子说完后，该如何向她解释这件事。

最后，晓孜是这样说的："妈妈觉得你们老师很了不起，她发现你的写作优势，张默的朗诵演讲优势，在比赛中你俩都得了奖，值得祝贺，还有什么不开心的呢？你是最佳编剧奖，张默是最佳演员奖。"

"妈妈，那么编剧好，还是演员好？"

"都好，只是承担的任务不一样，编剧在幕后创作，他的作品要通过演员的表演来展示。演员要通过编剧的作品来展示高超的表演才能，谁也离不开谁，但妈妈认为你更适合当编剧。"女儿的脸已完全舒展了，朋友又说："人的才能不一样，分工也不一样，我们要发现自己的优势，并尽情地展示，这样的人才是最聪明的。也要看到别人的优势，并由衷地赞赏，而且还要善于相互合作达到双赢。"萱萱似懂非懂地点点头。

第二天，正好电影频道"佳片有约"栏目播放《音乐之声》，晓孜有意让女儿看了这部电影，尽管看完电影已是深夜了，我们还继续讨论该片的编剧、女主角、导演。

萱萱说："妈妈，这个片子故事讲得好，演员也演得活灵活现。"朋友不失时机地说："你、张默和老师不也是一样吗？"

"妈妈，我昨天真傻。"萱萱天真地笑着。

在学校生活中，孩子总会遇到一些难以接受的事情。当孩子向家长反映情况时，家长可能有许多的处理方法，比如跟孩子一起咒骂学校、社会的不公，比如找到教师，要求给个说法……但我的朋友没有这样做，她首先理解了老师，并通过自己的智慧，解开了孩子对于学校生活的心结。而且通过她的正确引导，孩子的心态积极平和了，明白了有所不为才能有所为，才能发挥特长，并决心把"所为"做得更好，同时合作意识也提高了。

萱萱妈妈能这样做是基于四点：对孩子的充分了解，知道自己的孩子优势

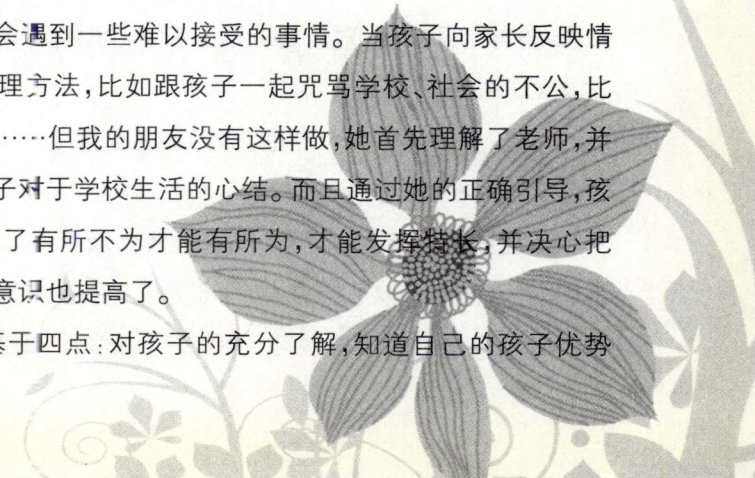

在哪,劣势在哪;真心欣赏别人的孩子;相信、宽容教师,这才能对教师的行为进行合理的解释;换个角度看孩子的问题,她能跳出演讲的圈子,没有盲目进入孩子预设的思路。

今天,尽管学校教育越来越完善、科学,但家庭教育永远是人的第一教育,家庭教育到什么时候都不可忽视。二者必须协调配合,才能帮助孩子健康向上成长。除了和老师配合之外,家庭教育要想与学校教育结合得更好,还要做到以下几点。

◆提高自己的素质,以适应孩子的成长。

很多家长在对孩子的问题回答不上时,便向孩子发火,这样做必然使孩子的积极性受到巨大的打击,不利于孩子的健康发展。因此家长应该加强学习,提高自己的素质,回答不了孩子的问题,我们应委婉地告诉他,并为孩子寻找答案。不过,我觉得家长更应注重解答孩子课堂以外的问题,我并不赞成家长总是为孩子解决课堂问题。

◆按时抽查孩子的学习情况。

在学校时紧张的学习状态,会被放学时的自由状态所冲淡,回家后的孩子,极易沉浸在玩耍的海洋里,这时家长要适时地督促孩子学习,并按时抽查学习情况。

◆多与老师交流沟通。

老师是孩子在学校行为的反射墙,他可以反映孩子在学校的精神及其学习状态,多与老师交流,对于解决孩子在青春期遇到的困难、促进孩子的身心健康发展至关重要。

不过,需要提醒的一点是,提倡家庭教育与学校教育相结合,并不是说要将家庭变为学校的第二课堂。

邻居江芮最近在为女儿头疼。女儿雨涵上六年级,成绩中上等,老师说孩子很聪明,努努力可以上重点中学。于是江芮和丈夫对女儿盯得特别紧。早晨提前半小时孩子必须去学校学习,下午女儿放学后,前脚进门后脚就被轰到房间学习。吃完晚饭，自己和丈夫又要轮流检查学习情况，抽查以前的知识。甚至睡觉前边洗脚还边被提问。雨涵开始和妈妈吵闹，而且不久后，雨涵下午一放学，就去奶奶家住，连爸爸妈妈的面都不愿见。

家长要注意一点，配合学校教育并不是要把学校的教学搬到家中。孩子放学后，在适当完成学校作业后，应该能够用较多的时间，和家里成员做些其他有益的活动，比如文体活动、艺术活动等，或从事些力所能及的劳动。这样能够使他们从家庭中接受些亲情教育、劳动教育，能够有条件和时间培养多方面的爱好和兴趣，发挥家庭个性教育的特点，弥补学校集体教育之不足。如果家庭成了第二课堂，这个压抑的环境还有什么可留恋的呢？

由"老虎不吃带骨肉"想到的

近年来，人们越来越关注"习育"的话题。什么是习育呢？说通俗些，就是行为上的培育，就是从最微小、最普遍的习惯慢慢过渡到最根深蒂固的习性。

比如小虎生下来后三四个月就能吃肉食，这在一般人看来是天经地义的，是遗传的。其实就是这吃食也不纯粹是遗传的结果，同样也是母虎"教"的。开始是母虎带回一些残食或小兔、小鹿，教它们怎样用爪牙分食，以后就带它们出去，观看如何捕猎，最后让它们参与捕猎，直到"教"会它们自行猎食。如果没有母虎的示范，小虎猎食的能力要差得多，甚至都难以发展出这些"本能"。

1958 年，印度斋浦尔动物园的母虎生下三只幼虎。半岁时，动物园工作人员在虎笼里放进一只牛犊，看看幼虎能否自己对付。结果三只幼虎不知所措，从笼子的一角踱向另一角，根本不会上前攻击，如此拖了一个小时。当把母虎放进后，母虎一进去就直扑牛犊，马上把牛犊折腾个半死，然后它强迫小虎上前攻击，不听从者，还要受到母虎的拍打。等小虎咬死牛犊后，工作人员又把母虎关了回去，看看小虎怎样分食牛犊。结果小虎笨手笨脚，一味从牛头下手，拆卸不了牛体。于是又把母虎放进去，只见它指引小虎从牛体的腰腹部下手，小虎很快就学会了开膛和肢解……

瑞士苏黎士动物园主任海迪格教授曾讥讽改良饲料创始人——美国费城动物园主任赖特克立夫（赖特克立夫站在营养学的立场上，认为动物园应该喂老虎改良饲料，即由多种成分制成的肉制品如午餐肉、火腿肠，而不是像以往那样用带骨肉喂，或者将整个牛头、马头扔进虎笼，这样做既节约，又卫生，还能增加营养）说："1957年我们从费城弄到一只6岁大的老虎，它竟无法对付一块带骨肉。我看，不懂得把肉撕裂送进口的虎，根本就不是虎，而是逐渐转变中的一头奶牛或一头肥猪。"

从这些例子中我们可以看出，猎获其他动物为食，虽然是老虎一类动物的特征，但是它并不是天生的，只有在某种情境中，这种行为才会出现，这种行为的出现依赖于机体的生物遗传和形成机体的环境之间持续的互动。

人也是如此。教育学家提出"人是分两次诞生的"，第一次诞生是由生理遗传决定的，那么人的第二次诞生则是由社会遗传决定的。社会遗传是将人类所创造的科学、知识、艺术等成果用文字、符号、图像的形式记载下来，通过教育、学习、再创造达到进化。而大多数社会遗传与习育有很大关系。

由于这种社会遗传同生理遗传的相似，我们过去长期没有将两者分开，甚至错误地以生理遗传来解释这种更为重要的社会遗传。

固然，像性别、肤色、身高等生理因素多由生理遗传而来，但一个人的健康状况、生活方式、品性好不好，与长期的社会遗传即习育，有很大关系。

在我国南方客家家庭中鼻咽癌的发病率较高，原因是他们喜吃腌制品。父母爱吃腌制品，孩子在不知不觉中也沿袭这种习惯，让生理遗传得到了环境的催化。

　　朋友说起女儿枚枚。枚枚小时候看书距离很近，由于多在极随便的状态下看书，朋友也没有在意，等形成了习惯时，当要她"离书远点"时，事情已近乎不可挽回了。由于朋友自己近视，看电视时经常离电视很近，枚枚自然也跟着如此……人类的祖先中并没有近视的基因，导致近视的真正原因或许就在于此：父母近视，周围人近视，让他们看什么都是以"近视的方式"，这样孩子不知不觉地便模仿了。

　　孩子良好习惯的养成和大人息息相关。从儿子艾天出生后，我和丈夫就十分注意个人的行为举止。我们以自己为榜样，潜移默化加之积极引导，艾天逐渐养成了良好的卫生习惯、待人处事的礼仪，以及安全合适的生活细节。

　　一个人出生头几年的习育十分重要。古语云：积习难改，秉性难移。习惯一旦形成就会很难改变，千万不要抱着"孩子还小，以后慢慢教"的心态，一旦孩子养成不良习惯，要想纠正它，那就真是让人头疼的"大工程"了，你可能付出很大的代价，但收效却往往差强人意。

管好"第一次"

　　习惯的养成往往是从第一次开始的，母亲作为孩子的第一任老师，应重视并抓住每一个"第一次"的教育时机，这是养成良好习惯的开端。

　　儿子艾天从小到大不知摔了多少跤，但自从他会爬开始，我每次都鼓励他："自己爬起来，你真棒！"

　　有了第一次，不管摔得多厉害，艾天都能自己爬起来，还会拍拍小手和衣服上的灰尘。他以后会遇到比摔跤更需要自己应付的事情，我希望他永远记住"我能！我会！我很棒！"时间流逝，艾天渐渐长大，自己事情自己做的意识日益强烈，吃饭、穿袜子、戴帽子……什么事情他都要自己试一试。尽管几乎每次我都要

"返工"，花的时间比直接代办多得多，但如果不给他自己试的机会，无异于剥夺了孩子学习、实践的权利。常听到有些父母抱怨孩子笨或懒，其实，原因全在当初的"第一次"啊！

有一次，我带着还在上幼儿园的小艾天坐公共汽车。由于车上只有一个空座，我便让艾天自己坐，谁知道，孩子只坐在凳子边儿，拍拍空出来的一大半地儿："妈妈坐这儿！"我感动得一时说不出话来，车上的人夸道："嗬，这么小就知道心疼妈妈了，真不错！"艾天一听，又得意又害羞，小脸都红了。这是艾天第一次会心疼妈妈，也是第一次因为心疼别人而受到赞扬。因为有了第一次这样的评价，以后再要他做什么，一提"心疼人"，他就很乐意。

艾天小时候胖乎乎的，所以每次出去玩，我们都鼓励他不要大人抱，自己走。一次去动物园前，我先和艾天讲好条件就是自己走，可一下车，艾天习惯性地说："妈妈……妈妈要……"我蹲下来，故意问他："你要干什么？"艾天涨红了脸，仿佛经过了"激烈的思想斗争"，不情愿地说："妈妈……牵着！"

面对孩子的童稚，我立刻意识到他第一次表现出控制意志的能力，是个了不起的进步，给予了充分的肯定和赞美，于是艾天走得更来劲儿了。

孩子刚上小学时，第一次放学回来，我就不失时机地告诉他，放学后，第一件事就应该是写作业，学习完后才能玩。所以孩子从上小学到去美国上学前，无论是星期天还是节假日，"学习完后再玩"已经成了孩子一种良好的行为模式。

学习完后，将桌椅、书包整理好，睡觉前看几页课外书等习惯，也已经成了艾天生活乐章中不可缺少的音符。这一切都源于做父母的"第一次"指导，所以只有不轻易放弃第一次，才会有第二次、第三次……

对于第一次的坏习惯，一定要及时纠正。一天，艾天的奶奶买菜回来复秤，生气地说："狗东西，少了1斤！"在旁边玩的小艾天听到了，不一会儿就用上了："小猫咪是狗东西！"大家都觉得好玩，哈哈大笑，艾天就把大人的笑当成了夸奖，后来这个词就怎么也改不了了。看，第一次的坏影响多可怕！

亲爱的母亲们，从我的叙述中可以看出，第一次对孩子的影响是非常大的，孩子以后是否会依赖这个行为模式一直走下去,关键在于他第一次得到的外界回应如何。因此,我们建议母亲们,在培养孩子习惯的同时,一定要高度重视第一次。

美国著名教育家曼恩说:"习惯仿佛一根缆绳,我们每天给它缠上一股新索。要不了多久,它就会变得牢不可破。"试想,如果绳索在一开始的时候就没有缠好,即使你再缠上100道索,也只能越缠越歪。

爱德华家族与麦克瑟克家族的启示

尽管环境对孩子潜移默化的熏陶是首位的,但并不能因此让早期教育流于盲目,父母应该有一个积极科学的态度。

在美国历史上有两个"声名远播"的家族,分别是爱德华家族与麦克瑟克家族。爱德华家族始祖爱德华是一位治学严谨、成就卓著的哲学家。他非常注重家庭教育,建立起一整套完善的孩子的培养目标和培养模式。在爱德华家族的八代子孙中,培养出了13个大学校长,100多位教授,60多位医生,80多位文学家,20多位议员,一位大使,甚至还有一位副总统;而麦克瑟克家族的始祖却是个酒鬼,常常酗酒,目无法纪,对待家庭教育视而不见,对待子女则疏于教育。家族八代子孙中出现了300多个流浪汉,7个杀人犯,60多个诈骗犯、盗窃犯,还有40多人死于酗酒械斗。

两个家族史之所以会有如此的差异,家庭教育的重视程度与示范作用起了关键作用。家庭教育、家庭氛围会对子孙的成长产生至关重要的作用。通过麦克瑟克家族的故事,我们发现在悲剧背后是家庭教育的缺失,麦克瑟克家族吞下的是目光短浅、未能尽到家庭教育责任的可悲苦果;爱德华家族的光辉故事则告诉人们家庭教育的战略性。这个家族有"展望"的意识,即教育上的高瞻远瞩。

很明显,这两个家族的沉浮有这么大的不同,并不是"龙生龙,凤生凤,老鼠生儿会打洞"的血统论,也不是遗传因素,因为两个家族的后代中智商高的都不少。之所以会有如此大的差异,完全在于早期家庭教育的重视程度和示范作用。

这两个家族的故事不由让我想起挖冬笋的情形。在南方山区乡村,挖冬笋是一件饶有趣味的事情。

冬笋不是长在地上的,而是埋在地下的,因此要挖。但茫茫竹海,到哪儿去挖呢?你得先找到一棵老竹子,那些竹杆已呈紫红的便是老竹子,只有这样的竹子才会长竹笋。找到竹子后,你需要找它的主根,冬笋就像竹枝一样对称地长在主根上,有时一条根上能挖出五六个呢。那么如何找主根呢?这时你得看竹梢。竹梢向哪个方向弯,主根就在哪个方向……

就连植物,梢尖也由根须决定,如果我们把梢尖比作幼儿,那根须就是他们成长的早期教育环境。父母及早为孩子建立一套培育目标,这对他们的成长实在太重要了。

当然,我们所说的制定培育目标并不是指要强行制定孩子的发展方向。比如,一些父母把自己没能实现的愿望寄托在孩子身上,一直逼孩子往自己设定的路上走,即使孩子并不适合,也不喜欢,譬如学钢琴,譬如出国。在这些压力下,家庭变得不快乐,亲子的和谐关系被牺牲。这里所说的培育目标是指引导孩子身心健康成长的科学计划。

我对艾天的家庭教育方案

从儿子艾天尚在胎中的时候,我就已经开始制定科学的家庭教育战略目标了。自孩子出生后,这个战略性就体现得淋漓尽致了。艾天从出

生后我便把抚养教育他当做第一事业来看待，对他的每个阶段都认真关爱关注，并结合他的现状，制定出一个又一个阶段性目标和相应的培养计划，然后一个目标一个目标地去达成。

0~3岁

0~3岁，是人生品德和人格形成非常重要的阶段。这个阶段的教育重点，应该以品德和生活习惯为主，而不在于学业。我就教育艾天养成了良好的生活习惯、待人处世的礼仪，以及生活安全的细节。

比如艾天从小爱玩儿，在他接触玩具的时候，开始他总是玩过玩具后就乱扔，结果每次都需要我去给他收拾残局，久而久之，艾天更加依赖我为他收拾玩具。

我觉得这样下去不是办法，容易让艾天养成坏毛病，于是我就想出一个点子，每次我在给他玩具之前就先谈判，让他玩过以后要自己动手把玩具收集起来，否则下次就不给他玩了。刚开始，艾天还是玩完玩具就丢，这个时候我就言行一致，在他下次要玩的时候就给他设置问题，不断提醒，如此几次之后，方法果然奏效。

从那以后，每次艾天玩儿的时候，我就会给他几个不同颜色的箱子，让他自己放玩具，并引导他要把不同材料的玩具放在不同的箱子里，以免损坏或者遗失。这同样也需要一个过程，刚开始艾天虽然收拾玩具，但把它们乱丢一气，塞进箱子就完事，我再次与他谈判，设置"障碍"，慢慢地我发现他开始学会了动脑筋，学会了给它们分类，塑料的、铁皮的、木制的，他试着把它们放进了不同的箱子里去。

这样，在艾天很小的时候，他就养成了给事物分类的好习惯，这样的习惯相信艾天会保持终生。

在艾天很小的时候,诸如此类的例子很多。自从艾天出生后,我从未忽略孩子习惯的养成,正是有了良好的习惯,艾天的健康成长才水到渠成。

学 生 阶 段

在孩子到了上学的年龄时,我又与学校的九年义务教育相配套,在家里尝试着进行九年家庭教育计划,以使孩子成长得更加健康、更加优秀。事实上,通过艾天的成长已经证实了这种教育方式是有效的。具体来讲,配合孩子学校学习的九年家庭教育计划可以分为三个阶段,每三年一个阶段。

第一阶段:引导孩子养成好的学习习惯

这个阶段主要指孩子小学一年级至三年级。在这三年里,作为父母要使孩子明白什么叫学问,并养成学习的好习惯。学习是一个人终生都必须做的事情,一个人能否成功,能否获得生活的幸福,在一定程度上取决于他的学习能力。而一个人的学习能力,取决于他从小养成的优良的学习习惯。

小学阶段的目标与要求:培养掌握"学"与"问",理解学问的含义。这些都是让孩子终生受益的财富。

记得艾天跨入沈家营小学大门的那一天,我带着艾天去交费,当着老师的面,我郑重地对艾天说:"艾天,你已经开始长大了。妈妈总有一天要死去,而你要掌握知识,才能挣钱,才能生存下来。现在我已经把钱都交给老师了,就是让你去学学问,学问、学问就是学了要问,你不提问题,老师就拿走了;你只有提问题,钱才买回了知识。"艾天若有所思地点点头。每天艾天放学回家,我都会问他:今天你提问题没有? 如果没有提问题,今天的钱就被老师拿走了。过了几天,艾天对我说,"今天我向老师提了 4 个问题, 钱没有白花吧？"

　　用钱来衡量知识是不明智的，但在孩子还小的时候，对钱是很敏感的，钱是可以度量的标尺。能用钱买回好的学习方法，让艾天珍惜学习，养成学和问的习惯，我宁愿粗俗一次。

　　良好的习惯需要鼓励和支持。过了几天，艾天有点儿沮丧地回到家里，他委屈地告诉我："今天体育课，我提了很多问题，但老师说我是个岔巴子（多嘴）。"爱提问的习惯应该得到鼓励，我马上解释说：岔巴子是有学问的人，老师其实是在表扬你。就这样，我化解了艾天的疑惑，鼓励他继续提问题。

　　我对儿子的要求从来都是学习上的问题都在学校解决，不要带回家里。有的时候我对孩子很严厉，艾天向我提问题，我采取不予解答，甚至还吓唬艾天："不要问我，不然我揍你。"我清楚记得，艾天一直到高中毕业也就只问过我一个问题。

　　父亲是学物理的，但艾天也只是经常与父亲探讨些发明之类的事，基本上不求教他学校学习的物理内容。

　　我们并非不愿意为他解答问题，而是不想艾天在学习上"负债"和产生依赖。我们要让他明白一个道理 遇到不懂的问题，就需要你抓紧时间及时解决问题，而老师是最好的求助对象。如果把本来应该在学校完成的任务带回家，当时该解决的问题不在当时解决，这表示学习上没有效率，造成了学业上"负债"。

　　艾天从此养成了不把问题带回家的习惯，而他的好问给老师留下了良好的印象。

第二阶段：让孩子勤动脑、会动脑

　　第二阶段：小学高年级阶段。在这个阶段要让他学会动脑子，分析自己学习上出现的问题，然后有的放矢地加以纠正，使自己能够稳步提高考试成绩，获得理想的分数。

艾天上六年级的时候，为了扩展知识，老师经常给学生留附加题，告诉同学们有精力就做。因为作业较多，大部分同学连看都不看就等着第二天老师讲，艾天却不同，每次他都会把附加题认真思考一遍。做不上来，还会主动找老师问。

艾天教室后面的黑板报上，每期都会有一些趣味很强的智力题。艾天也总是动脑思考。

六年级的数学应用题是有难度的，而且有多种类型，许多孩子掌握不了每一类的特点，因此好多题拿到都不会做。艾天最初也觉得题型有些乱，一天他翻练习册时，忽然自言自语说："应用题原来就这几类，这儿一堆儿连续几道都是'相遇'问题、这儿一堆儿都是'工程'问题，嗯，原来是这样……"他后来专门有了个练习本，每次做错了的题也会按题型放一堆儿。把每一类型的错题都解决了，而且经常随手翻看，慢慢地各类题型该怎么着手就成竹在胸了。

因为艾天勤动脑，会动脑，我去开家长会时，老师总是夸奖艾天，说他成绩虽然不是最好，但却聪明，是个很有潜力的孩子。

其实在艾天很小时，我就引导他勤动脑。艾天一岁多的时候，我选择了教小艾天叠纸、叠手绢这种动手游戏，因为这些活动对小孩儿来说是最安全的，成本也很低，最重要的是可以通过动手让孩子喜欢动脑。

我买了一本叠纸大全，刚刚开始的时候，我叠了个帽子戴在艾天的脑袋上，他高兴地到处展示自己的帽子，并对叠纸产生了兴趣。有了兴趣引路，我就教他怎样叠最简单的帽子，然后循序渐进，教艾天叠各种动物。一开始是静止的动物，再后来就是可以活动的各种动物。至今我记得，艾天最喜欢叠的是一个小鸟，只需要一会儿，一张正方形的白纸就变成了栩栩如生的小鸟了，而且还能做小鸟吃米的动作。

上高年级后，由于知识越来越深，会动脑的与不爱动脑的学生层次就拉开了，艾天的学习效率很高，就得益于此。

正是勤于动脑，艾天每次学习出了问题，他都能自己想通问题在哪，并加以纠正。

第三阶段:引导孩子总结出适合自己的学习方法

第三阶段:初中三年。这时候,就应该使孩子从考分的高低中总结出适合自己的学习方法。仅仅掌握知识是远远不够的,只有掌握得到知识的方法,才会使知识源源不断地成为自己的财富。在这个过程中,父母要学会鼓励孩子,培养他们的自信心。

艾天刚上初中时,英语成绩总是不怎么理想。

有一次,艾天的英语居然考了个不及格,孩子很伤心,一个人在屋子里面自言自语:"唉,怎么才能把英语学好呀,我到底能把英语学好吗?"

于是,我走进孩子的房间,说道:"我过去上学的时候,数学成绩很差,我刚开始的时候也是没有信心把数学学好。可是,后来我改变了学习方法,把自己的自信找了回来。我相信自己一定能把数学学好。"

艾天很意外我为什么突然说这番话,便问道:"后来你的数学成绩怎样了?"

我微笑地说:"数学成了我的强项了!"

艾天赞叹道:"妈妈,你真棒!你有什么方法吗?"

我回答:"有呀,不过最重要的方法就是我的自信心。所以,你对英语学习也要找回自己的信心。我明白你没有信心,但不要怕,我们一起找回来。OK?"

艾天望着我也俏皮地做了一个"OK"的手势,自信的笑容回到了孩子的脸上。

有了自信,愿意学了,找到好的学习方法就不难了。

如何才能让艾天找到好的学习方法呢?不久,我发现艾天非常喜欢看卡通片,于是我便买了很多原版的卡通故事回家,他很高兴。这些卡通片都是英语语音,不带字幕,为了能够理解那些精彩的卡通片,他开始非常留意英语的学习,并且主动翻查字典。因为卡通片的对话并不复杂,句式也非常简单,又非常口语化,再加上丰富有趣的内容与情节,使得艾天看得如痴如醉,而在这个过程中,艾天对英语渐渐有了浓厚的兴趣,因为他发现他对英语掌握得越好,他就越能享受看这些卡通片的乐趣。

为了让艾天熟记常用词汇,我便经常问艾天日常词汇,比如礼貌用语,还有家具电器等英语单词,这些单词在日常生活中经常可以使用到,这样会让孩子觉得英语学习的确非常有用处。另外,我还会鼓励艾天看外文杂志和报纸,开始看不太懂不要紧,但是只要看到认识的单词,艾天就兴奋起来,慢慢地他能够把熟悉的单词串联起来,读懂句子,再后来便能成段成段地阅读。

通过这两个方法,我得出一个结论:让英语学习与实际生活相结合无疑也会增加孩子的兴趣与动力。

学好英语的关键一环就是要能应用,要能够听得懂英文,能用英语对话,这才叫真正掌握好了这门外语。

一有机会,我就会鼓励艾天开口说英语。因为我们家一直住在高校,有时会碰上一些外教,一旦有这样的机会,我绝不放过,我会鼓励艾天上去和对方主动交流。后来,艾天变得非常胆大,看到外语好的人就很自然地上去攀谈一会儿。艾勇也会讲英语,但是和其他大多数中国人一样,发音不是很地道,所以一般情况下,我不会让艾天和他父亲用英语对话,也不轻易让他与其他人讲,怕他的发音被带坏。我鼓励他开口和老外交流,再有就是看原声的卡通动画或者电影,这些片子的发音都是比较地道的。艾天在上海参加面试的时候,美国面试官说他的英语非常标准,我想就与小时候的锻炼大有关系。

在我的引导下,艾天找到了学习英语的方法,并在以后的学习中逐渐巩固和完善这些方法。

家庭教育有其特定的规律,需要虚心学习、勇于实践,并且不断地提高,掌握孩子成长各个阶段的教育规律。对孩子每个阶段应当解决的问题有预见性和相应的措施,并对孩子的长远发展有战略规划。这就需要对国内外、校内外与家庭内外的各种教育资源进行合理的利用和开发,同时对现状和未来有全面认识,在孩子成长的道路上有效地建立适合孩子自身特点的家庭教育策略。

　　当然,这里举的例子更侧重于与学校教育的配合方面。事实上,我并没有把在学业上取得的成绩当成衡量艾天的标准。而且,其实,对孩子的教育方法在各个阶段是互相渗透的,并没有明显的分界,这里分阶段来讲,只是表示每一阶段的侧重点有所不同。

不能承受之重

　　小如长得漂亮,学习成绩也很好,在学校还担任学生会主席的职务。在每个同学心目中,小如就是他们的榜样。可是这样一个优秀的女孩却是不快乐的。为什么呢?

　　小如的妈妈一直想把她培养成一个绝对出色的人,所以,小如除了每天要学习书本上面的知识外,还要去学习钢琴和舞蹈,好不容易有个假期,妈妈也要把小如送去英语口语速成班学习。这样满满的学习计划表,小如根本就没有休息的时间,就更别提玩了。每次听到周围的女生们谈论一些时尚的话题时,小如却只能呆在一旁听着,因为,她根本不知道大家在说些什么。心中的苦恼也只有自己知道。

　　每当小如稍微有一点抱怨情绪,妈妈总是搬出这么一句话来:"你知道吗?妈妈都是为你好,所以,你一定不要辜负妈妈的苦心。"只要说这么一句话,小如就不得不顺从妈妈的安排,继续学习。甚至有些时候,小如幻想自己是个孤儿,那么,就不会再有这么多学不完的功课了。

　　这天,小如特别想和同学们去展览馆看画展,可是妈妈给她安排了舞蹈课程,女孩央求妈妈:"我就缺一次舞蹈课不行吗?我真的好想去看这个画展呀。"

　　妈妈又开始苦口婆心地说了:"女儿呀,我这是为你好……"没等母亲说完,小如已经打断了她的话,大声地尖叫道:"什么都说是为我好,可是我一点也不觉得好,我一点也不快乐,你根本不是我妈妈,你简直就像一个魔鬼!"

看到女儿这般声嘶力竭地喊叫,妈妈不知所措地愣在了一旁。

为什么付出那么多,还被说成"魔鬼"?其实小如现象不是个例。在2004年武汉市举行的"楚才杯"国际中小学作文比赛中,有3000名小学生不约而同地将妈妈刻画成"变色龙"、"母老虎"、"河东狮吼"等形象。所谓童言无忌,这些都是孩子们内心世界的真实流露,而且这些呼声具有普遍意义。古今中外,母亲在人们心目中的形象是慈祥伟大的,而如今却变了一番模样,到底是谁在扭曲母亲的形象?难道母亲与孩子间真有不可调和的矛盾?

我曾就此和一位专家朋友交流过。这位朋友在某省精神卫生中心青少年心理研究室工作,就她接诊的案例来看,与母亲有矛盾的孩子以小学高年级学生和初中生为主,不少学生甚至因母亲要求过严而出现自虐、自杀、打骂母亲的情况,有的学生甚至动过杀死或毒死妈妈的念头。

这并不是危言耸听,这里有一个真实的事例。2002年4月6日晚3时,甘肃省景泰县春雨中学学生齐刚在家中杀死了他的亲生母亲。他计划中的下一个目标是他的亲生父亲,只是这一步还没有来得及做就被制止了。

这是一则令整个教育界为之窒息的新闻。人们展开分析这个案件的时候,发现这个事件的主角初中学生齐刚竟是个天赋极高的尖子生:成绩优异,还喜欢篮球、电脑、画画和写诗。而让他对父母起杀意的是,父母加在他身上的那些令人发指的体罚和精神摧残。

每个父母都爱孩子,但为什么换来的却是这样的结果?在我们感叹可怜天下父母心的同时,不能不陷入沉思。

据调查,青少年中对母亲反感者居多,而孩子们讨厌父母的原因大多源于父母强迫孩子做自己不喜欢的事。

在传统的家庭模式中,母亲是家庭生活的核心,而母亲生活的"重中之重"就是孩子。母亲对孩子投入了全部心血,这样做并非简单地让孩子吃好、穿好,投入背后往往是一个很高的期望值。但事实上,大多数孩子都达不到母亲高高的理想目标。这时,很多母亲就会强迫孩子去做许多事情:上各种补习班,布置各种家庭作业。达不到要求时,父母就批评责备,甚至不惜动用武力。

齐刚的父亲就曾一再地告诫齐刚,齐家的祖先有人做过清朝的太师,县志里都有记载,他自己的名字也被社科院的专门人才库收录了进去,所以齐刚必须得超过自己,不要给齐家丢脸!在事件发生后,记者对齐刚父亲进行了采访,问他:"你们对孩子这种严酷的打骂教育方式是成功,还是失败?"齐刚的父亲竟然还在振振有辞地说:"我不认为我对他有什么过错。不打,他就成不了才!"

孩子是一个小小的个体。在他们生理和心理都没有成熟时,家长过高的期望就压在了他们肩上。他们无法调节父母的期望,也无法调整对父母的不满,因此只有被动地接受。而接受到难以接受的程度,就会上演悲剧……

这该怨谁呢?为什么我们的父母一再对孩子执行高压政策?为什么孩子不能有个快乐的少年时代?

问题当然不仅仅是出在孩子或是父母身上,教育体制是不得不直面的问题。许多妈妈表示:"天底下哪个母亲不疼爱自己的孩子?现在不是我们在逼孩子,而是教育现状在逼我们啊!""我们也希望孩子有个快乐的童年,可现在的社会竞争激烈,学习成绩不好就考不上大学,考不上大学就找不到好工作,找不到好工作孩子这一辈子就完了……"现在的教育还是分数最重要,没有好成绩哪来好前途——这是大多数母亲的看法。

事实上,我们的教育体制的确需要改革,而且也在逐步有所变化。而在这里,首先要问问我们的家长:'难道有个好前途是我们对孩子的唯一期望,他们的快乐难道不重要吗?"《我平庸,我快乐》的作者周洪在接受记者访问时说,"在美国,让孩子快乐是最要紧的事,世俗的功成名就其次。"

何时中国孩子也能卸下世俗的重荷?何时我们的家庭教育也能够在快乐的基础上,去引导孩子积极发展?我想,如果有那么一天,你眼前的孩子肯定会是一个崭新的面貌。

关注孩子眼中的"家庭差别"

家庭教育需要因材施教,根据孩子的自身特点,针对不同文化背景的家庭制定不同的家庭教育策略。如今,孩子对家庭变得越发敏感。在拿自己的家庭与别的家庭的比较中,他们很容易感觉到其间的种种"差别"并呈现不同的心理反应,作为家长,应科学引导。

如今家庭与家庭之间的收入出现了很大的差别,一些家庭的吃、穿、住、用、行等均呈现高档次,而一些家庭则差很多。由此,正值敏感时期的孩子难免会产生心理上的不平衡,条件差的家庭的孩子难免会出现自卑的情绪。

上高二的郭与曾经是班上男生中最朴素的一个,以往穿的很多衣服还是初中的,又短又过时,如今,他也"鸟枪换大炮"全副名牌武装了。他无奈地说:"我以往老是被同学笑话,他们总是'难民'、'难民'地叫我,还讥笑我,要不要他们捐款赞助呢?"

面对这种情况,做家长的就应及时向孩子讲清道理。嘱咐孩子不能简单地、幼稚地去与人家作无聊的攀比。

特别提醒贫困家庭的父母尤其要摆正心态,千万不能对孩子有过分的物质补偿心理。

刘露跟丈夫双下岗,丈夫平常打打零工,自己则起早贪黑在街头摆摊卖小吃,一家人每个月稳定的收入才800多元。但不管怎么吃苦,夫妻俩对正上高一的儿子从不肯"亏待",别的孩子有的,也尽量买给儿子。儿子有一次表达了对同学穿名牌运动鞋的羡慕,夫妻俩听了咬咬牙,来到商场为儿子买了双800多元的耐克运动鞋。儿子知道了,高兴之余却说没必要买这么贵的鞋。刘露跟丈夫却

"劝说"儿子，爸妈是不想让你在同学面前低人一等。

对于这一类家庭，父母不能因为家庭条件差就让孩子在家庭中"特殊化"，而更要对孩子实行"自强教育"，教育孩子不要因为家庭条件差就感觉低人一等，抬不起头来。培养孩子自强自尊的性格，引导孩子做一个能坚持自我的人。

对于经济条件好、生活水平高的家庭，我提倡要对孩子实行尊重教育，主张"再富也要穷孩子"，重点就是培养孩子学会尊重他人、与他人友好相处。

还要提醒带孩子在国外生活的父母，要对孩子实行"根文化"教育。

我的朋友张敏在美国做小学教师多年。2005年初，她回国时我们见了一面，她对我讲起她接触到的美国出生的华裔孩子。她说他们大多有几个特点：第一，不会说中文。第二，厌恶一切跟中国有关的东西，尤其是会联想到他们是华裔的东西，比如他们的皮肤颜色、头发颜色、眼睛颜色、父母说中文等，因此，形成了他们这个圈子独特的装扮，在穿衣、化妆方面向黑人或者拉丁美洲人看齐，意思就是说，宁愿说自己是墨西哥人，或者是南美印第安人，都不要让别人知道自己是华人。第三，对中国的一切比美国其他种族的人更无知。

张敏说孩子之所以这样，与父母的教育分不开。在美国的中国移民自己的英语不好，受尽美国人的歧视，因此，希望子女说最纯正的英语，不会再受美国人歧视。当孩子出生后，他们愿意对孩子讲英文，他们害怕跟子女讲中文，会"污染"了孩子们的口音。随着孩子进入小学、中学，孩子在学校的时间比在家里面的时间多得多。因为英语是主流语言，孩子们自然感觉说英语比说中文要舒服。当孩子连母语都不会讲时，中国文化、中国情结就更不用说了。

处于国外环境中的孩子，可能从小就在异国他乡长大，没有受到多少中国传统文化的影响。对于这一类家庭，提醒家长对孩子要多灌输中国文化意识，使他不至于在国外那种环境中忘却了自己的根在中国，要他们懂得长大后要回报祖国。

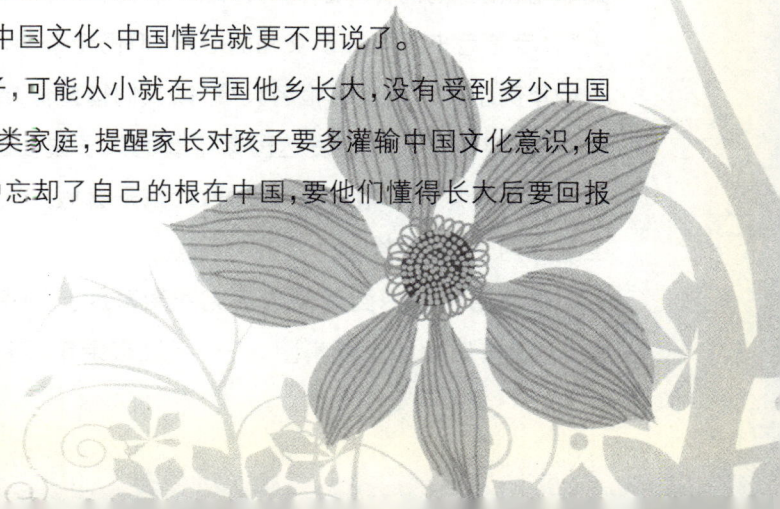

你我本来就是平民

每个家长都希望子女长大后能成为社会上出类拔萃的人才。让孩子从小树立远大的理想固然不错，但我们的家庭教育也因此走向了偏颇。

一位做小学老师的朋友曾感慨地说起这样的现象。一些家长在教育孩子时，从不想到培养孩子的平民感情、看不起平民百姓，尤其看不起生活在社会最底层的人，动不动就威胁性地提示孩子说："不好好读书，长大就像他们一样。"农村有些家长也常常对孩子说："不好好读书，长大像你爸一样拿锄头。"使孩子从小就对那些生活在社会底层的老百姓瞧不起，在感情上格格不入。如果一个人从小就对平民没有感情，等到他走上工作岗位，连尊重平民的基本情感都没有，又怎么能够为平民服务，又怎么可能做好工作？

做新闻工作的北京朋友杜茗也对我说起这样一件事。暑假开学第一天放学后，女儿峥峥一脸不高兴地回到家。原来，她的同学有不少参加了少年高尔夫球培训班，他们在一起饶有兴趣地谈论，峥峥不但受了冷落，还被笑话成"老土"。尽管后来她解开了女儿的心结，但仍无奈地对我说，这两年暑假期间，北京少年高尔夫球培训班报名火爆，家长们指望借此培养孩子的"贵族气质"。对此，朋友评论说："人家发达国家富翁的孩子去社区做义工，参加公益活动，培养的是平民意识。咱有钱人倒好，让孩子暑假打高尔夫球，恨不得在孩子脑门上刻上两个字：贵族。"

这不由让我想到了美国洛克菲勒家族。洛克菲勒财团是美国历史上最悠久、规模最大的垄断集团之一，历经百余年，洛克菲勒家族不但没有衰败，

反而成为美国最富有、最显赫的家族。究其原因,他们的成就是与让孩子从小经受苦难的磨炼分不开的。洛克菲勒父子相传的教子方法是:有意识地让孩子经受苦难的磨炼,不让他们坐享其成,花天酒地,他们给孩子很少的零花钱;很小就让孩子自己劳动赚取学费。正是由于洛克菲勒家族一代一代都受到严格的苦难磨炼,各代中人才辈出,有副总统,有政府要员,有银行董事长。

其实,每个父母都希望孩子出众,让孩子有远大的理想没有什么不对,但我们也要引导他们要有当平民的心理准备。专家认为,平民情感、平民志向、平民素质是一生为人的基础,更是成为出类拔萃人才的必要条件。

如果没有平民意识,长大后自己只是一名普通的平民又该怎么办?一个孩子如果从小就一门心思向往顶尖,他的成长道路大多会遇到人为的障碍。

前几年,我有一位学生小瑾。刚上大学时,她出现了心理问题,后来主动找到我交流。从小父母就对她要求很严格,因此她一心要做出类拔萃的人才,而从小学到高中她在各方面也一直都是比较优秀的。可上了大学以后,却发现每一方面都能找到比她更优秀的人。小瑾心理很不平衡,也很失落,不知道自己该如何面对。我和她交流多次,告诉她:"无论什么时候,做平民的永远是绝大多数。出类拔萃的人才,永远都是极少数的人。既然如此,自己只要尽力就好了。"后来,她毕业后去了北京,在一家私人企业做了 5 年的普通员工,后来学足经验自己当了老板。她来武汉时总会来找我,不止一次对我说:"王老师,正是有了你的一番话,我才踏踏实实过好了后来的日子。"

近年来,有一些学习优秀的学生,在遇到一些小挫折时就产生自杀念头,也从不同程度说明了我们平民教育的缺失。其实,一个人只有具备了平民志向,才能经受起挫折和磨难,也才有成才的可能。

另外,平民意识、平民情感也可以让孩子拥有好的人际关系。如今富家子弟

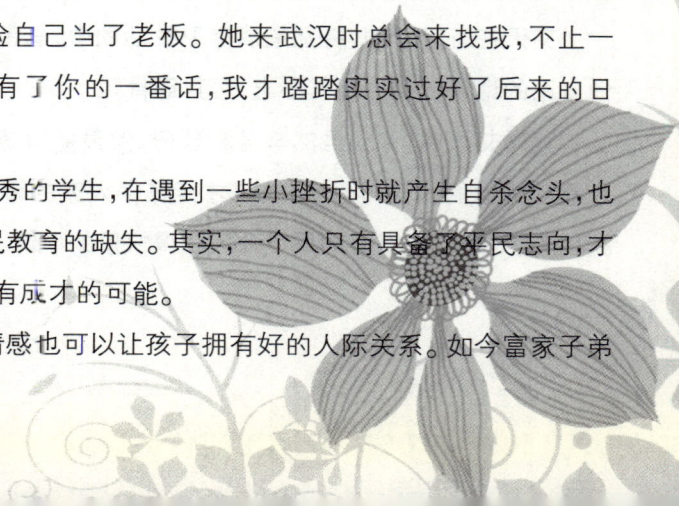

比比皆是,这些孩子从小受父母娇宠溺爱,养尊处优,目中无人,没有起码的尊重他人的意识,这如何能得到别人的真情? 我们的父母应该意识到,你今天在物质方面给予他的越多,他将来可能失去的越多,在精神上他有优越感,歧视别人,自高自大,会引得别人的反感,也会失去友谊。

同时,要培养孩子的平民意识,让他树立热爱劳动、以劳动人民为豪的平民情怀十分重要。以此,要让孩子学会自立自理能力等基本生存手段。而孩子参加劳动的时间越多,他们的独立性越强。

我出生在知识分子家庭,成长阶段正赶上"文革","文革"中下放为知青,在那个岁月里,我干农活不比小伙子差,做过裁缝,因手艺好,附近乡里都来找我做活,劳动让我对生活有了更深刻的认识。因此,对于儿子艾天,从他很小的时候,我就一直引导他动手劳动,并藉此养成好的品性。

小学一年级时,艾天就读的学校发动学生进行卫生大扫除,艾天所在的班级负责清理一条臭水沟,臭水沟里面被各种垃圾堵塞了,发出恶臭,成群的苍蝇和蚊子寄居在垃圾堆上。很多孩子的爷爷奶奶闻讯赶来帮自己的孩子清理。

艾天一个人非常积极地去完成自己的任务,当他看到水沟里面的水要溢出来的时候,他毫不犹豫直接用手去掏出堵塞水沟的垃圾物,他的行为令在场的老师和家长都感到惊讶,甚至有部分家长感到不解,但艾天的举动博得了同学们的赞扬。

艾天在班级活动,特别是清洁卫生活动中,总带头冲进厚厚的灰尘之中,用他自己的话说,这是"苦其心志,劳其筋骨"。

我对艾天说:劳动虽然辛苦和琐碎,但最能锻炼一个人的意志力和品格,而且喜欢劳动的人懂得付出,这样才能赢得大家的喜欢,结交朋友,有了朋友,你就拥有了快乐,所以劳动是个令人获得快乐的事情。

境遇相同，为何结局不同

"家庭是人生的第一所学校，母亲是人生的第一位老师。"母亲的知识、修养、品行、言传身教、教育艺术等，对成长中的孩子都起着潜移默化的作用。这就是当今世界各国，不论社会制度与意识形态多么不同，都普遍重视家庭教育中母亲的重要作用之原因所在。

前苏联著名教育家苏霍姆林斯基在其《家长教育学》里，曾经讲述了这样一个发人深思的真实故事。

在他故乡的村子里，有两位母亲，一位叫玛丽娅，一位叫赫丽斯季娜，她们是邻居，又都有一个儿子。玛丽娅的儿子叫皮奥特，赫丽斯季娜的儿子叫安德烈，他们俩同岁。1939年秋天，他俩同时去参军。反法西斯卫国战争爆发了，在两年时间里，母亲们没得到儿子们的任何信件、消息。在乌克兰光复之后，玛丽娅和赫丽斯季娜同样收到了装在蓝色三角信封里的信，她们喜出望外：儿子们都活着！

一个星期天的下午，皮奥特和安德烈都回来了！不久之后，两位母亲都病倒了。但她们的命运却不一样。先说玛丽娅，她的下肢瘫痪了。而皮奥特的未婚妻加莉娜又怀了孕，玛丽娅让儿子把加莉娜接到家来，小两口非常和睦、恩爱。为了给玛丽娅治病，小两口卖了眼舍，寄住在一个远亲家里，把母亲送到基辅去住院治疗。两个月后，玛丽娅恢复了健康，但皮奥特和加莉娜连衣服和巴阳风琴都卖掉了。玛丽娅激动地对人们说："不是药物，而是伟大的儿女的爱把我的病治好的。"全村人也都赞扬小两口的高尚行为。

再说赫丽斯季娜吧，她的命运可与玛丽娅大不相同。儿子安德烈带回来几箱胜利品,可从未让母亲看过。他认为母亲的房舍过小,就在村头另盖了一所砖房,房顶上覆盖着合金铁板。安德烈结了婚,小日子也过得很红火。赫丽斯季娜的房子快要倒塌了,她让安德烈给修理。儿子却说:"我操心的事够多的了,你自己想办法修吧!"赫丽斯季娜得了半身不遂,邻居找到安德烈,他口头答应去看母亲,实际上却不去,一直由邻居照料他母亲。一年过去了,安德烈竟一次也不去看望母亲。全村的人都认为他把母亲抛弃了,骂他是铁石心肠的人。人们见了安德烈,都躲着走,也不同他打招呼。安德烈害怕起来,最后自杀了。

安德烈为什么会成为铁石心肠的人?苏霍姆林斯基的分析是:人们回想起这位不幸的母亲的一生,她把全部心血都倾注在自己的"宝贝儿子"安德烈的身上,甚至晚上连觉都睡不足。

人们还记得,在组织集体农庄之前,赫丽斯季娜同丈夫下地割麦子时,她经常在马车上放点芳香的干草,上面铺上一块亚麻布,然后把正在熟睡的安德烈连枕头带被子一起抱到车上,把孩子的脸给蒙上,以免被灼热的阳光晒着。安德烈在车上睡着,而像他这样已经 8 岁的孩子,早该到树林里去拾柴禾、点篝火和打水了,可是他却在睡觉。安德烈长得挺结实,非常天真活泼,母亲疼爱得要命。她总怕出什么事伤了孩子幼小的心灵,怕遭受什么不幸,会给他安逸的童年投下忧郁的阴影。

有一年秋天,赫丽斯季娜给孩子做加有酸奶油的煎蘑菇吃。他非常爱吃这种东西,每天都要吃这种加酸奶油的煎蘑菇。可是附近蘑菇越来越少了,赫丽斯季娜有时不得不到将近 12 俄里的森林里去采摘。有一次,母亲把脚划伤了,好容易才回到家。她尽力克制,对发生的不幸不露声色。她想怎么可以挫伤安德烈的情绪呢?"为什么要让他知道世界上还有痛苦呢?"每当她对某种悲伤的事情装作看不见时,她总这样说。这一次也是这样。她把受伤的脚包扎了一下,就到邻居那里去了。邻居每天送来一篮子蘑菇,而母亲就将自己做的衬衫作为报酬送给人家。

因此，安德烈一直不知道母亲遭遇的不幸，他总是那样心情愉快，心满意足。他只是从人们那里得到东西，而从不给予对方什么——这就是为什么他成为这样一个铁石心肠的人的原因。

我们再来看看玛丽娅是怎么教育儿子的。在皮奥特很小的时候，人们就看到这个小男孩蹦蹦跳跳地跟爸爸妈妈在地里干活，稍大一些了还学会了做简单的饭，给在田里忙碌的玛丽娅送饭送水。每次家里有好吃的，玛丽娅都让皮奥特留一些给村里那个曾带过他的老婆婆。家里每次有什么大事，这位母亲都会和皮奥特商量，让他也参与解决。

事实胜于雄辩，皮奥特的孝敬母亲和安德烈的抛弃母亲形成了鲜明的对照，他们俩成长的社会环境是相同的，仅仅是由于母亲给予的家庭教育的不同，而成长为两个品德思想完全不同的人，皮奥特无微不至地关照母亲，表明他懂得自己的责任和义务；而安德烈居然一年不看半身不遂的母亲，表明他已陷入了极端自私自利的泥坑，成了一个铁石心肠的人。

从上面这个故事可以看出，母亲给予的家庭教育不同，培养出来的孩子也截然不同，在家庭教育中母亲的责任和重要性可见一斑。

每个孩子都能有阳光般的笑脸

今天，我们的教育趋势应该是培养孩子阳光般健全的人格。阳光是温暖的、明亮的，是欢快的，因此我乐于把一种崭新的教育方式称为"阳光教育"。

妈妈不仅要重视培养孩子拥有强健的身体，还要重视培养孩子健康的心灵，最终达到孩子身心快乐、健康成长的目标。

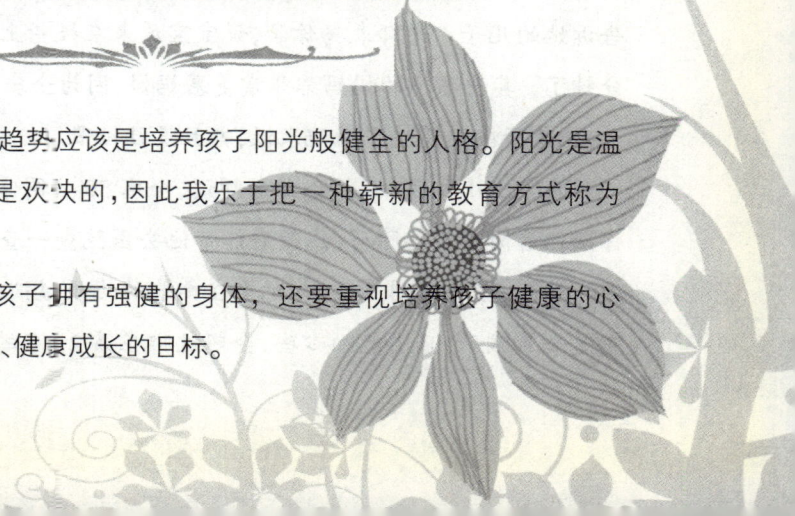

妈妈要充分重视孩子的可持续发展潜力，因为这比一时的博学多识更重要。要知道，孩子的成功在未来很长一段时间，需要的正是可持续发展，妈妈不能为了让孩子取得一时的成绩而做损害孩子持续发展的能力和动力的事情，而要在孩子成长的过程中不断为孩子注入可持续发展的要素。如锻炼孩子的韧性、培养孩子的抗压减压、独立思考等能力，这些对于孩子以后的发展是受益无穷的。

妈妈还要重视孩子好奇心、想象力的保持与维护，这比考取高分更重要。好奇心、想象力是孩子爱学习的动力，只有爱护和培养孩子的好奇心和想象力，孩子才不会失去求知的动力，学习起来才会像开动马达的机器，充满了能量。

一个故事的启示

很久以前，我读过这样一个故事：

第一次参加家长会，幼儿园老师对她说，你的儿子有多动症，在板凳上连3分钟都坐不了，你最好带他去医院看一看。

回家的路上，儿子问她老师都说了些什么，她鼻子一酸，差点流下泪来，因为全班30名小朋友，唯有他表现最差，唯有对他，老师表现出不屑。然而她还是告诉她的儿子："老师表扬你了，说宝宝原来在板凳上坐不了1分钟，现在能坐3分钟了。其他孩子的妈妈都非常羡慕妈妈，因为全班只有宝宝进步了。"那天晚上，她儿子破天荒吃了两碗米饭，并且没让她喂。

儿子上小学了，家长会上老师说，全班50名同学你儿子排在第40名，我们怀疑他智力上有些障碍，您最好能带他去医院查一查。回家的路上，她流下了眼泪。然而，当她回到家里，却对坐在桌前的儿子说："老师对你充满信心，说你并不是个笨孩子，只要能细心些，会超过排在第21名的你的同桌。"说这话时，她发现,儿子黯淡的眼神一下子充满了光,沮丧的脸也一下子舒展了。

孩子上初中后,又一次开家长会。她坐在儿子的座位上,等着老师点她儿子的名字,因为每次家长会,她儿子的名字在差生的行列中总是被点到。然而,这次却出乎她的意料,直到结束时都没听到。她有些不习惯,去问老师,老师告诉她:"按你儿子现在的成绩,考重点高中有点危险。"她怀着惊喜的心情走出校门,此时她发现儿子在等她。路上她扶着儿子的肩膀,心里有一种说不出的甜蜜,她告诉儿子:"班主任对你非常满意,他说只要你努力,很有希望考上重点高中。"

高中毕业了。第一批大学录取通知书下达时,她有一种预感,她儿子被清华大学录取了,因为在报考时,她跟儿子说过她相信他能考取这所大学。他儿子从学校把一封印有"清华大学招生办公室"字样的特快专递交到她的手里,突然转身跑到自己的房间里大哭起来。儿子边哭边说:"妈妈,我知道我不是个聪明的孩子,可是,这个世界上只有你能欣赏我……"这时,她悲喜交加,再也按捺不住十几年来凝聚在心中的泪水,任它打湿了手中的信封。

妈妈的欣赏、温暖鼓励使得一个不被看好的孩子自信、健康地成长。这个故事给了我很大启迪,我在艾天的成长中,更注重对他心灵的呵护。希望在我的引导下,这个男孩像阳光一样温暖、明亮。

发生在艾天身上的故事

记得在艾天小学一年级的时候我碰到了这样的事。有一天,往常总是一脸微笑的艾天沮丧地回到家中,在我的询问下,他委屈地把事情的原委告诉了我:由于他字迹潦草还喜欢乱涂乱抹,老师就罚他要把每个字母再写上100遍。

知道详情后,我当时面临两种选择,要么把责任都归在艾天身上,让他无条件地接受惩罚，强迫他去把每个字母写上 100 遍；要么把责任都抛给老师，到学校找老师去"算账"，告诉老师不能这样对待我的孩子。但这两种选择都有明显的负面后果，如果罚艾天，那么我担心他会产生厌学情绪，毕竟让孩子花上一天的时间抄写那些拼音字母对一个孩子会有很大负担，在潜意识里孩子会对学习产生恐惧心理，如果一开始就有厌学的倾向，那么以后如何去进行学习呢？同时我又绝对不可能去找老师，虽然老师这样做并不是非常合理，但他毕竟是出于好心，希望艾天学会认真对待学习，况且如果我说老师的不是，那会影响老师在孩子幼小心目中高大、权威的形象，今后就会不听老师的话，这就会影响到学校教育的正常进行，所以这两种做法都是不妥的。

思来想去，我采用了一个"阳奉阴违"的做法，既让惩罚实施，让艾天受到教育，又不让惩罚成为艾天的负担。我让艾天接受了惩罚，但是并不让他一个人去完成。我让他把每个字母在前面先写几行，中间的由我来代笔写，最后再让他收尾。艾天有些担心怕被老师发现，我就告诉他老师不会真去看这些的。毕竟老师也只是想纠正艾天的不好习惯。

第二天，他把我们母子俩的"劳动成果"交给了老师，没有检查就顺利过关，还被老师评了个"好"。艾天拿着作业本回来给我看，高兴得不得了。从此以后，虽然他仍然屡次受罚，但都不会太放在心上了，因为他已经学会应对这些"惩罚"了。所以，从小学到高中，虽然学业任务很重，但艾天从来没有失去对学习的兴趣，这一点和他对受罚的阳光心态不无关系。

初中的时候，艾天最喜欢的就是球类运动，但艾天的最爱在老师眼里却成为了一个障碍。一天，艾天踢球被老师发现，老师怕影响学习就把球没收了。我并不责怪老师，也没有责怪儿子，而是建议儿子重新去买一个足球，还叫他到老师找不到的地方去踢。后来，儿子成了校足球队的主力队员，在与兄弟学校的足球赛上，取得了很好的成绩，儿子俏皮地说"能有今天全靠老妈关照"。

家长要学会在两难的处境下，采取变通的办法，既不让孩子失去阳光的心态,又不让他滋生对老师对立的情绪,理解老师的真正好意。

在教会他"阳奉阴违"对待不合理的处罚的同时,我也加强了对他的教育,要他更加认真地学习,处理好学习和个人兴趣的关系,渐渐地老师对他的处罚也越来越少。而艾天在进步的过程中,也从没有因为压力而失去阳光般的笑脸。

不过,施行阳光教育并不是溺爱孩子。孩子犯错误该惩罚的时候绝不能手软,但要注意技巧。

在艾天小学一年级考试时,他和另外一个同学相互对答案,被监考的老师看到,受到了严厉的批评。回家后,他如实地把事情的经过讲给我听。这件事情令我非常生气,觉得老师做得对。作弊是很严重的错误,我还要在老师批评的基础上惩罚他,因为我要给他留下深刻印象,杜绝此类现象再次发生。

在惩罚过他后,稍微平静了一下气氛,我又把艾天拉在身边给他讲为什么要教训他,他这样做究竟错在了哪里。我语气平静地摆出几点,听完我的分析,艾天心悦诚服地承认了自己的错误,并表示以后再也不这样做了。

"阳光教育"可以表述为关爱孩子、理解孩子、激励孩子,使他们成为性格活泼、自立自强、合群合作的一代新人的一种教育,可以说是一种爱心教育。

母亲是家庭阳光教育的第一责任人。女性特有的生理特征,使得胎儿的阳光教育不得不以母亲为主要实施者;而婴儿时期,孩子也主要是在母亲的陪伴下度过的。如前所述,阳光教育本质上是种爱的教育、关怀的教育、理解的教育、信任的教育。母亲作为女性家长,在此方面则有着得天独厚的优势。人们常说,母亲是孩子天生的密友,这是有道理的,因为,孩子的一举一动、一颦一笑,母亲都能知其所由,明其所欲;女性特有的温柔、细腻、宽容、敏慧、善解人意等,都对孩子有着潜移默化的影响。女性的心理特征,也决定着母亲应成为阳光教育的主要实施者。

人的生命早期有很大的可塑性。阳光教育宜早不宜迟、宜速不宜缓,如果每个妈妈能抓住孩子每个成长时期进行科学引导,你的孩子一定是健康的、阳光的。

第七章 阳光教育

四 法 则

做一个母亲,需要为孩子设计合理的阶段性任务,但这些任务并不是凭空想像的,而是需要符合家庭教育的规律,在每个阶段性任务的背后都有强大的家庭教育理念支撑着我一步步地实施我的家庭教育方法。

作为从事家庭教育的父母,首先要问自己一个问题:为什么父母要从事家庭教育?按照我的理解,随着社会发展,对智力的要求越来越高。在我看来,孩子从父母那里遗传来的先天因素对智力的影响最多才占整个智力的十分之一,而后天因素才是决定一个人智力的最重要、最关键的因素,所以大多数的孩子,先天智力都很平均,关键在于后期的开发。

后天的开发,主要包括社会开发、家庭开发、自我开发三个方面。一个人从出世就生活在社会之中,不可避免地被社会所感染和熏陶,比如社会环境、学校教育、各种培训班等。目前社会在开发孩子的智力因素上已经发展到了登峰造极的地步,但明显忽视了非智力因素。后天开发的另一个重要方面就是家庭开发,因为每一个孩子都生活在家庭中,家庭教育则是一种针对孩子最有效、最直接的个性教育。当然也不能忽视一个人的自我开发,在我看来,自我开发智力的能力是最重要,但又是最难做到的。这三种开发的关系是紧密相联的。学校教育由于学生过多,则只可能是共性教育,我们不能把开发的希望过多地寄托在社会教育上,而只能寄希望于家庭教育和自我开发。要使孩子自己学会开发自己的智力,达到最好的效果,却是建立在良好的家庭开发基础上的。没有良好的家庭教育和有针对性的对孩子智力的开发,自我开发只能是水中月,镜中花,所以在后天开发中,家庭教育是我们可以把握的关键。

其次,家庭教育主要开发什么? 在当前学校教育开发智力已经到了登峰造极地步的环境下,家庭教育还一味追求开发智力,在我看来是一种重复劳动,而且孩子失去了自由,家庭教育的重点应该是注重非智力因素的开发。

因为,智力因素与非智力因素的关系,就好像种子和土地的关系,智力因素就是种子,而非智力因素就是这块土地,如果种子不和土地结合,则只能成为种子标本。如果土地肥沃,则种子可以生好根发好芽,苗壮成长;如果土地贫瘠,那么种子也可能发育不足,如果土地是块盐碱地,则根本不适合种子的生长,只会枯萎、衰竭(见图7-1)。

智力因素与非智力因素的关系

● 智力因素:种子
● 非智力因素:土地

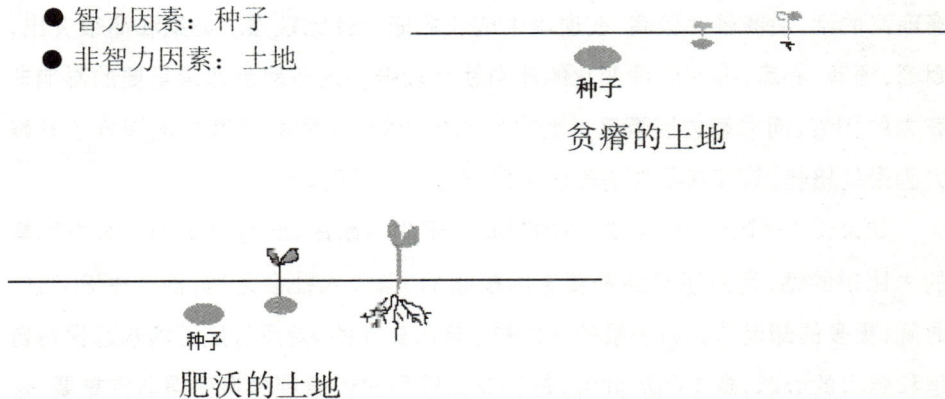

种子

贫瘠的土地

种子

肥沃的土地

图 7-1

在我看来,非智力因素主要有六种商。

情商,就是认识自我的情绪和处理人际关系的能力。有了良好的人际关系,才能为你创造更多的机遇,成功更近一点,心情更好一点,而这些又是可以互相促进的。

意商,就是确定人生志向和目标的意志力的能力,这种能力具有目的性、果断性、自制性和坚韧性,从不轻易言败,也绝不向困难低头。

和商,就是维护心理健康,保持良好心态的能力,是人生情绪和意志的遥控器,这点和情商相似,但一颗美丽的心灵则是人的一面窗户。

德商,就是一个人道德和品格的修养,如今学校都在进行这样的道德和品格教育,但父母是孩子的楷模,很多品格的培养,父母的表率作用大于学校机械和样板地灌输。

健商,就是一个人对待健康的智慧和维护健康的能力,只有首先拥有了一个好的身体,一切发展才有保障,看到艾天那么结实的身体,平日我的担心和忧郁都少了很多。

性商,就是对性的正确认识和对待的能力。

其实,这些因素同时又是交叉的,并能对其他的非智力因素产生影响。如果意商高的话,逆商就比较高,在逆境中成长的能力就比较强。如果和商很突出,财商、悟商、心商,控制心理变化的能力就比较强。这些都是非常重要的影响非智力的因素,而非智力因素又是智力因素的土地,在家庭教育中把握好了非智力因素的培养,其实就是为培养孩子的智力夯实基础。

如果说,一个人一生中20%的时间处于学习阶段,此时更多的是智力因素的大比拼的话,而孩子最终是要走出校园的,当步入社会之后,他一生80%的时间,更多的却是非智力因素的大比拼。与人交往的"情商",是否能永远保持自信和强者的心态,意志品质如何,是否有比较强的道德观念将变得非常重要,这些都需要家庭教育来给予。

总而言之,我们需要倚重家庭教育,而家庭教育的重点应该放在非智力因素的培养上。具体来说,平日的培养和阶段性任务的指导目标是一个拥有阳光、健全人格的孩子,符合"阳光教育的四法则",我把它称为家庭教育的四项基本原则。在这个四项基本原则中,我把培养一个健全人格的孩子放在首位,其次是注重孩子的身心快乐,对于孩子来说,身心快乐比任何的奖品和荣誉更加重要,三是孩子可持续发展的潜力比孩子一时片刻的博学多知更重要,最后是培养孩子的好奇心、想像力，让孩子养成爱学习的习惯比保持与维护高分更重要。这样的"四法则"可以概括为四句话：健全人格最重要，身心快乐是真宝，持续发展要记牢，好奇心、想像力、求知动力不可少（见图 7-2）。

●家庭教育四法则

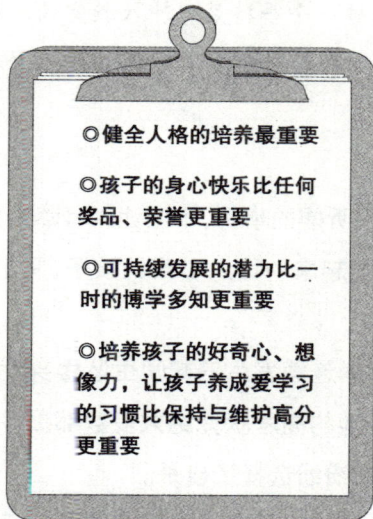

◎健全人格的培养最重要

◎孩子的身心快乐比任何
奖品、荣誉更重要

◎可持续发展的潜力比一
时的博学多知更重要

◎培养孩子的好奇心、想
像力，让孩子养成爱学习
的习惯比保持与维护高分
更重要

图 7-2

健全人格第一

2004 年云南大学发生了轰动全国的"马加爵事件"。杀人者马加爵为云大生化学院生物技术专业 2000 级学生，4 名受害者均为马加爵的同窗好友。

2005 年 7 月，一系列围绕北京大学学生自杀的新闻报道让人扼腕叹息：

4 月 22 日，北京大学理科 2 号楼，一女生从 9 楼坠亡；

5 月 7 日，北京大学理科 2 号楼，2002 级数学系一博士生从 9 楼坠亡；

7 月 25 日晚 8 时，北京大学 33 号宿舍楼，一男生从 5 楼宿舍的阳台坠楼身亡，据称该男生为北大心理学系本科生……

2007年6月，中国矿业大学3名大学生铊中毒。经化验分析为人为投毒。投毒者为本班同学，该学生性格非常内向，对3名受害人平时经常一起玩耍而不理睬自己心存不满，怀恨在心，遂投毒泄愤。

2008年10月28日18时40分左右，中国政法大学昌平校区端升楼内，法学教授程春明在上课前，被一个手持菜刀冲入教室的人砍倒，随后不治身亡。行凶者为该校政管学院大四学生。目击学生称，行凶者砍伤程春明时，神情镇定。

……

看完这些真实的骇人听闻的事例，不由让人哑然心痛。

一个个在艰难中成长起来的让人心疼的孩子，马上就毕业成"正果"了，却走上了不归之路。

短短3个月，北京大学连续发生三起学生坠楼身亡事件。北京大学是中国学生求学的圣地，每年各地的高考状元绝大多数都报考了这所学校，现在，这些"天之骄子"中的骄子竟然纷纷选择了自杀。

仅仅因为不和自己玩耍，就恶意下毒，自毁前程，实在让人难以琢磨。

专攻法律的大学校园内，学生竟然无视法律，明目张胆犯案，这真是一个极大的讽刺。

这些原本优秀的孩子们不是直接毁掉自己的生命，就是在蓄意毁掉他人生命的同时毁掉自己。人们在感到痛心的同时，不禁扪心自问："我们的孩子究竟是怎么了？到底哪里出了问题？"教育中本就应该包含的健康心灵、受挫折意识、抵御困难的能力到哪里去了？他们的自我毁灭不仅给他们的父母带来了无尽的痛苦，也为当代家庭教育模式敲响了警钟。

健壮的体格可以抵御各种躯体致病因素的侵袭；健全的人格，可以抵御各种心理致病因素的侵袭。健壮的体格，要靠坚持不懈的锻炼方能获得；而健全的人格，则也要靠在生活实践中不断地培养、陶冶和锻炼。父母是孩子的终身老师，而母亲在教育中的地位又是不可替代的。家庭应该如何对孩子施行人格教育,这不仅是单纯个人或家庭问题,更是一个社会问题。

人的全面科学发展观示意图(如图 7-3 所示)。

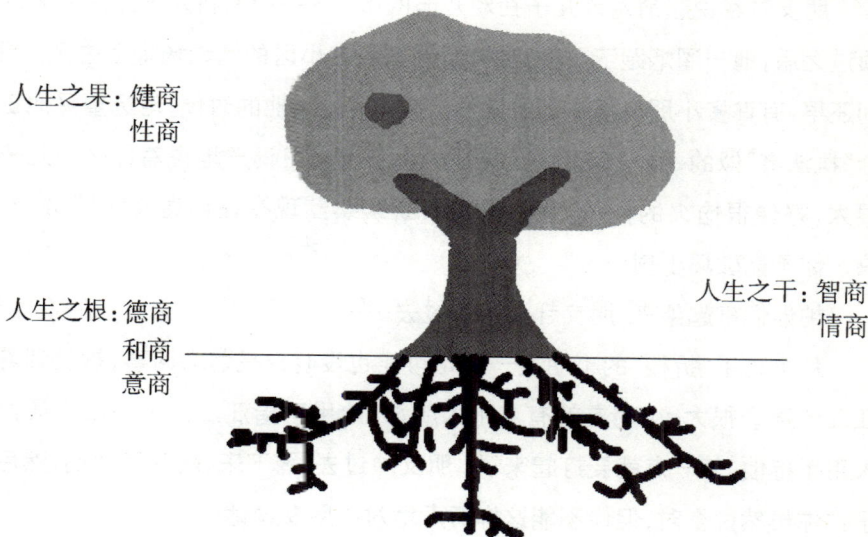

人生之果:健商
　　　　　性商

人生之根:德商
　　　　　和商
　　　　　意商

人生之干:智商
　　　　　情商

图 7-3

责任与感恩——德商

道德是健全人格的重要部分,要做一个有用的人,首先应该是一个道德品质过关的人,应该是一个遵纪守法、不会对社会造成负面影响的人。

德商的培养是要从小抓起的。我国现有 18 岁以下的未成年人 3.67 亿人,未成年人处于正在成长的可塑性最强的一段时期,既是最易接受正确教育而养成良好道德品质的时期,又是最易受到不良影响而被腐蚀和扭曲的时期。"一张白纸"既可画出最新最美的图画,也可染上肮脏的颜色。

责任什么时候都不能忘

朋友对我说起前两天儿子在幼儿园的事。下午朋友将儿子江江从老师手中领过之后，他一溜烟跑下了教室的楼，跑到所在小区的活动场地上去了。因为时间还早，有许多小朋友都在那里活动。等我再找到他的时候，老远望见他正像一个"执法者"似的，对一个正在扯树枝的小朋友义正词严地说着什么。儿子声音很大，好像很恼火的样子，我听得也断断续续："现在在创建文明城市，你知道吗？你不能破坏小树……"

怕他们打起架来，朋友赶紧跑了过去……

那个动手"折枝"的小朋友一开始可能也没明白是怎么回事，被教训着。而江江的声音很大，小朋友就有点不太服，开始用手指江江了……江江最讨厌别人用手指他，差一点就要打起来了。朋友冲过去，蹲下来，隔开了他们，然后劝儿子："你虽然说得对，但你不能这样厉声地对小朋友说话……"

朋友说当时她很高兴，虽然儿子的方式还有问题，但这可是他了不起的社会责任感的具体表现啊！

责任感即责任心，就是每个人在生存的环境中意识到自己的责任，关心自己、关心他人、关心社会。道德品质的培养首先要培养孩子的责任感，大到对国家、社会，小到家庭里对父母，孩子都应该有基本的责任感。

只有具备了责任感，孩子才能对社会感恩，对父母感恩，对身边的人感恩，在这种付出与回报中，不断地汲取"营养"，在众人的帮助和指导中健康成长。

我的一位同学在北京一所重点中学做班主任。许多学生每天都在学校吃午饭，学校规定每班每天要派两名同学轮流值日，分别把本班用过的快餐饭盒收集到指定的地方。

一天，一个值日的女同学生病没有来上学，这个班同学的饭盒就一直放在教室里，没有一名同学自觉地承担起值日责任。朋友来上课，看到这种现象气愤之余更感到伤心，那节课她一言未发，自己默默地把快餐饭盒收集起来，放到了指定的地方。她后来对我说：当时突然想到托尔斯泰的一句话："一个人若是没有热情，他将一事无成，而热情的基点正是责任心。"她突然明白了为什么如今许多风华正茂的学生，整日看起来懒懒散散，没有一点朝气，也许正在于责任感的缺乏。

真的，有无责任心，将决定一个人生活、家庭、工作、学习的成败。这不由让我再次想到自杀的北大学生，他们之所以逃避生活，缺的也许正是对养育自己的父母、培养自己的老师，还有国家的强烈责任感。

对于孩子来说，责任感应包括：对自己负责，对他人负责，对集体、社会负责。那么，如何才能让孩子学会承担责任？其实很简单，从小事做起：

◆家长要以身作则，对自己的工作、家庭、家人要有强烈的责任意识。

◆提出适当要求。自己玩过的玩具，看完的图书要自己收起来，书包要自己整理，老师提出的要求，要求带的物品要自己记住，要求完成的家庭作业自己用笔记下来，自己独立完成。要让孩子懂得，生活、学习、劳动上的事是他自己的事，他有责任对自己负责，也有能力负责。

◆学会关心他人。首先教他们从关心父母开始。比如，父母病了，让孩子端饭倒水、请医抓药等。平时，也要让孩子帮助家长做一些扫地、洗碗等力所能及的事。然后，逐步教他们关心身边的人。

◆自己的过错自己负责。吃饭时不小心打破了碗；一时冲动伤害了别人；粗心造成了麻烦等，都是教育孩子的良机。无论孩子有了什么过失，只要他有一定的能力，就应当让他来承担责任，让他认识到，自己的过错带来了多大的损失，给别人造成多大的痛苦。这样孩子以后再也不会冒冒失失了，自然而然孩子的责任感也就培养起来了。

顾全大局不是懦弱

做小学老师的朋友于瑾跟我说起她不久前亲身经历的一件事。暑假，孩子们要参加一个为期5天的夏令营活动，家长们大包小包地到校为孩子送行。老师们在安排学生上车的时候发现车上少两个座位，有两个孩子不得不临时安排坐在行李上。孩子的家长不乐意了，说："咋一样出钱，凭什么别人孩子有坐，我们孩子就得坐行李上?!"

孩子牵着家长的衣服说："我站一会儿没关系!"

家长却讽刺孩子："就你老实! 就你风格高!"

这不由让朋友纳闷，为什么如今的父母总会把顾全大局看做是被"欺负"，看做是懦弱的表现呢? 难道他们平日都是这样言传身教的吗?

在我看来，学会顾全大局是一个人成功的重要因素之一。

艾天在学校学习的时候，经常因为自己听懂了课堂学习的内容，就和同学讲话，影响了课堂纪律。这件事看起来微不足道，但是长此以往成为习惯，艾天就会越来越忽视他人的感受，只追求自我满足。如果不及时纠正，这对他的发展不利。我和艾天就此进行讨论，让他知道自己在听懂了学习内容的时候，要顾全大局，大局就是课堂安静，不要影响别的同学听课。我告诉他："你可以将其他课的内容提前预习一下，或将书本的内容再看一遍，多巩固巩固，这样不仅顾全了大局，自己也学到了更多知识，学习的内容也更扎实，完成作业也更快。这样还可以腾出更多的时间干自己喜欢干的事情，包括打球。"艾天很快改掉了坏习惯。

一个能够顾全大局的孩子，长大成人后才有立身的根本，而这需要父母从小对孩子进行培养。现代生活中，想独自一个人干成一件大事是很难的，往往需要仰赖团队合作。在团队中，一个人只从自我利益出发，只考虑个人感受，而不管其他人，这样的人是不会被团队接纳的，他要么不能进去，要么进去了很快就会被淘汰出局。一个自私自利，从来不肯吃亏，不肯付出的人，是得不到别人帮助的。

与人分享是需要学的

慧慧妈妈遇到了难题。慧慧刚上幼儿园，不到半个月硬是不肯去了。妈妈只好打电话给老师。到底是怎么回事呢? 原来慧慧有些不合群。小朋友们在一起

总喜欢把玩具、漫画书等拿出来一起分享。慧慧却不愿意把自己的东西给别人看、给别人玩。渐渐地，小朋友们都不喜欢和她玩了。慧慧感觉孤独，所以不愿意再去幼儿园。

父母要从小培养孩子与他人分享的意识。如果一个孩子什么都不愿意与他人分享，那他就很难交到朋友，就很难与他人形成良好的人际关系，这无疑会为工作和生活带来很大阻力。

当然分享不只是指物质上的分享，还包括精神上的分享。有这样一个故事：

吉勒斯是美国著名的汽车销售员。有一天，一位客人西装笔挺、神采飞扬地走进店里，吉勒斯明白，这位客人一定会买下车子，于是热情地接待，为他介绍不同厂牌的车子，说明车子的性能、优点。客人频频微笑点头，然后一起走向办公室，准备办手续。

不料，由展示场到办公室，短短2分钟，客人的脸色越来越难看，开始发脾气，最后竟然拂袖而去。

吉勒斯百思不得其解。当晚，实在按捺不住，照着名片拨通了电话。

"先生，对不起！我看您本来要买车，后来却生气不要了，能不能告诉我哪里做错了，好让我以后改进？"

"我是很生气！我是要买车子，连支票都开好带在身上了！可是，我在走廊上提到买车子的原因时，你却毫无反应。知道吗？我儿子考上医学院，全家高兴极了，所以要买车子送他！我说了三次，儿子！儿子！儿子！你却只说：车子！车子！车子！"

吉勒斯这才恍然大悟，原来错在自己根本没有真正关心客人，没有体会客人急欲与人分享喜悦的心情。

这个故事告诉我们，精神层面的分享同样重要。许多人习惯享受自己的成绩，当他人取得成功时，则觉得事不关己，更有一些人喜欢说风凉话，甚至心怀嫉妒，去破坏他人的成果。这样的心胸如何能赢得他人信赖，走好人生路？每个家长都要教给孩子懂得分担别人的痛苦，分享他人的快乐。

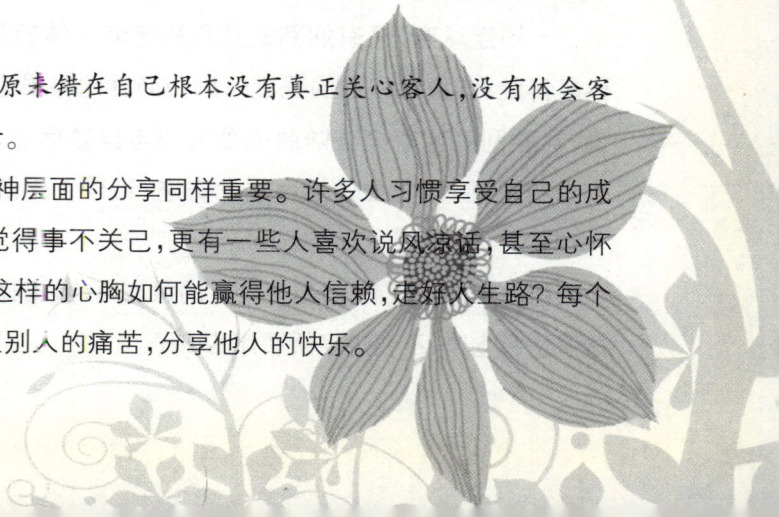

如何才能让孩子学会分享,大概有以下几点需要家长做到的:

◆不要让其独享。从孩子小时候起就注意把好吃、好玩儿的东西让大家分享。

◆不搞特殊化。父母要经常教育孩子,既看到自己也要想到别人,不能只顾自己不顾他人。

◆分享是互利。父母要千方百计地使孩子明白,分享不是失去而是互利。大家相互关心、爱护、体贴,就会觉得温暖和快乐。

◆及早地训练。对孩子分享行为的训练可从婴儿期开始。其训练方法是:让孩子拿镜子,父母拿匙,父母先温柔而愉快地将匙给孩子,然后从孩子手中拿走镜子,这样反复地交换,就使孩子学会了互惠和信任。

◆给予实践机会。父母要经常给孩子分享的实践机会。如当家里买了水果、糕点时,要让孩子进行分配,如果分配得合理,就要及时表扬孩子。

◆起表率作用。父母要为培养孩子的分享意识起表率作用。父母要做与人分享的模范,经常主动地关心和帮助别人,如关心帮助贫病和孤寡老人等。

◆不矫枉过正。父母要注意分寸,不要勉强孩子把什么东西都与人分享,更不要因拒绝分享惩罚孩子。

执著与坚强——意商

一场篮球赛,只有娴熟的技巧和充沛的体能是远远不够的,这并不能使你赢得胜利,执著取胜的强烈信念和必胜的坚强意志会让你最后捧杯。所以说,对胜利的冒着火药味的强烈渴望与执著信念,要比单纯的技巧或体能更有杀伤力,因为它会让生命迸发奇迹,可以让生活充满惊奇。这就是所谓的"意商"。

简单来讲,"意商"就是一个人的意志力的强弱程度。父母们应当注意,要让孩子学会吃苦,不要过度娇惯你的孩子。

在艾夫的成长过程中,我和丈夫就十分注重培养孩子的吃苦精神。

艾天上小学时,一次黄石市在暑期组织少儿交通夏令营活动,向全市征集小学生参加,我便给艾天报了名,主动把他送了进去。为了防止艾天怕吃苦要"逃跑",我在他参加夏令营活动期间不和他见面,也不去看望他,我必须让艾天一个人在无所依赖的情况下独自生活一段时间。

这次夏令营是全封闭式的,非常苦,因为出发点就是磨炼孩子们的意志。大热天不允许支蚊帐,早早起来要训练,吃完早餐后就去听交警叔叔给他们讲课,饭要自己排队去打,衣服也要自己动手洗。在这次夏令营期间,不断有学生怕苦或者生病而退出,原本 70 多人的夏令营到最后只有 17 个孩子完成了全部课程,艾天就是其中之一。因为表现突出,艾天在这次活动中被评为"十佳夏令营少年"。

21 天后,夏令营结束,我去接艾天回来。再次见到他的时候,我发现他整整瘦了一圈,浑身上下都是痱子,也带去的白裤子被洗成了黑色,毛巾变得黏糊糊散发着馊气,看见他这个样子怎么不让我心疼?但他却满不在乎,回家的路上一个劲儿地给我讲解交警手势的意思是什么,黑黑的脸上闪烁着兴奋,一副志得意满的样子,我觉得这样的吃苦锻炼真是值。

夏令营使艾天成长了很多,他不仅学到了知识,更为重要的是变成了"小男子汉",做什么事情都不再怕苦怕累了,在家里做家务活也更加积极努力了,看得出夏令营的生活对艾天意志的培养产生了很好的影响。

无论生活条件多优裕,都必须让孩子学会吃苦。通过各种方法来锻炼他们的意志,以应对未来愈加激烈的学业竞争和生存竞争。任何进步与成功都是来之不易的,不要只是希望去获得成功的冠冕而怠于行动,要知道成功必须持之以恒,要有坚强的意志力,要相信自己终会成功,并愿意为之不懈努力。有时候,意志是决定成败的关键。

既然"意商"如此重要,如何培养孩子的"意商"呢?

游戏入手

从他的爱好着手,从他最喜爱的事情开始培养。孩子们最喜欢的莫过于做游戏, 父母就可以在孩子游戏的过程中培养他一旦做事情就要做到底的好习惯。随着孩子渐渐长大,他的这个习惯会不断地巩固和加强,孩子一定会很认真地去做好每一件事情,甚至一旦决定做一件事情就非要把它做好、做完不可。

小事做起

要从点滴小事上来培养孩子将事情做好,这也是意商的锻炼。有些孩子意志不够坚强,但又不肯从小事做起,天真地以为缺一节课,少做一次作业并无多大关系。岂不知,就是这小小的一堂课、一次作业,滋长了意志薄弱,最后才导致学习上的"全线崩溃"。"不积跬步,无以至千里;不积小流,无以成江海。"这是中国古代学者在学习上的经验之谈。

专一专心

家长必须要求孩子学习时要一心一意。有的孩子学习时,经常是削削铅笔,捅捅这个、摸摸那个,总不能集中精力去学习。为了让孩子养成一心一意的学习习惯,可适当缩短其学习时间,要求在一定时间内完成哪些作业,等到做完功课后,孩子就可以痛痛快快地玩儿,而不要以学习时间的长短来判断学习质量。如果常常在那里磨时间,容易在学习中形成一种惰性,一遇到困难就止步不前,其效果只能走向另外一端。

自我管理

家长可以要求孩子制订出目的和计划。拿学习来说,对每章、每节的学习,都要制订出学习的目的和计划,家长要经常检查和监督。对日常生活中许多小事,也要有计划和目的。比如,为了培养自理能力,坚持让孩子自己洗衣服、自己打扫房间等,日积月累,就会养成做事有目的性的习惯。

磨炼好身体

体育锻炼对于人的意志的培养非常有效。在体育锻炼中，孩子要不断克服客观困难，如气候条件的变化、动作难度或意外障碍等，同时还有主观困难，如胆怯和畏惧心理，疲劳和运动损伤等，锻炼者越能努力克服主观、客观的困难，也就越能培养良好的意志品质，从而将锻炼中培养起来的意志品质迁移到日常的学习、生活和工作中去。

拥有一颗仁爱之心——情商

智商对于孩子未来的成功并不起决定性作用，事实上有太多的孩子最后聪明反被聪明误，他们的高智商并没有为他获得事业的成功，而那些并不见得多聪明却很懂得事理——具有高情商的孩子反而做得更为出众。

情商需要父母有意识、有规划地培养。培养孩子的情商，可以从如下几个方面入手：

关爱他人从父母开始

要让孩子学会关爱他人、关爱集体、关爱社会、关爱国家……但是首先得学会关爱父母。

不久前，我去面馆吃饭亲眼见到这样一幕。

一家三口来吃面，点完后母亲去洗手间。面上来了，父亲将自己碗里的几片牛肉悉数夹到儿子的碗里，一滴汤汁就这样意外地溅到了儿子胖乎乎、白嫩嫩的手臂上。

"呀，你怎么回事？这个这么烫！你知不知道！"儿子叫起来，父亲赶紧放下筷子，拿起纸巾在那只像嫩藕似的手臂上摁了又摁，一边急切地说："烫痛了吧，都怪爸爸不好。"而孩子却用汤匙从碗中舀了满满一匙汤向父亲泼去。

"哎，你这个孩子怎么这样！"

"我不管，是你先烫我的！"

"我又不是存心的！"

"我不管，反正是你先烫我的，我也要烫你！"儿子一副得意的样子。

这时，母亲从洗手间回来，见状对父亲嚷嚷道："唉，一个大男人跟小孩儿计较什么！"

父亲无语，擦了擦被儿子烫红的手臂，默默地将自己碗中最后一片牛肉夹到儿子的碗里……

我不知道，那个男孩平日在学校里怎样，是否有许多小伙伴，但是如果他这样长期下去，至少我是不看好他的。试想，一个连自己朝夕相处、对自己百般呵护、对自己有养育之恩的父母都可以呼来喝去、没有一点同情心的人，又怎么可能奢望他去爱别人呢？然而，这又怪谁呢？责任还在父母平日没有教育好孩子，至少母亲当时的处理方法就有问题。

学会为别人着想、关心身边的人，这是我从小就向艾天灌输的思想。

艾天稍大一些起，我就让他帮忙做家务。从内心里讲，我并不是想让他学会做家务活儿，也不是让他来分担我的劳动，而只是希望他养成动手的习惯，并通过做家务多少感觉出为人父母的不易，更加珍惜父母的劳动成果，也更能理解和体贴父母。事实上，这个目的我达到了，天热的时候我一下厨房，小艾天总会拿把小扇来"支援"我，这让身为人母的我备感凉爽和温馨。而这种关心父母的习惯也是要因势利导来培养的，而不是通过说教来实现的。

在不断的成长中，关爱他人、拥有一颗仁爱之心逐渐沉淀为艾天的品质。在他眼里是不会歧视任何人的，不论成绩优秀还是较差的学生。艾天周围总是有一大堆朋友，他们一起玩儿、一起学习。从他的身上，印证了这样的一个事实：关心别人，别人就会关心你；尊敬别人，别人就会尊敬你。

及时纠正很重要

一个人情商的高低不是自己可以界定的,主要来自别人的看法。因此,首先要让孩子在与别人交往中对自己的情商进行评价,这主要通过别人的意见找出自己的欠缺究竟是在哪方面。

彼得大帝小时候十分喜欢玩游戏,尤其是玩军事游戏。可是,他是个皇帝,这就使得他有一种与生俱来的优越感。因此,在游戏中他总是做首领,总是无礼地指挥小伙伴们干这干那,有时还会随意打骂他们,致使小伙伴们总是躲着他。小彼得也感觉到了小伙伴们对他的疏远,但他搞不明白为什么,就去向他的一位叔叔请教。

叔叔听他说了自己的困惑,哈哈一笑,引导他说:"你是不是希望他们可以和你亲密无间啊?""是呀。"小彼得一听叔叔一语中的,高兴地回答。"那你知道问题出在哪里吗?"叔叔进一步问。"我就是因为不知道才来问您的。"彼得不高兴地回答。叔叔说:"虽然你是皇帝,但他们还是很愿意和你一起玩,只是你总是以皇帝自居,在游戏中没有礼貌地叫他们干这干那。你喜欢争强好胜是对的,但你总是利用你的地位来达到这一切就不好了。""他们原来是因为这个啊!"听了叔叔的分析,彼得高兴得一蹦三尺高。随后,他又为难地问叔叔:"那我以后应该怎么做呢?"叔叔看到小彼得诚心改过,也希望小彼得成为一位人人尊敬的好皇帝,就进一步引导他:"你对别人好,别人才乐意和你在一起。首先,在游戏中你应当把自己当成他们中普通的一员,而不是什么皇帝,要平等地对待小伙伴们。然后,在行动上对你的伙伴要讲理,有时也应听听他们的想法,不可无礼取闹。总之,你要融入到他们当中去,去体会和了解他们的感受和想法,去和他们合作,共同完成游戏,这样你就会从中学到很多东西。"叔叔最后补充说:"我觉得你应该在明天游戏的时候试着去当个普通的士兵,然后慢慢和你的小伙伴们接近,直到他们接受你为止。"小彼得点了点头。第二天,小彼得对大家说:"从今天开始,我在游戏中不当司令了,我就当一个士兵吧。"大家感到很奇怪。小彼得接着说："你们以后就叫我彼得好了，我希望大家在游戏中互相合作，打好我们的仗。"

慢慢地，在军事演习中，小彼得身先士卒，和小伙伴们一起冲锋陷阵，摸爬滚打，经常是一场游戏结束，衣服磨破了，手脚也擦伤了，但他毫不介意，还对小伙伴们说："不要紧的，你们不是也和我一样吗？在这里我只是一个小兵而已。"

从孩子的天性来说，都是善良、合群好交的，那些孤僻冷漠、不会平等待人的孩子大多数不是缘于天生，而是由于不当的家庭教育方式所致。

家长真的要让孩子做一个充满人情味、重情义的人，要让孩子知道这些道理：

爱人与被爱，这个过程能体会到幸福；

不付出的关心并不是真正的关心，关爱别人肯定是要有所付出的，甚至要损害自己的一些利益，比如孩子去看望一个生病的同学需要花时间和花金钱，比如在劳动的时候为了减轻同伴的负担你就必须多洒些汗水；

喜欢帮助别人，才会从别人那里得到帮助；

替别人着想，自然也会获得别人的信任与支持，这时生活空间就变大了，信息会更加灵通，紧随而来的成功几率就大了许多。

发现孩子情感上的缺陷后，父母可以挑选合适的方式帮他纠正，比如：

帮助班里有困难的同学；

帮妈妈做家务；

记住爷爷奶奶、爸爸妈妈的生日；

如果孩子自控能力不好或是脾气太坏，孩子可请朋友在自己发脾气时用约定的"暗号"给以提醒。

一位现代儿童教育家说："只知索取，不知付出；只知爱己，不知爱人，是当前独生子女的通病。"父母要在日常生活中引导孩子多理解别人，拥有一颗感恩仁爱平等之心。但是，每个人都有自己的自然格调，妈妈千万要记住，情商的培养是帮助孩子成为更好的自我，而不是把孩子变成没有个性的老好人。

共处与择友——和商

"和商"这个词给人以陌生的感觉,不过它的内涵其实很简单,就是要有群体意识,善于结交朋友,不论到什么样的环境都能融入其中。

许多父母有时只在意孩子自身实力的增强,希望他们出类拔萃,但却没有意识到"独木不成林"的道理。

要想孩子成功,不仅仅要培养他出众的个人能力,还必须赋予他良好的"和商",让他从友谊中、从他人的帮助中获得更大的力量。

学会共处不会变"坏"

在我最初做中学老师时,那时家庭和学校教育都还相对保守。许多家长总是告诫孩子,要下功夫学习,不要疯疯癫癫和别人去瞎玩。

给我留下很深印象的是,我有一个女学生伟华,学习不错,人也很勤奋,就是很少和人交往,上课回答问题声音特别小,下课也很少和人说话,她似乎没有和人交往的欲望。其他同学也似乎遗忘了她,虽然成绩好可是每次评优总是得不到大家的支持。老师们曾多次鼓励她,但也没有什么改变。我们班另一个同学和她是邻居,一次这位同学偷偷告诉我:伟华的妈妈说女儿"老实",怕被带坏,都不怎么让她和我们玩。我不知道,现在我这位学生过得怎么样,只希望她不要受母亲的误导,一直难以融入集体。

父母要教育子女,要善于与人相处,要学会让自己融入集体中去,并从中得到乐趣。

艾天的人缘很好,走到哪里,哪里就会热闹起来,即使后来到了美国,周围也很快有了许多朋友。事实上,艾天从小并不是一个很外向的孩子,甚至更像个女孩,非常腼腆害羞,不爱和陌生人说话,见人就往后躲。为了克服他怕羞的心理,我总会鼓励艾天去与别人接触,和朋友一起去玩儿。

要想让孩子融入集体，有一点很重要，就是要启发他开口和人讲话，在聊天时细心地去寻找兴奋点，去谈一些别人都感兴趣的话题。这样就可以让人很放松，很愉快地与之相处，并通过交流获得友谊，学到想学的东西。

参加集体活动，通过大家的互动，会让他在无形中学会交际的艺术，掌握与人交流的技巧，这会对他日后的工作生活产生重要影响。在任何情况下，只有与人合作才能成功。

包容也要直言

家长应该提醒孩子不要妄想去交到没有缺点的朋友，而要让他们学会容忍别人的缺点，欣赏他人的优点。因为每个人都有他自身的长处，都有值得孩子去学习的地方，何必非把眼光放在别人不好的一面呢？让孩子拥有一颗宽容的心，包容别人的缺点，欣赏他人的优点。

在学会容忍别人缺点的同时，还要善于在适当的时候帮助别人改正缺点，如果容忍别人缺点的时候，也为别人缺点的改正而付出努力的话，那么就可以从中感受到帮助别人的快乐。

艾天的一个同学，学习很刻苦，成绩非常优秀，但是他有一个很大的缺点，就是说话特别刻薄，由于这个原因大家都不愿意和他交往。他也常常用尖酸的话来挖苦艾天，用一些很刺耳的语句来刺激艾天，久而久之就成为了一种习惯，但艾天能够泰然处之，很大度地付之一笑，不和他计较。但是，艾天通过观察发现他因为这个缺点而得罪了不少人，而他自己却浑然不知。艾天觉得这样下去对他非常不利，只是一味地容忍他而不指出他的缺点的话对他并不是一种负责的态度，于是他便找了一个恰当的时机给他指了出来。这位同学当时表面上没有什么反应，只是在默默地听，但是在此后的日子里，艾天发现他开始努力将缺点不断改掉。后来，那位同学不仅没有因为艾天指出自己的缺点而记恨，反而和艾天关系更加密切，因为他感觉到艾天的宽容的同时更感到了他的真诚。艾天也从这件事中受益很多，从中感受到帮助别人的快乐。

妈妈要让孩子学会展示

"和商"中很重要的一个部分就是要鼓励孩子敢于参与集体活动，积极参加各项比赛，，而这需要有表现自我的勇气，从而赢得与朋友交往的机会。所以父母也要善于引导孩子，让他敢于在集体活动中表现自己的勇气。

艾天在上中学的时候有一个外号，叫"小演讲家"，这是同学们送他的。因为每次学校里举行演讲比赛总少不了他的身影，他甚至能即兴演讲，而且能够言之有理，还很有幽默感，深得老师和同学们的喜爱。艾天刚进威斯里安大学，大一时就参加了中国学联干部的竞争，并当众发表演讲，向同学讲述自己的目标和施政办法。最后他如愿当选为"中国学联主席"，在中国留学生中大一就能担任该职务的，艾天还是第一人。

培养孩子勇气的第一步，首先要让孩子在家庭中敢于表现。

从艾天学会识字以后，一有机会我就会带他一起读书，我们一起看书，然后盘起腿来坐在一起交流书中的内容，甚至海阔天空的神侃。有时候我们还会展开一场小辩论，就书中的某一个观点进行争辩，两个人有时会争得面红耳赤，但是却乐在其中。

然后要鼓励孩子积极参加集体活动，特别是演讲比赛或者学校组织的其他公开活动。不管成功与否，表现如何，只要孩子参与其中，父母都要毫不吝啬自己的赞美，给他表扬与称赞。

在艾天的成长过程中还有一个笑话。在艾天小学三年级的一次作文课上，老师让同学们自己命题写作文，然后还会请几位同学到台上去朗读自己的文章。艾天很快就写好了，他写的题目是"我的妈妈是只母老虎"；在他的文章中他把我与母老虎进行了详细的对比，自己读着读着就笑出声来。回到家，他还把这篇文章给我看，我并没有生气，反而表扬了他敢于在全班同学面前发言的勇气。

不要轻易打击孩子的勇气，要多给他鼓励，让他对自己充满自信，敢于参与社会交往，勇于在公共场合表现自己，这对他日后的成长会有无形的帮助。

选择益友多重要

教会孩子如何结交朋友的过程正是培养孩子"和商"的过程。

古人云："近朱者赤，近墨者黑"，而今天人们更常说"选择朋友就是选择命运"，可见选择朋友有多么重要。

艾天到威斯里安大学后，主动拜访来自中国的师兄们。艾天原本准备选择计算机专业，但师兄建议他学习数理经济，认为计算机只是一个工具，没有必要进行专业学习，但学习经济将会受益无穷。艾天特别尊重甚至崇拜一位来自香港的"面试王"师兄，之所以称这位师兄为"面试王"，是因为这位师兄在应聘中，被所有的世界一流大公司录取，目前在香港高盛公司任职。这位师兄热情地将自己的经验毫无保留地教给艾天，并不断为刚入学的艾天创造机会，使得他对留学生活一点儿也没有不适应的感觉，甚至连学校特意安排来帮助艾天解决可能出现的不适应问题的老师也感到惊奇，他还从没有见过一个留学生能够如此迅速地适应美国的学习与生活，而且还很快成为学生干部。

人的一生如果交上好的朋友，得到的不仅仅是情感上的愉悦，朋友之间可以互相砥砺成就事业，朋友甚至会为你带来生活的机遇，为你的命运创造契机。

家长要教会孩子如何识别不同的人、如何处理朋友关系：

◆品德是第一条标准。要交性格阳光的朋友，积极向上的，也就是要交那些人格健全的朋友；

◆察其言，观其行。从细节去观察一个人的品质，学会从小处辨别一个人；

◆最好志同道合。如果他和你有共同的兴趣与目标，这样的朋友最值得交，因为可以互相切磋，互相鼓励，共同取得进步；

◆选择对自己有益的朋友，那些有值得你学习的地方的人，可以成为你的朋友，因为在交往过程中，你可以获得提高；

◆即使不能做朋友，保持一般性的往来也会使你多一分机会。

自尊与自爱——性商

自尊与自爱，反映在青少年阶段一个非常重要的部分就是"性商"的高低。

性商并不神秘，它和情商、智商属于同一个概念范畴，具体说来就是衡量人的性生理健康知识、性心理调适能力的一个综合性的标准。

一般来说，性商水平较高的人，在生活中遇到相关问题时，会运用科学的知识手段，以一种健康稳定的心态进行自我调节，避免不必要的伤害，赢得更好的生活。

提高性商水平，需要建立适合的教育体系，培养正确的观念，更需要宽松的社会环境和宽容的社会心态。性商的培养，父母要首先承担起责任。

性商的培养是一个连续性的教育，循序渐进的教育才能让孩子健康。人从出世，就有了性意识，随着身体和心理的变化，性商的培养也要随着不同的阶段进行连续的教育。斯科因菲尔德(Scheinfeld.A)对男女间的交流发展提出了七个阶段的划分。（见图7-4）

● 男女间的交流发展

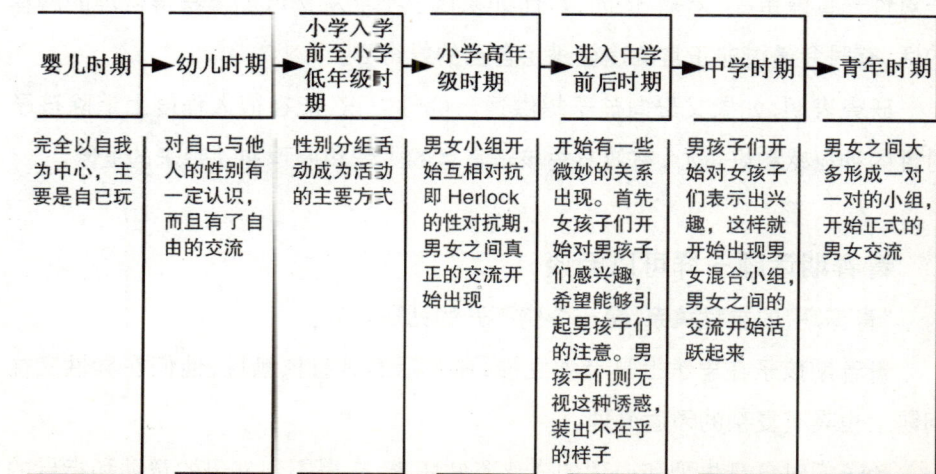

婴儿时期	幼儿时期	小学入学前至小学低年级时期	小学高年级时期	进入中学前后时期	中学时期	青年时期
完全以自我为中心，主要是自己玩	对自己与他人的性别有一定认识，而且有了自由的交流	性别分组活动成为活动的主要方式	男女小组开始互相对抗即Herlock的性对抗期，男女之间真正的交流开始出现	开始有一些微妙的关系出现。首先女孩子们开始对男孩子们感兴趣，希望能够引起男孩子们的注意。男孩子们则无视这种诱惑，装出不在乎的样子	男孩子们开始对女孩子们表示出兴趣，这样就开始出现男女混合小组，男女之间的交流开始活跃起来	男女之间大多形成一对一对的小组，开始正式的男女交流

图 7-4

给他好奇的权利

父母们一定都知道大禹治水的故事,虽然有些神话色彩,但是告诉了我们一个生活的道理:正确的疏导会比堵塞更能有效地解决问题。

孩子对于性的好奇是一种本能的反应,如果不用科学的方式进行"疏导",而是一味地"堵"的话,很可能让他对性的认识产生偏差,进而影响他的健康成长。

一般来说,孩子在三四岁的时候,就会对一些生理"小问题"产生兴趣。比如许多孩子最喜欢问的一个问题就是:"我是从哪里来的?"母亲通常会笑着说:"从垃圾堆里捡来的。"这样的疑问似乎还可以搪塞一下,但孩子的好奇心却不会只停留在这些小问题上。当他渐渐长大,对一些性别的差异也会产生强烈的好奇心。幼儿园的小朋友,有时就会发现奇怪的事情,"为什么上厕所时,有的小朋友要站着,我们却要蹲着呢?"父母一时不知道怎么回答,只好教育一番:"以后你长大了自然会明白。还有,以后上厕所要专心点儿,去看别人的孩子不是好孩子。"

家长的确是用心良苦,但是孩子终究是要长大的,一味隔离保护,只会让孩子对性一直停留在"无知"的阶段,而如果孩子不能从父母那里获得合理的解释的话,有时会通过非正常的途径满足自己的好奇心。

研究表明,如果父母向孩子提供适当的性知识,能在很大程度上消除孩子对性的神秘感和好奇心,有效避免孩子盲目的生理和心理冲动带来的危险。

青春期话题一样可以畅谈

"青春期"的异性关系,是一个绕不开的话题。

青春期孩子在思维上具有独立性,在生活上具有依赖性,他们在异性交往问题上也具有复杂的矛盾心理。

孩子们对自身生理和心理的变化不知所措,在得不到父母的帮助和指导的情况下,他们更难以处理自己成长的烦恼,面对与异性交往也让青春期的孩子举步维艰,好奇得不到排解,以致在青春期出现各种问题。青春期问题不能等到孩子到了青春期才来解决,应该从娃娃开始抓。

回忆起来,艾天则非常平稳地度过了青春期,这与对于孩子的青春期问题采取"阳光、透明"的政策有着很大关系。

艾天上幼儿园的时候,我就有意问他一个问题:"艾天,你最喜欢你们班上哪个女孩儿?"

艾天仰着小脸,认真地回答我:"何云。"

紧接着问他:"你为什么喜欢她呢?"

"因为她斯文。"

艾天的回答天真无邪,孩子从小就有自己对异性的认识,如何引导艾天认识异性,与异性和谐交往也成为我们家庭教育的一部分。

在艾天进入青春期之前,我们经常与他探讨什么样的女性才是真正的美,让艾天形成健康、积极的与异性交往的意识。

记得当时《非常男女》节目风靡全国,我们一家人都坐在电视机前看这个节目,围绕这个节目,一家人畅谈自己对异性的认识。有一次,几位朋友到家里来,看到我们一家讨论得这么热烈,好奇地想加入我们的话题,当她们得知我们和艾天谈论异性问题时,惊恐地把我叫到一边:"艾天才多大呀?这个时候就敞开谈异性呀?"我回答说:"其实,人从生下来就有了对异性的认识,与其让这种认识肆意泛滥、被动等待,不如做父母的与孩子阳光、透明地讨论,这样才能引导艾天形成正确的对异性的认识,随时矫正他对异性认识和交往方面的偏差。试想,如果对孩子青春期话题讳莫如深,等到他真正出现问题,他会向父母求助,敞开心扉谈论吗?"一席话让这位朋友恍然大悟。

通过不断交流,艾天从小就认识到衡量一个女性的关键是道德品质,只有把握了这一点,才能与异性交朋友。他的班主任在和我谈到青春期问题时,非常疑惑:"艾天怎么没有出现早恋问题?"

　　在老师看来,应该有很多女生喜欢艾天。我回答说:"艾天与同学们交往中都有一个标准,并不会因为是女同学而有所改变,所以他与每个人都是朋友,与每个女同学都能交朋友,这样的孩子怎么会出现早恋问题呢?"

　　青春期是黄金时代,也是多事之秋。父母一定要多关注孩子的变化,积极主动地和他们沟通并多从正面引导。父母学会尊重他们,帮助孩子处理好异性间的关系,引导孩子将更多的精力放在学习上和生活上。

强健体魄第二

　　只要身体健康就总是有机会去改变生活,没有了健康生活将会失去光泽。当然,身体要健康,心灵也要健康,如何养育一个身心健康的孩子呢?父母们不仅要督促孩子进行身体锻炼,同时要引导孩子树立正确的健康理念和意识,具体而言,可以从如下几个方面入手。

健美形体很有必要

　　对于身体来说,健康永远都是第一位的,但家长也不能忽视孩子形体美的塑造。强健的身体再加上优美的体型,无疑会大大增加孩子的魅力值,使他有更好的气质表现,更具亲和力,因而也就容易得到更多的关注和机会,这已经是毋庸置疑的事实。

　　从艾天懂事开始,我就以"坐如钟,站如松,走如风,睡如弓"这样的标准来要求他,而且在他骨骼肌肉发育健全后,开始给他买哑铃让他练习臂部肌肉,在晚上睡觉前和第二天早上起床后还要坚持做俯卧撑,每天都坚持,长期不懈。

　　艾天不仅身体非常健康,而且身材很匀称,早早就呈现出男子汉的体魄,很容易给人留下深刻的印象。在参加弗里曼亚洲奖面试的时候,在众多学生中艾天显得特别突出,简直就是一个"运动员"。

要想孩子形体美,以下几点家长朋友们可以参考:

◆要督促孩子坚持锻炼,使之最终成为一种习惯,成为每日必修课。

◆要让孩子养成多喝水的好习惯。现代医学表明,人每天补充水分至少需要 2500 毫升,达不到这个标准肌体就会出现"旱情",而旱情在皮肤上表现最为明显。

◆要让孩子养成良好的起居生活习惯。如果不按时作息,起居无常,人体生物钟程序就被打乱了。生物钟一乱,机体各个系统就要临时调度,对肌体的负面影响非常严重。

◆要注意因材施教,要循序渐进,千万不可"大跃进"。形体训练对于学龄前儿童则不适宜,因为几岁大的孩子骨骼发育尚未完全成熟,过早的形体训练只能是拔苗助长,所以形体美训练固然重要但要合时宜。

父母带孩子进行体育锻炼,应该根据孩子的年龄特点,选择适宜的锻炼内容和方法。比如,父母可以带孩子到室外晒太阳、拍皮球、做体操、游泳、跳绳或做体育游戏等,都能使孩子得到锻炼。

合理饮食不是小问题

成长中的孩子需要充分地获取营养,孩子的良好饮食习惯要从小培养。

朋友说起她 4 岁的儿子津津。小家伙总是任性地按照自己的喜好选择饭菜。津津喜欢吃鱼、虾,不爱吃肉和青菜。每次吃饭都是哄半天才吃一口青菜。遇到喜欢吃的东西,他会吃到撑胀肚皮,而不喜欢的东西一小口都不肯尝。由于偏食,津津大大的脑袋,身材却瘦瘦的,邻居家同龄孩子都比她壮实。这样的饮食习惯让朋友很无措,她还因此揍过小家伙,可是不但没改,还起了反作用。

津津的情况在孩子中很普遍。"偏食"一直是很多父母头痛的事情,这对孩子的健康成长是不利的。如何来纠正呢?

　　合理的饮食搭配对于家庭成员的健康是最重要的,父母需要有意识地保持饮食均衡。除了潜移默化地"熏陶"和耐心引导外,家长还要不断提高自己的烹饪技能,使一日三餐肉类蔬菜搭配,每餐必有汤。要十分注意汤与菜的相配,炒菜油腻就配素菜汤,主菜为素就配排骨汤、鸡杂汤,艾天每餐都能喝二至三大碗汤,饭量和汤量让人吃惊。家庭生活除了注意保持营养均衡外,还要花点儿心思在口味上不断翻新,使每位就餐的家庭成员都会感到吃得舒服、舒心。

　　合理安排饮食并持之以恒会使孩子不仅体格健壮,而且会养成良好的饮食习惯,孩子也就获得了奋斗的坚实基础。

运动不该只是说说而已

　　小雨早晨起来又说肚子疼,这已经是近十天以来第三次"生病"了,前两次是头晕、胃疼。妈妈带他去医院看,并没有检查出异常。小雨妈妈去学校找老师询问情况,老师说,最近小雨上课也没精神,一点都不像以前那个开朗活泼的孩子了。小雨妈妈似乎知道问题出在哪了。原来,期中考试成绩下来了,小雨的英语成绩又是不理想,妈妈怕小雨以后外语课跟不上,就找了个家教老师给他补外语,天天放学就被关在屋子里。后来,在妈妈的软硬兼施下,小雨才说出原来是不愿去上学。

　　我经常听到这样的情况,一些孩子不想去学校,就用一些小花招儿来逃避上课。还有的孩子总是不愿意看书做作业,打不起精神,也坐不下去。这些是孩子一种心理疲劳的信号。坚持不懈的意志力当然是良好的品质,但再坚强的孩子也会有累的时候,给孩子一些休息的机会,放松一下疲劳的心,他才能继续向着目标努力拼搏。

　　大脑有两种休息方式:积极休息和消极休息。睡眠是消极休息方式之一,运动属于积极休息。白天时,人们有许多活动,大多时候睡眠休息不太现实,而且过多的睡眠也是无益的。这时,运动对心理疲劳调节的效果是十分显著的。

　　朋友继平跟我说起女儿最近的变化。家到学校的路不远但交通很堵,每天早晨上学开车送女儿青青得排半天队才过得去。每次继平在车里都很焦虑,青青也一直皱眉头。

晚上妈妈和青青商量明天一早走路上学,既省了拥堵,又能锻炼身体,青青觉得很新鲜一口答应了。妈妈告诉青青头天晚上早点睡,第二天早晨早点起床,青青也答应一叫就起来,决不赖床。早晨妈妈起来后,先去做饭,很快闹铃响了,妈妈到卧室去看青青。

很不错,她很快地就穿好了衣服。妈妈对她表扬了一番,更是鼓舞了她的干劲,迅速地做完了杂事,然后吃早饭。

7点多钟青青和妈妈准时出门,一路上她们说说笑笑,但也没敢耽误时间,时不时还会寻找一个目标去追。不一会,两人就出了一身的汗,觉得身心都舒服极了,二十几分钟就到了学校门口。青青精神高昂,高兴地对妈妈挥挥手,跑进了教室。青青妈妈想到平日自己和女儿烦躁、昏昏欲睡的状态,决心把这样的走路运动坚持下去。

半个月后,继平上街遇到女儿的班主任苏老师,老师告诉继平,青青最近学习状态特别好,以前早晨第一节课,总是没精神,现在注意力特别集中,回答问题也很积极。继平高兴极了,知道是走路运动起了作用。原本是为了躲避拥挤的交通,谁知道却有了这样的好事。

适量运动时运动中枢兴奋,可有效快速地抑制思维中枢,使其得到积极的休息。有人做过这样的试验:思考的神经连续工作两小时,然后停下来休息,至少需要20分钟才能消除疲劳,而用运动方式则只需5分钟疲劳就消除了。运动可以提高孩子的学习效率,妈妈每天都应该给孩子留一定的运动时间。

运动对孩子是有很大好处的,这不只是说说而已,更要去做。

健康身心的两个方法

要想孩子身心和谐,我为父母们支两个招儿:陪孩子去旅游,给他们属于自己的星期八。

陪孩子去旅游

一百多年前出了一位震惊世界的神童,他就是卡尔·威特。威特七八岁时,已经能够自由地运用德语、法语、拉丁语等 6 国语言了,并通晓物理学、化学,尤其擅长数学。9 岁的时候,他就考入了莱比锡大学。未满 14 岁就被授予哲学博士学位。16 岁获得法学博士学位,并被任命为柏林大学的法学教授;23 岁他发表《但丁的误解》一书,成为研究但丁的权威。

取得这样的成绩是与他父亲良好的教育分不开的。老威特有许多十分奏效的教育方法,"旅行教育"就是其中一个。

老威特认为,与其对孩子进行填鸭式的教育,不如开阔他们的视野。在那个时代,这种观点是十分难能可贵的。他利用一切机会来丰富威特的见识。比如看到建筑物,他就告诉威特那是什么,所坐落的地方叫什么。看到古城堡之类的建筑,就告诉他这个城堡过去的名字,给他讲古城的历史。威特两岁以后,老威特无论走亲访友还是买东西,无论参加音乐会还是看戏,到哪儿都带着他。另外,只要有时间,就带他去参观博物馆、美术馆、动物园、植物园、工厂、矿山、医院和保育院等,以开阔他的视野,丰富他的见识。

每次参观回来,就让他详细描述所见到的一切,或者让他向母亲汇报。因此,威特在参观时总是用心观察,认真听取父亲或者导游的讲解。

威特到了 3 岁,老威特就领着他到各地游览。5 岁时,几乎游遍了德国所有大城市。在旅途中,他们登山,游览名胜;寻找古迹,凭吊古战场。回到旅馆,老威特就让儿子将所见所闻写在信上,寄给母亲和亲友。回家后,还要向母亲详细地做口头汇报。

与那些过早失去后劲的神童们不同,卡尔·威特一生都在德国的著名大学里授学,在有口皆碑的赞扬声中一直讲到 83 岁逝世为止。父亲的特殊教育方式让卡尔·威特从小拥有了良好的身心,才华实在、不浮华,一生持久不衰。

真的,如果条件允许,常带孩子旅游可受益无穷。

旅途是美好的,也是辛苦的,步行游览、登山爬坡等可以锻炼身体,也可以磨炼孩子的意志。充满好奇的孩子走在旅途的时候,美丽的大自然可以使他保持一种轻松愉快和充满想像的精神状态。健康向上的意识可以在潜移默化中形成。

父母可引导孩子在对周围事物的接触中进行比较和评论,提高辨别能力,懂得爱护大自然和公共财物,这个过程有利于孩子养成遵守社会公德的良好习惯。

在参观和游览时,在游览的途中给孩子讲解名胜古迹的来历或故事,可增加孩子的见识。父母还可以引导孩子用语言来描述所见所闻,这对于提高孩子的观察力、语言表达力、写作能力是十分有用的。父母带孩子去旅游,也是增强两代人之间感情交流的好机会。

给孩子自己的星期八

莉莉和张行都上初三,两人是同班同学,也是邻居,莉莉在班里的成绩总是数一数二,张行成绩也不错,在班里总是前十名的学生。张行每天做完作业可以踢足球,看电视,和爸爸下棋,找同学玩。莉莉却被妈妈关在屋里有学不完的东西,周末也得去上特长班。莉莉妈妈每天买菜回来,总看到张行写完作业出去踢球,这个快乐男孩边走边唱的样子让莉莉妈妈不以为然。莉莉每天从楼上看到张行,心里很是羡慕,但她自己总是开心不起来。初三寒假,张行把生活安排得丰富多彩,按自己的计划复习功课,几场足球联谊赛,去奶奶家和外婆家……莉莉也想终于可以松口气了,可妈妈又给女儿报了补习班,莉莉说不服妈妈,但是她又不想去,于是便在上课时间去找同学玩。不久便被妈妈发现了,母女俩争吵不休,但莉莉就是不肯去上课。莉莉妈妈怎么也想不通,这个一直乖顺的孩子怎么变了……

青春期的孩子正处在身体和心理迅速发育的阶段,在成长的过程中孩子们有时会感到压抑、烦躁。他们需要自己可以支配的小小空间,如果父母和学校再来抢夺他们的空间,只能引起孩子的反感,身心怎能和谐呢?

在艾天的成长中,我从来不挤压他的空间,他的成长氛围是温暖宽松的。在学习上,我们希望艾天可以做到轻松地学习,从来没有给他过大的压力,对于他的考试成绩一向不看重,艾天给自己的要求是前10名以内就行,我们则说前20名左右也可以。只是要求他从考试中检测自己,如果能够清楚地知道自己知识面的优势和不足,这样的80分比100分更有用。

艾天读书一直都没有别的孩子那样的压力,从来没有因为学习而疲惫不堪,他的课余爱好很多,每天都要打几个小时的球,每天都精神焕发,充满活力。

疲惫的孩子们在繁重的学习压力下幻想有一个星期八,可以休息,可以玩耍,可以让自己想干什么就干什么,父母应该给一个属于他们自己的休息时间,这样孩子才会真正有张有弛,健康发展。

学会学习第三

世界上第一位登上月球的人是阿姆斯特朗,他从小时候起就对月球充满了好奇心,看着黑漆漆天空中那明亮如银盘似的月亮,他对母亲说:"妈妈,我要去月亮上玩。"阿姆斯特朗的母亲是一位睿智的母亲,她不仅没有打击这个听上去不可能的想法,反而幽默地对孩子说:"好呀,但你不要忘记回来吃饭哦!"母亲用这样的一句话逗乐了阿姆斯特朗,给予他鼓励,保护了孩子的好奇心。从此,阿姆斯特朗对月球更加痴迷,长大后他成为了一名宇航员,并最终成为地球上第一个踏上月球的人。

只有不伤害孩子的好奇心,培养他的想像力和兴趣,孩子才不会缺少求知的动力,才会掌握适合自己的学习办法。父母们要指导孩子把时间和效率运用到最佳的组合并统筹安排,创新求变,最终成为一个会学习并拥有知识的人(见图7-5)。

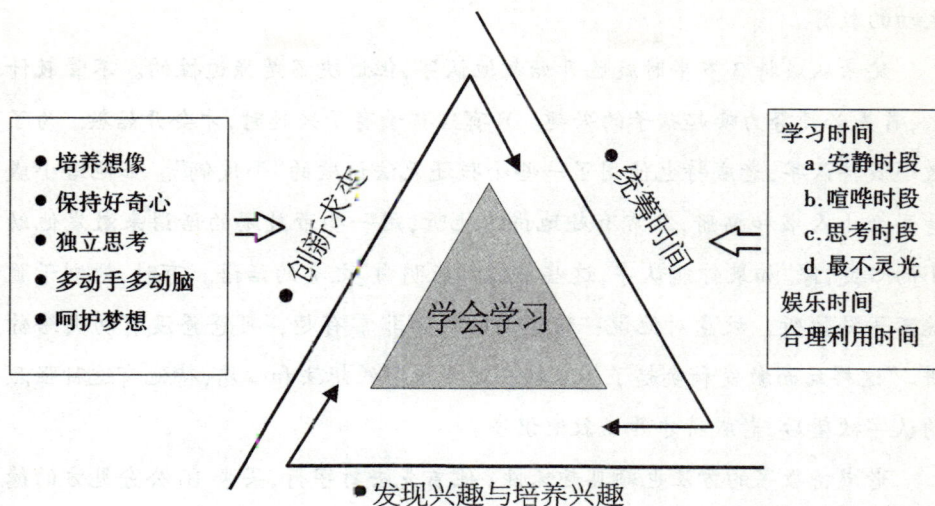

图 7-5

兴趣真的是最好的老师

　　天才都是对某种事物怀有强烈兴趣和满腔热情的人。而凡是仔细观察过孩子的人都会发觉，幼儿只要不是傻子和白痴，他们都极易对事物产生兴趣和热情。也就是说，幼儿天然就具有对某些方面或某一方面的强烈热情，他们一旦对某一方面或某些事情入了迷，就会以惊人的勤奋和毅力去从事。当他们步入这一轨道，就会遵循雷马克所说的"使用就会发达"的规律，使其能力得到惊人的发展。

　　在卡尔·威特的成长过程中，老威特的兴趣教育直接影响了他的一生。小威特三四岁时，父亲每天都要带他散步一两个小时。但是这种散步不只是简单走走，而是一边同威特谈话，一边教育。比如有时在散步时老威特会摘一朵野花解剖一下，向小威特讲解花的生长特点和作用；有时在花园里捉个小虫，教他有关昆虫的知识。就这样他通过一块石头、一草一木等实用素材来对小威特进行最生动的教育。

父亲从威特 3 岁半时就已开始教他认字,但这决不是强迫性的。不管教什么,首先必须努力唤起孩子的兴趣。只有当孩子有了兴趣时,才会开始教。为了教小威特认字,老威特也使用了一些小孩还无法识破的"小伎俩"。如他给小威特买来小人书和画册,非常有趣地讲给他听,用一些带鼓励的话语来激发他幼小的心灵,像"如果你能认字,这些书你都能明白"之类的话语。有时,他则干脆就不讲给他听,故意对他说:"这里面的故事非常有趣,可爸爸没有功夫给你讲。"这样反而激发和唤起了小威特一定要识字的想法和心愿,待他有这种强烈的认字欲望后,老威特才开始教他识字。

老威特教字的方法也颇具趣味性。他首先去打字行,买来 10 公分见方的德语字母印刷体铅字、罗马字和阿拉伯数字各 10 套。然后把这些字都贴到 10 公分见方的小板上,以游戏的形式教字。当然先从元音教起,接着以"拼音游戏"的形式在玩耍中教小威特组字。这样做的目的,就是为了培养小威特对学习的兴趣,而不会让他觉得学习是种负担。

兴趣是最好的老师,老威特希望天下父母都明白,爱护和激发孩子的兴趣是十分重要的,每个家长都应该在这一点上多加用心。

发现兴趣

很多孩子从小就会表现出对某一方面的特殊兴趣爱好,比如一些孩子的韵律感特别强,从小就喜欢随着音乐的拍子扭动,有些孩子从小就喜欢在纸上涂涂画画……这些都是不应该忽视的。只要孩子有健康的兴趣爱好,父母应该积极帮助孩子继续朝这方面发展,而不是遏制阻挠。

父母不要单纯以自己所希望的模式来教育你的孩子,因为这样你很可能会摧残了孩子尚未来得及施展的天分。父母首先要了解孩子的兴趣,并能理解和支持孩子健康的兴趣爱好,在这个基础上,才能为孩子规划合理的发展模式。这样孩子在学习成长的路上走得更好、更轻松。

培养兴趣

发现了孩子有很有益的兴趣爱好，父母不妨有意识地在这方面制造一些有趣的闪光点来吸引孩子的注意力，由此培养他的兴趣。

在这些兴趣中，有些方面的学习对孩子的成长和成才都是非常有益的，譬如现在的英语学习，对孩子学习的每个阶段都很重要，父母就可以有意识地培养孩子这方面的兴趣。不过要注意的是，所谓兴趣，就不应该是勉强和强制的，所以在兴趣的培养方面父母们一定要注意方法，只能用合适的方法去激励和引导，而不能强制。

管理好时间就会轻松

邻居芳语妈妈跟我说起女儿。

以前只要女儿将该做的功课都做完，她要看电视剧也好，要和同学们去玩也好，或者为了看电视剧而晚睡觉都可以，一切都由她自己做决定。当时我们认为这是种劳逸结合的表现，是无可厚非的。但每每到了第二天要测验或者考试时，前一天晚上复习得特好的功课，总会发生遗漏或者错误，每张试卷上总会出现老师写的"订正"两个字。为此，我和芳语爸爸对孩子实行了恩威并施的措施，但一段时间下来，发现并没有什么效果，这不由让我有些无奈和迷茫。

直到有一天女儿拿出一张"作息时间表"，并郑重其事地对我们说，以后将按这张表安排时间，并希望我们每天进行监督。原来，班主任老师鼓励每个人做一个时间表，并让他们自己试验一周。开始我们并没有太在意，只不过不时地提醒她一句："请你看一下作息时间表"。慢慢地我们发现女儿有了些明显的变化。女儿的生活变得丰富起来，和同学打篮球、踢毽子，帮忙做家务……每天晚上女儿会将闹钟定好，而且还提早了15分钟，起床后将一切安顿完毕后，她会将昨晚上复习过的功课再看一遍，或者再背一遍。特别是当日要考核的内容，她会更用功地复习。虽然每天早晨只有短短的 15 分钟时间，但每当问起她对今天的测验或者考试是否有信心时，她会大声地回答道："今天我一定会成功！"

试卷一张又一张地发了下来，"订正"二字越来越少了，终于没有"订正"二字的试卷也出现了，女儿明显进步，更重要的是每天她脸上多了自信的笑容。

其实，每个孩子都希望自己有好的学习状态，好的成绩。只是许多时候他们找不到好的方法。芳语成绩提高、精神状态越来越好，完全得益于合理统筹时间。

统筹安排时间，不在于增加学习时间，而是要让有限的时间发挥最大效率。人每一天的时间可以分为四个阶段，分别是安静、喧哗、最佳思考和最不灵光阶段。家长要引导孩子首先了解自己的生理规律。通过对自己的了解，然后在对应的阶段干适合做的事情。

◆安静阶段。用来看书，这个时候看起书来，很可能过目不忘，效果特别好；

◆喧哗阶段。去与人聊天，畅所欲言，宣泄自己的情绪；

◆思考阶段。思考一些自己需要突破的问题，思维的火花很可能就在这个阶段迸发；

◆最不灵光阶段。去进行体育锻炼，锻炼身体，调节自己。

只有合理安排才能最大程度地利用时间，并且得到最高的效率。不难想像在喧哗和最不灵光的时候去看书，在安静阶段和最佳思考阶段去锻炼将是多么的可惜。

艾天的很多老师都说，看起来艾天每天都在玩儿，但学习成绩也还不错。我们认为，成绩好坏并不在于你花了多少时间，关键在于你学到了多少，收获了多少。每个父母都应该帮助孩子清醒地认识到自己哪个阶段最利于学习，一旦养成习惯，学习起来将非常轻松。

艾天就告诉我，打球之后自己看书简直是过目不忘，效率特别高；聊天之后，思考问题特别清晰，能够产生灵感。通过艾天的成长，越发感觉到培养孩子学会管理时间有多么重要，孩子一旦养成这个好习惯就会不自觉地在这个轨道上运行,并从中不断受益,反之,则只能做时间的奴隶。

学会统筹安排的人,往往能花很少的时间,却能取得效益的最大化。

不过,这里要提醒家长们:虽然制订作息时间表是统筹安排时间的好方法,可以培养孩子好的生活习惯,不过它并不一定适合每个人。如何培养孩子学会管理时间和取得最大效率,需要在他小的时候就进行引导,主要靠培养孩子统筹安排的意识,在潜移默化中掌握这个技能。

谁给了他创造力

全日制的教学几乎没给孩子们多少剩余时间自由支配,即便好不容易盼到假期,还要被拉去参加各种学习班。因而表现创造力、创新精神的必要条件便无法培养:没时间接触课本外的知识,没有必要的动手能力,无法发展兴趣和求知的欲望;无阅读时间,对语言、历史、文学的认识就十分模糊,从而导致人文精神的缺失、语言表达能力和欣赏美的能力不足;没有自由活动的时间,体质自然显得孱弱,对力量运动不感兴趣,甚至感觉不到力的美;没有思考、交流和记忆的时间,对于生命存在缺乏感觉,对他人缺乏同情,对社会事物缺乏兴趣也没有道德责任感……

从小培养孩子的创造力,对孩子的健康成长极为重要。在家庭教育中该如何培养孩子的创造性思维能力呢?

鼓励孩子想像

不久前,看到这样一个故事。美国的一位母亲送孩子上幼儿园,结果有一天孩子回来后指着饼干盒上的字母"o"念出了正确发音。如果换了中国妈妈,肯定很高兴。而这位母亲却非常惊讶,继而是愤怒,还把幼儿园告上了法庭,原因是老师断送了孩子的美好想像,因为孩子本来是可以把"o"想像成太阳、月亮或者其他跟"o"的形状有关的东西,现在却只能把它当成一个字母。真是很不相同的教育观念，这跟现在许多孩子早早被规划着学英语、学认字什么的差别多大呀！

"想像力比知识更重要。"这是科学家爱因斯坦的著名论断。他还说，因为知识是有限的，而想像力概括着世界上的一切，推动着世界的进步，并且是知识进化的源泉。

画画，是培养孩子创造力、想像力的重要途径。几乎每个孩子都喜欢用笔乱涂乱画，孩子笔下那些奇形怪状的图案和乱七八糟的线条是孩子独特心灵的独特表达。他们画的画，在大人们看来莫名其妙，但它们却表达了孩子们自己的心情、丰富的想像及对周围世界的认识。

母亲要让孩子大胆地去涂鸦，并通过这种活动促进孩子们想像力的发展。同时，在条件允许的情况下，在家里给孩子提供一个"作品角"，允许他们在墙上开辟自己的园地，比如在墙上挂上小画板，写写画画；也可以布置些照片以及一些飞机、汽车或宠物的图片；还可以用艺术字写名人名言、座右铭等。鼓励孩子去画想像画、科幻画，越是异想天开越好，就越发给他赞扬。

还有一个小技巧：在孩子需要送给别人礼物时，父母不妨建议自己的孩子不要花钱去买现成的礼物，而是动手自己制作礼物，如新年贺卡、生日卡和小工艺品等。这些小礼物新颖、独特，饱含着浓浓的情谊和美好的祝福，更包含着孩子天真的想像力，其实在想像力中就蕴涵着发明与创新。

不伤害孩子的好奇心

著名物理学家李政道曾说："好奇心很重要，要搞科学离不开好奇。道理很简单，只有好奇才能提出问题，解决问题。可怕的是提不出问题，迈不出第一步。"

世界上第一架飞机的发明者莱特兄弟，小时候是一对富有好奇心的孩子。有一次，兄弟俩在大树底下玩，两人产生了爬上树去摘月亮的想法。当然不仅没有摘到月亮，反而把衣服都钩破了。他们的父亲见此情况，不仅没有责骂他们，而是耐心地开导他们。

在父亲的引导下,兄弟俩日夜为制作能骑上天的"大鸟"而努力。这期间,父亲不失时机地买了一架酷似直升飞机的玩具送给他俩,这更加激发了他们对制造升空装置的浓烈兴趣。他俩不断地学习升空技术方面的知识,翻阅了大量有关飞行的资料。在父亲的鼓励下,经过多次试验,兄弟俩终于发明了世界上第一架飞机。

儿童心理学家指出:凡是因好奇心而受到奖励的孩子,都愿意继续进行某种试验和探索。好奇心如此重要,这就需要父母对孩子的好奇心多加呵护,因为这不但有助于培养孩子的创造性思维能力,还能增强孩子的自信心。

让孩子独立思维

作为父母,要培养孩子的自主性,就不应该对孩子"大包大揽",而应该让孩子充分享用他与生俱来的思考与分析的权利。同时父母还应努力创造一种宽松、民主、自由的家庭气氛,重视孩子的想法、做法,强调互动教育,使孩子头脑灵活,敢想敢做,容易接受新的事物,产生新的创造意识。

艾天刚开始遇到问题,他会请求我的帮助,但是我会告诉他:"动动你的脑筋,你会想出办法的。"于是他照做了,后来便真的把问题解决了,他会为自己的能力而欢呼,我也为他感到高兴。

独立思维要从幼儿时期着手进行培养。两岁的时候,艾天成了"问题大王",特别喜欢提问题。但每次他提问的时候,我们都不急于回答,反过来问他"你为什么会提这个问题",之所以这样做,是为了让他养成这样一种习惯:在你提问题给别人之前一定要先动动自己的脑筋,不要急着去发问,只有当你自己真正无法解决的时候再问。如果有问必答,反而给他偷懒的机会,容易形成惯性,过于依赖父母而不愿意自己去动脑了。通过反问的方式,让他自己去思考,长此以往他就会在不知不觉中养成自己先思考的习惯,于是便会形成自己独立的思维。

让孩子多动手

创造性思维能力的获得并非无源之水、无本之木,也需要知识和经验的积累,一旦孩子将自己所掌握的知识运用于实践活动中去,就容易出现新的想法,甚至产生灵感,并在实践中增长智力、开发创造力。

诺贝尔物理学奖得主、美国加州理工学院物理系教授查德·费曼就是一个很好的例子。他十一二岁就在家里设立了自己的实验室,在那里自己做马达、光电管这些小玩意,还用显微镜观察各种有趣的动植物。

费曼一生保持着这个好习惯。他在普林斯顿大学念研究生的时候,为了弄清蚂蚁是怎样找到食物,又是如何互相通报食物在哪里的,他着手做了一系列实验,如放些糖在某个地方,看蚂蚁需要多少时间才能找到,找到之后又如何让同伴知晓;用彩色笔跟踪画出蚂蚁爬行的路线,看究竟是直的还是弯的。正是这些实验使他知道蚂蚁是嗅着同伴的气味回家的。

动手能力应该从小培养。父母应努力为孩子创设一个广阔而丰富的生活环境,使孩子拥有较多的动手实践、动脑思考的机会。

在艾天上学接触物理、化学后,他对做实验产生了浓厚的兴趣,我们就给他充分的鼓励与支持。再大一些,他就满脑子想着如何搞发明创造,经过一番努力,父子俩一起创造发明出"张牙舞爪"多功能筷子。这些看上去有点儿荒唐的举动,却是开发孩子创造力的有效方法。

作为父母给孩子营造一些空间,让他去充分施展他的想像,去锻炼动手动脑的能力,也许就会发现他的特长所在,即使他没有特长,也至少可以使孩子形成创新的意识,这会让他终身受益。

给孩子梦想的勇气

对于孩子们来说,他们的生活是最不平凡和最不乏味的,因为他们喜欢梦想,但在大人们和老师们看来,在学习成绩的面前梦想算不了什么,久而久之,很多孩子失去了梦想的勇气。这个时候，聪明而且有眼光的父母应该站出来给予孩子梦想的勇气。因为，没有梦想的童年算不上真正的童年，没有梦想的人生则是个灰色的人生。

美国教育家博耶回忆了一段关于自己孩子的往事。那是 30 多年前，一天，学校让他和妻子一起去学校，校方忧虑地告诉他们，他们的孩子已经成了一个"特殊学生"，因为他的成绩非常的糟糕。甚至在一次测验里，老师给他们的孩子写了一句评语："你是个梦想家"，博耶听到这里，不禁哑然失笑，只有他最清楚自己的孩子喜欢梦想，经常梦到星星和月亮，梦到遥远的地方，甚至梦到怎么逃离学校。但博耶绝对相信自己的孩子是一个天才，只不过孩子的才能不适合学校的常规发展活动和僵化的考试。博耶回家没有责备孩子，而是按照自己的方式呵护孩子发展自己的梦想，果真这个孩子长大后成为一个杰出的人物。

父母们要相信：一个有梦想的孩子远比一个缺乏梦想的孩子更具有发展潜力，父母要做的就是给予孩子梦想的勇气。

给孩子犯错的权利

我的一位朋友杨健在一大型广告公司做总经理。他对我讲了这样一件事：一个新员工在做设计时，有一个流程未按客户要求做，结果产品遭客户拒收，使公司损失 5 万多元。有人建议扣除他的工资和奖金，有人建议开除他。但朋友发现该员工的改动很有创意，只是未获得客户的认可罢了。最后他未对该员工作任何惩罚。一年后，该员工做的一组设计为公司创造了近百万元的利润。

"员工循规蹈矩地做事比犯错误更可怕。"朋友说，一个人只要开拓进取，就不可避免地会发生这样那样的失误，"这属于合理犯错，领导应该对此表示谅解，鼓励员工做开拓型的人才。"

这件事让我想到家庭教育。孩子在参与活动的过程中，他们很可能会因种种原因而犯这样那样的错误。这时，父母非但不宜对孩子大加斥责，更不应因此对孩子做出种种限制，剥夺孩子动手、动脑的机会。相反应该给他更多的鼓励与支持,只许成功不许失败反而剥夺了孩子成功的可能。

家庭是培养创造性思维的重要场所。不要担心孩子做不好,要允许他们犯错误,接受挫折教育,因为孩子可从中汲取经验教训,更有信心地进行创造。

爱迪生发明电灯,经过了漫长的实验,试用了约 1000 种灯丝都没有成功,旁人对于他这样的"犯错"产生了动摇,但爱迪生说:"至少我知道这 1000 种灯丝是不适合的。"就在这样不断的"犯错"中,爱迪生接近着成功的终点,结果第 1001 次实验,爱迪生终于成功了。试想,如果不给他 1000 次犯错误的权利,怎会有成功的第 1001 次呢?

持续发展第四

目前,我们提倡可持续发展,人们都认识到发展不是一时片刻的,而是不断向前的,所以,发展不能是一时片刻的进步,也不是眼前的虚假繁荣。对于孩子,更要注重长远发展潜力的培养,甚至有时要"牺牲"当前孩子的学业、时间等。

要让孩子可持续地发展,需要注意以下几个方面。

永远的安全意识

孩子总会脱离父母的怀抱,很多父母特别担心孩子独自生活的安全,害怕意外的天灾人祸降临在孩子身上。父母应该从小对孩子进行安全意识教育,让孩子懂得火、水、电、交通等安全意识。

安全意识的培养要从小就开始,这是教育孩子的重中之重,不能有丝毫疏忽。除了教他基本的行为准则外,还要注意提醒他远离危险。孩子缺乏对危险的辨别能力,有时候好奇心的驱使会让他们容易接近危险。这个时候父母的警诫

是十分必要的,比如告诉他施工的地方要绕行,车辆多的地方要慢行。即使在家里也是如此,不要忽略了家里隐藏的危险,比如时刻提醒他不要接触从热水壶里冒出的蒸汽,不要玩电源插座,还有刀具不能当玩具等,都是父母必须告诉孩子的知识。

如今的父母都十分注重培养孩子的动手能力,但一定要注意安全引导。

艾天很小的时候,我因为工作上的事情到外地出差开会,艾勇也在外地,不巧晚上宿舍楼突然停电。以往我在家的时候都是我去接保险丝,那天家里就剩下艾天和奶奶。艾天想可能是保险丝烧了,决定自己去修好保险丝,于是让奶奶打着手电,自己拿着保险丝、试电笔和钳子就开始换起保险丝来。由于身高不够,他就在高凳子上再放一个小凳子,摆弄了半天,居然保险丝让他换好了,整栋楼又通电了。

这一幕被楼上的一位韩老师看到了,当时他没有批评艾天,当我和艾勇回来后就告诉了我们。

艾勇为了告诉儿子电的危险性,直接拿着电线,当着艾天的面示范,将电源两极接在一起,只听"嘭"的一声,火花四溅,升起一股青烟,整栋楼再次陷入黑暗。

这次经历在艾天的心里留下了烙印,从此他知道了电的危险性,在利用电给自己生活带来便利时,艾天首先学会了保护自己。

有的父母讳疾忌医,把孩子关在家里,不允许外出旅游或者出远门,什么事情都不让孩子去做。这种消极的安全教育是不正确的,而且有可能造成更大的不幸,因为他被关在了"安全的"罩子里,什么经验都没有,可是迟早他要脱离这个罩子,那时候,一无所知的他在处处都有危机的生活里会显得更加危险。其实,只要是孩子就会犯错,犯错了不要紧,关键是父母要帮助孩子去认识错误,让孩子下次不要再犯同样的错误。

艾天小时候,有一次在幼儿园和小朋友打架。两个人互相撕扯,脸上都渗出了血。我回来后看到他一副可怜样儿,做母亲的当然很心疼,但当时我没有去抱

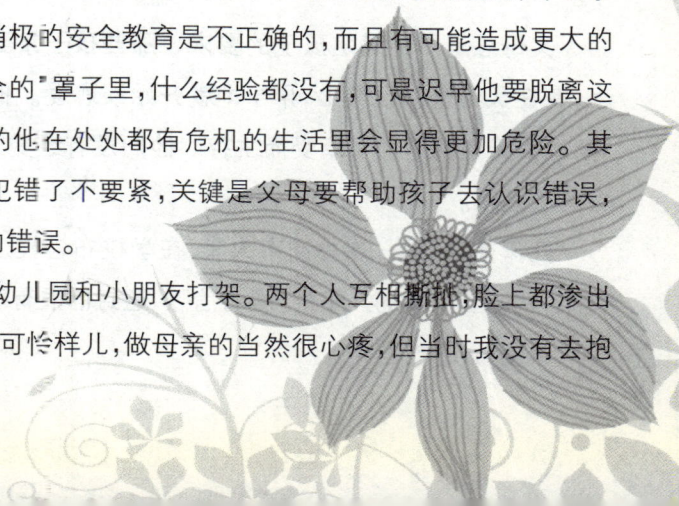

怨老师管理不严，也没有向对方的家长抱怨，我只是告诉艾天：打架是不对的，打架会伤害到两个人，同时要求他学会保护好自己，特别要保护好脸部，不然会感染。

在我教育艾天的同时，对方的母亲就找了过来，但当她看到艾天脸上破得更厉害的时候，也就不再说什么。最后我们俩在一起探讨起如何教育孩子学会防范。

男孩子之间发生争执甚至打斗是避免不了的，既然如此，与其责骂他们不如教他们保护好自己，这可能更为重要。

要明白在孩子一生的时间里，你不可能总是在他身边，更多的需要他自己照顾自己，要他建立自己的安全意识，这远比你一直陪在他身边对他更有益。

再富也要穷孩子

如今的孩子多是独生子女，父母在孩子身上倾注了全部心血，但很多时候强烈的动机却使教育走入了歧途。父母以为让孩子不吃苦、不受穷才能使他健康成长成才，所以想尽办法把孩子"装"在"蜜罐"里养。即使那些生活艰辛的家庭，父母省吃俭用也要满足孩子的一切要求，他们的想法是再穷也不能穷孩子。

父母总是尽力满足孩子的要求，那些孩子拿到钱后就花在买漂亮的衣服上，花在买最好的玩具上，早早地就开始谈恋爱。他们从小就失去了人生的目标，以为天生就是为了享受而生存。他们没有经受过挫折教育，不懂得珍惜，不会尊重别人。

几年前，偶然一次去南京大学，在学校布告栏上，读到一封署名为"辛酸的父亲"写给上大学的儿子的"匿名信"。这封信很有现实价值，摘录如下：

亲爱的儿子：

王开敏 冯林 高友清◎著

尽管你伤透了我的心，但是你终究是我的儿子。虽然，自从你考上大学，成为我们家几代里出的唯一一个大学生后，心里已分不清咱俩谁是谁的儿子。扛着行李陪你去大学报到，挂蚊帐、铺被子、买饭菜票甚至教你挤牙膏，这一切，在你看来是天经地义的，你甚至感觉你这个不争气的老爸给你这位争气的大学生儿子服务，是一件特沾光、特荣耀的事。

在你读大学的第一学期，我们收到过你的 3 封信，加起来比一封电报长不了多少，言简意赅，主题鲜明，通篇字迹潦草，只一个"钱"字特别工整，而且清晰。大二以后，从你一封接一封的催款信上我们能感受到，言辞之急迫、语调之恳切，让人感觉你今后毕业大可以去当个优秀的讨债人……最令我痛心的是，今年暑假，你居然偷改入学收费通知，虚报学费……没想到你竟也运用这招，来对付生你、养你、爱你、疼你的父亲母亲，仅仅为了能出入卡拉 OK 及酒吧……我一想起这事就痛苦，就失眠。这已成为一种心病，病根就是你——我亲手抚养大却又备感陌生的大学生儿子。不知在大学里，你除了增加文化知识和社会阅历之外，还能否长一丁点善良的心？

看完这封信后，我感觉有许多不得不说的话要讲给我们的父母。信中的儿子固然可鄙，但"子不教，父之过"，为什么我们的父母没有让孩子从小养成好的品性和习惯呢？很多教育孩子不成功的例子显示，如今的父母太溺爱孩子。

当然，孩子的合理要求也不能一味拒绝，父母可以依据孩子所需求物品价值的大小，设定不同难度的任务或者目标，要求孩子去完成，只有在他达到了要求后才能得到想要的东西。

通过这种激励训练，要让孩子意识到这样一个简单的道理：想要得到之前，先要学会付出。时间长了，不知不觉中就在孩子头脑中植下"有付出才会有收获"这样一种信念，这会对他日后的成长发展有不可估量的作用。这种教育的另一个好处就是，通过努力得到的东西他才会更珍惜，从而养成一种珍惜劳动成果的好品德。

对富裕家庭而言这点显得更加重要，要注重孩子平民意识的培养。作为母亲你要意识到你今天在物质方面给予他的越多,他将来可能要求的越多,在精神上也有优越感,歧视别人,自高自大,会引起别人的反感,也会失去友谊。

北京的知名企业今曲公司执行总裁,是一名非常富有的女性,名叫王秋杨。她捐给西藏建小学的款项多达千万元人民币,但是她的孩子却穿着补过的衣服。当其他学生看到她孩子身上汗衫的洞,笑话她的孩子时,她的孩子却不屑一顾,非常自信地说:"破了的衣服好,穿着还凉快。"

随着时代进步,必须穿缝补衣服的年代一去不复返了,但一个富有的家庭能培养出这么一个能过穷日子的孩子,确实难得。

关 于 韧 性

人民网上曾有这样一则消息。2005 年 7 月 10 日,宁夏银川一位即将小学毕业的 12 岁女生,在别的同学都到学校参加毕业典礼时,在家中服农药自杀了,原因是学习成绩差,自己难以承受。无独有偶,就在一年多前,同样在银川有位高中女生服毒自杀,她自杀的动机极简单:上高中没有分在重点班。

孩子在成长中要遇到许多他必须经历的事情。有些事情是幸福快乐的体验,而有一些则是意想不到的打击,比如考试失利、长辈责骂、朋友争吵、他人误解、恋情落空等。

孩子会遭遇到什么问题难以预料,但以什么样的态度去应对却是可以培养的。

我们需要反思,长期只注重文化教育而忽视心理教育,使得孩子经受不起任何挫折。有意识地锻造孩子的韧性,有助于他从挫折的心态中摆脱出来,避免由于心理失衡导致自暴自弃以致于走上绝路。

不久前,我还从朋友口中听到这样一件事。一个性格内向的初一男孩,在语文课上不小心把钢笔中的墨水喷到老师的背后,被当场发现。孩子自然免不了接受一番教育,然而问题就在于这个老师经常有被调皮的孩子用墨水捉弄的经历,于是老师生气地让这个孩子写份检查,交代他所有捉弄老师的事情。这个孩子无法辩解,感到万分委屈,回家后,他写下一份"检查书",然后悄悄自杀了。而当看了他的"检查书"后,所有的人都十分震惊,因为里面记述的他选择自杀的原因就是想用死来证明自己的无辜。谁也无法相信这个孩子最后的结局只是一个误解导致的。

一个人性格中的韧性,来源于良好的心理素质与乐观的人生态度。韧性的培养要从小开始。

首先,要让孩子学会接纳一些已经存在的事实。有些孩子,当家长不能实现自己的愿望时,就又哭又闹。对于孩子这种不合理的要求方式,不要随意迁就,也不能生气打骂。最好是以坚定的态度与孩子交流,让他明白被拒绝的理由,这样会有助于他认清自己,根据自己的实际进行判断,不会有过高的要求。

其次,家长要为孩子创造条件,让他多与同龄人交流往来。一直待在家里享受父母宠爱,容易养成孤僻固执的性格。形成了这种性格的孩子,当他面对突然的挫折时,往往找不到倾诉的对象,容易闷在心里,引起脾气失常和其他一系列的过激行为。

最重要的还是让孩子对自己有一个全面的认识与理性评价。在人生道路中对自己保持清醒认识,可以说是立对一切困境的关键。每个人在人生道路上都要跋山涉水。在这个过程中,身心成长需要时间,成就事业需要耐心,如果没有韧性的支撑,是很难到达理想的终点的。

压力与快乐哪个重要

佳佳妈妈对我说起她的女儿。佳佳上幼儿园大班,是个敏感的小丫头。暑假,老师布置了讲两个故事的任务,于是开学前一段时间佳佳就天天提这个话题,有一天甚至因为紧张很迟才睡觉。妈妈仔细想想,以前也有类似的情况。在小班的时候学英语,老师让小朋友每天回家后把所学的单词说给家长听,第二天老师再提问。佳佳有时候记得不全,第二天在上幼儿园的路上老是担心老师会批评她,所以后来一段时间就是不肯再上英语课!

佳佳的表现在孩子身上十分普遍。这就说明哪怕再小的孩子也是有思想的,压力在他们身上同样会体现出来。

那么,我们应该如何让孩子对待压力,使她们健康快乐地生活呢?

首先,要培养孩子保持乐观、开朗的心境。

作为家长,不要对孩子控制过严。引导孩子不要过于苛求自己,鼓励孩子经常去做运动,并与同学、朋友们交流。要让他们认真地对待成功与失败,看到自己的优点,同时也要看到自己的不足,遇到困难和不开心的事要及时调整自己的心态。这样才能避免因压力过大而造成的心理障碍和疾病,达到健康快乐的心境。

其次,要让孩子适度接受压力并且变压力为动力。

在这点上,我举艾天的一个例子。2002年4月9日,艾天接到了来自美国威斯里安大学的录取通知书,6月3日,我陪艾天来到北京到美国大使馆办理签证,结果因为疏于准备,遭到拒签。

原本按计划要在6月28日前就要去美国参加暑期培训班,这样就来不及参加高考,艾天就没有再为高考进行特别的准备。这次拒签后我感觉到事情的严重性,因为一旦签证二拒三拒后,既出不了国,又没有参加高考,那就只有在家里待业了。这样就会从天堂跌到地狱,最好的事情就会变成最坏的事情了。所以回来后我们全家一商量,还是要准备参加高考,用艾天的话来讲就是"先把逃跑的路找好"。我也警告他,不能把宝都押在出国留学上,因为一旦再次拒签将会变得非常被动。艾天急忙到学校为自己补办了高考手续。

在随后的时间里,艾天也一股脑儿全都投入到高考备战中,全力以赴迎接即将到来的高考。艾天参加了高考,用自己的方式报答老师的培养,取得了总分596分的好成绩,这个成绩即使在国内,也能上个名牌大学。

在高考结束后,不久就是申请二签的日期。二签直接影响到他是不是能够出国留学，想起来就让人紧张。艾天非常认真地进行了备战。他不仅详细地罗列了所有可能问到的问题，还邀请我和艾勇模拟签证官，进行模拟现场演习。同时，他还利用网络搜索一切关于签证的信息，向别人讨教二签的成功经验。

因为有了退路，并且事先有准备，所以艾天并没有显得很惊慌。在决定命运的10多分钟里，我在外面真是为儿子捏了一把汗，等到他出来看到他满脸的笑容，我的心才终于放下。艾天自己对这次表现非常满意。那天艾天那一组里一共有15个人，但最后顺利拿到签证的只有两个学生，而艾天幸运地成为其中之一。

真的，父母一定要给孩子压力，因为只有给孩子压力才能给他动力。如果孩子通过努力学习，成绩提高了，孩子就可以获得快乐，变压力为动力，取得了成绩，孩子就得到了快乐，孩子的动力来源于他的快乐，没有压力就失去了快乐。

快乐与压力，就是成功的两个方面，既有矛盾，同时又是有机联系的，把快乐的源泉建立在压力上，让压力与快乐相伴，才能取得最后的成功。

永远要放在眼前的东西

成功是什么？成功就是既定的目标实现了。没有目标，就无所谓成功。有这样一个故事：

1952年7月4日清晨，美国加利福尼亚海岸笼罩在一片浓雾中。在海岸以西21英里的卡塔林纳岛上，一位34岁的妇女跃入太平洋，开始向加州海岸游去。要是成功的话，她就是第一个游过这个海峡的女性，她叫弗罗伦丝·查德威克。那天早晨雾很大，海水很凉，冰冷刺骨，她全身发麻，甚至还有几次，鲨鱼靠近了她，结果被护游者开枪吓跑了。经历15个小时之后，查德威克又累又冷，她感觉自己不能再游了想上船。她的母亲和教练都告诉她离海岸目标很近了，不应放弃。但弗罗伦丝·查德威克朝加州海岸望去，除了浓雾什么也看不到。从她出发算起15小时55分钟之后人们把她拉上船。弗罗伦丝·查德威克后来才知道，当时她离海岸只有半英里了！她后悔极了，对记者说："我不是为自己找借口，如果当时我能看见陆地，也许我能坚持下来。"查德威克曾是世界上第一个游过英吉利海峡的女性，她一生中只有这一次没有坚持到底而失败。

这个故事说明，一个人要想获得成功，就必须有一个清晰明确的目标，而且要坚定地围绕这个目标去奋斗和坚持。

父母在对孩子的培养中，始终坚持一个目标——培养一个健全人格的孩子，在这个目标的指引下，为孩子设计一个合理恰当的阶段性目标。一时的成绩父母不可太过于追求，也不要随波逐流。孩子要全面发展，学校教育提供了足够的知识，那就不需要利用业余时间去"培优"，更不需要择校。如果孩子自己认为需要学习，有求知的欲望，那他自己就能通过自己的方式获得知识。

当艾天高考和出国两件事情碰到一起的时候，他短期的目标，就是全力联系出国，再全力去参加高考，因为目标坚定，所以两边都取得了令人欣慰的结果。一旦选定目标之后，不要有丝毫犹豫，坚定地去追寻，成功就在眼前！

四 阶 段

我的阳光教育"四阶段"理论建立在科学发展观的基础上,可用下图表示(见图 8-1)。

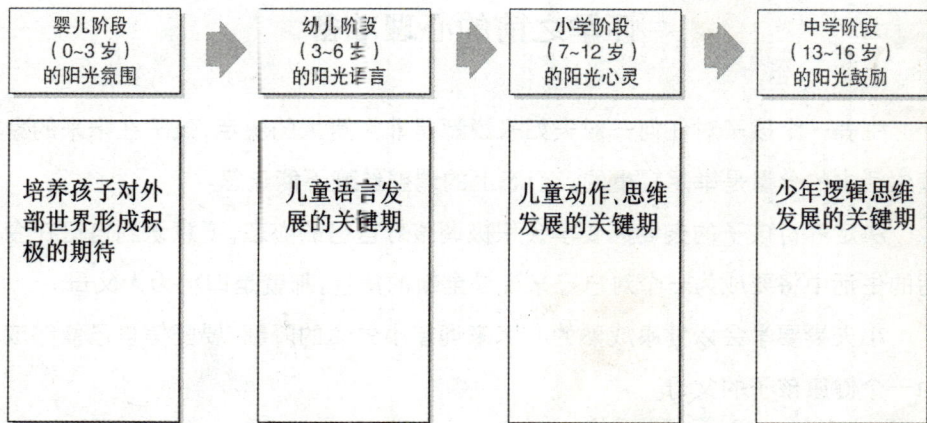

婴儿阶段 (0~3岁) 的阳光氛围	→	幼儿阶段 (3~6岁) 的阳光语言	→	小学阶段 (7~12岁) 的阳光心灵	→	中学阶段 (13~16岁) 的阳光鼓励
培养孩子对外部世界形成积极的期待		儿童语言发展的关键期		儿童动作、思维发展的关键期		少年逻辑思维发展的关键期

● 我在被人爱→这个世界是安全舒适的→感觉逐渐积累起来→形成对外部世界的信任感(这是童年时代最重要的教育)

图 8-1

孕育时期：学做阳光父母

在"阳光教育四阶段"之前有一个准备阶段,我称之为"孕育时期",它虽不属于"四阶段",但也是不可或缺的有机组成部分。

孩子是家庭不可缺少的一部分,幸福的婚姻生活缺少不了孩子的欢笑,新婚夫妻应该早早地为生儿育女做些准备。

这种准备是建立在心理和生理两方面的,缺一不可。

怀孕之前的心理准备

生养一个孩子对任何一对夫妇来说都是非常重大的决定,孩子在未来的家庭生活中的分量是举足轻重的。心态上的调整丝毫不能疏忽。

决定养育孩子的夫妻俩要学会积极调整好自己的心态,要意识到自己在今后的生活中将要成为一个对自己来说是全新的角色,那就是即将为人父母。

小夫妻要学会以健康成熟的心态来迎接小生命的降临,要坚信自己能够成为一个健康孩子的父母。

怀孕之前的生理准备

当夫妻俩和亲友谈论起如何受孕才能最好时,就要留心听取他们的经验,或者直接向医生请教。夫妻俩要阅读一些相关专家在报纸杂志上发表的文章,挑几本好书来仔细阅读。养育孩子是一件关乎家庭甚至社会的"大事情",生育是一时的事情,养育孩子却是一辈子的大事。

科学证明,女性的最佳受孕时间是在 25～28 岁之间,这个时期的女性身体完全发育成熟,并且正是处于身体机能最强健、身体细胞的生命力最旺盛的时期。所以,新婚夫妇不妨共同商量计划选定孕育宝宝的最佳时间。

当然,宝宝的健康是取决于父母两方面的,因此,准爸爸也该保持良好的身体状态,比如不可以太疲劳,一些不好的生活习惯也应该暂时戒掉,比如酒精与烟草,一些电子辐射也对生育一个健康的孩子有影响。

怀孕之后的准妈妈的心理健康

怀孕,年轻的准妈妈可能会出现身材走样、胃口不佳等问题,这些问题很容易导致年轻准妈妈的心情起伏较大,或是烦躁不安等现象。准妈妈在受孕期间的这些心理变化会间接影响到胎儿的发育成长。其实,为了孩子的健康,母亲做出这点儿贡献并不算什么,而且孩子的出世将会为母亲带来巨大的幸福。因此,在这段时间,保持阳光的心情是非常重要的,无论在工作环境中、生活环境中,都应学会调节自己的心情,尽量保持心情愉快。

准妈妈的好心情是很需要准爸爸的积极配合的。在妻子准备怀孕和怀孕期间,准爸爸发挥的作用也是不小的。你要学会在妻子怀孕期间更加关心、爱护她,给她安全感,营建温馨的家庭生活。如果准妈妈感到情绪沉闷时,准爸爸就要去试着用各种方法逗她开心 使她感到关爱的快乐。因为你们都有共同的目标,那就是用最佳的状态迎接小宝贝的降临。

怀孕之后的准妈妈的身体健康

在怀孕期间,准妈妈的身体状况和生理健康当然是应该非常注意的,因为这一时期母亲的身体是会直接影响胎儿生长的。准妈妈们要特别注意合理饮食,不仅进食要有规律,更要讲究营养搭配,因为你所进食的营养最终会被腹中胎儿所吸收,胎儿在通过你的身体与外界进行着新陈代谢,获取他所需的养分。当然,如果在受孕期间遇到生理上或者心理上的问题,而又无法自己解决的话,千万不要讳疾忌医,要及时到医院寻求专家的帮助,随时调整恢复到最佳状态。

婴儿阶段:创设阳光氛围

每个孩子从降临到这个世界上开始,就在感受着这个世界,而孩子从出世就生活在父母的身边,感受到的是父母为他营造的氛围。如果这个氛围是安全、和谐、友善的,孩子会察觉到这个世界的美好,使他享受这个世界带给他的快乐,阳光的氛围能让孩子学会积极的微笑,有利于形成开朗、健全的性格,在感受父母带来的快乐的同时,也为父母带来快乐。

所以母亲一定要善于给孩子营造一个良好的成长环境,让孩子感受到阳光般的氛围。

阳光般的家庭氛围,要努力完成两项重大任务:一个是帮助孩子"走好人生第一步";另一个是"0~3岁练技能"。

走好人生第一步

坚持孩子自己带,用爱去温暖他的身心,是带好孩子走好人生第一步的关键。

孩子降临后,年轻妈妈要积极向父母请教或向书本学习抚育孩子的经验,并且找出确实有益的东西用于自己生活中。妈妈要认真地想一想,是什么造就了今天的你,想一想你要做一个什么样的母亲?这时你也许就会顿悟,自信油然而生。

母爱随着音容笑貌传递

孩子在不会说话前,通常是 8 个月以前,他已经懂得很多,基本愿望都有了充分的表现。母亲这时就应开始有目的地调节孩子的欲望了。

对孩子微笑是给孩子上的第一堂课,母亲的亲切笑容对孩子的成长是很重要的。

萌萌出生后,妈妈有些产后抑郁倾向,因为一些小事就愁眉不展或烦躁不安,小姑娘看到的当然也是妈妈这副样子。后来,做医生的好朋友告诉萌萌妈妈这样子对孩子成长很不好。萌萌妈妈便有意调节自己的情绪。她把事情都向高兴的方向想,每天对着孩子的脸不再僵硬,笑容多了。渐渐地,萌萌妈妈发现女儿脸上每天也都会有甜甜的笑,做梦时也会笑。她高兴极了,真后悔之前在孩子面前的表现。

在孩子面前,父母千万不要吝惜你的微笑,应尽量调动面部所有的快乐细胞保持微笑的面容,因为不愉快的表情很容易对孩子造成负面影响;而当看到孩子微笑的时候更要及时回赠给他微笑,以资鼓励。微笑可以使孩子感到温暖,有安全感,经常在母亲慈爱笑容中成长的孩子,会变得比其他孩子更加有自信。

父母还要注意通过语言、手势等丰富的方式向孩子传递爱。

儿子出生后的两三个月内,子充妈妈几乎没怎么离开卧室,就连吃饭都是别人做好后送到房间里来。妈妈密切地关注孩子的一举一动,哪怕是一个微笑、一个皱眉。

子充妈妈喜欢抚摸儿子,经常抱着他把孩子的脸紧紧贴在自己脸上和他说话,所以当子充 1 岁左右有了自己喜爱的茸毛德国小熊时,每次一发现小熊,总是把它的脸紧紧地贴在自己的小脸上说:"小熊小熊,你好吗?"子充妈妈还喜欢亲儿子,亲他柔软的头发、胖鼓鼓的小手小脚和小屁股。妈妈关注他的时候他也会看着妈妈。

子充妈妈做家务时也在孩子看不到的地方与他用声音进行交流,或放一些胎教音乐、儿歌，让他在欢乐气氛中自己咿呀学唱。

子充爸爸每天下班总是在第一时间来到婴儿的摇篮边，和儿子聊一会天，使用的是这个世界上最慈爱的语言。所以子充从一个多月起对父亲回家有一种直觉，他总是发出某种信息后，妈妈才隐约地听见丈夫归来的声音。更令人称奇的是，子充没有满月就可以和父亲对话了，他使用的是婴儿特有的长长短短的抑扬顿挫的声调，向父亲述说着什么。

子充三四个月时，天气渐渐转暖，子充妈妈把儿子从卧室抱到客厅放在沙发上，刚转身去拿奶瓶，儿子连人带小被子从沙发上滚到木地板上，孩子吓得大哭起来，子充妈妈也吓坏了，好在孩子并没有伤着。中午父亲刚进门，子充一看见爸爸立刻用他长长短短的语调向父亲叙述起来，讲述不时夹杂着啜泣。子充妈妈这才知道儿子是在向父亲叙述自己从沙发上摔下来的事情。她惊呆了。

子充 8 个月就能说话，一岁以前已经能使用复杂的修饰语和复合句了。

子充也许不是个神童，但父母和他的这种早期沟通产生了神奇的效果，为孩子日后的心理素质、社会文化素质的养成奠定了良好的基础。

妈妈一定要让幼儿觉得自己备受爱护，爱让孩子产生安全感，让他产生更多的快乐。孩子会以同样的甚至更多的爱去回报父母、回报社会。

子充两岁时，妈妈带子充在武大的珞珈山上散步。儿子说妈妈为什么不往边上走？子充妈妈说下边是悬崖，坡陡，掉下去很危险。子充说妈妈为什么危险？妈妈说如果掉下去一直往下滚也许树枝会划伤眼睛的，妈妈眼瞎了就看不见你了。子充一听立刻号啕大哭。妈妈吓了一跳，说怎么了儿子，你哪儿不舒服？蜜蜂蜇了你吗？子充哭着说："妈妈，我不让你掉下去，不让你眼瞎！"

给孩子一个怎样的环境

刚出生的宝宝总是会怕生人，一有陌生面孔出现便会感到不安，甚至大声啼哭。要使你的宝宝变得大胆起来，母亲就一定要经常带上宝宝出去走走，要他去熟悉周围人的多种面孔，慢慢情况就会好起来。特别是到愉快的环境中去，这有利于克服孩子怕生的心理，使孩子早早就有较强的适应能力。

艾天刚出生的时候，我就喜欢抱上他到处串门，让他熟悉左邻右舍的朋友。春暖花开时，我开始抱着他与附近其他十来个差不多大的孩子一起玩，与其他孩子的家长交流育儿经验。艾天在这些地方玩耍常常乐此不疲，总是玩得不想回家。

艾天在户外玩耍的时间和地点也总是自己来定，我们也极力以孩子为主导。无论严寒酷暑，他通常是最晚归家的小孩。我们有次抱艾天去湖边玩，发现风太大把大人的脸都吹麻了，决定打道回府，可是艾天对这不停吹在脸上的大风呵呵大笑，无限欢乐，坚决拒绝回家，而且随后并没有生病。

艾天在上幼儿园的时候不像别的孩子缠着母亲不放手，他到了幼儿园门口拿着老师给的球就跑了进去，一点儿也不怕，也不缠人，这正是婴儿期培养的成果。

妈妈还要给孩子创造一个轻松、民主、和谐、愉快的家庭邻里气氛，多让孩子感受幸福的氛围。

家庭气氛、邻里关系以及与其他孩子的伙伴关系，都会对他的成长产生很大的影响和作用。通常情况下，处理家庭各成员之间、家庭和邻里之间、孩子伙伴之间的相互关系，母亲有更多和更大的决定权。如果母亲没有处理好这几个方面的关系，将直接影响到自己的孩子。

睿睿两岁了，奶奶从他出生后就从哈尔滨搬来住，睿睿妈妈生下儿子后，身体一直恢复得不好，因此也在家照看孩子。然而睿睿却因为这么多的照顾而无所适从。睿睿长了湿疹，奶奶做了鸡蛋羹，妈妈说，可能是吃鸡蛋过敏才出疹的，不让睿睿再吃。奶奶说，睿睿爸爸小时候长身体还不是全靠鸡蛋，也没见他长什么湿疹。现在孩子正长身体，不吃怎么行。睿睿拉肚子，奶奶说偏方很管用，买来山药，加入小米熬成稀粥，端来喂孙子。妈妈说，偏方哪能管用，孩子拉肚子是感染了细菌，应该吃抗生素，不能再乱吃。妈妈和奶奶绊了嘴，奶奶不高兴，睿睿喊"奶奶"，奶奶也不理孙子……

睿睿经常在奶奶和妈妈的争执中被拉来拉去,两岁的睿睿经常睁着一双大眼睛不知所措。有时大声的争执会把睿睿吓哭。

孩子的成长与发展需要有一个良好的生活环境和学习氛围。母亲没有处理好婆媳关系,不和睦,孩子往往无所适从;夫妻关系紧张而不和睦,将直接影响到对孩子的教育;邻里关系紧张,殃及到孩子之间的正常交往;对孩子的伙伴选择不当,也会影响到性格品德的健康发展。

每个孩子还应该有属于自己的"领地"。在这片属于孩子的领地里,父母应精心布置它。

前两天去看一个朋友,她的女儿刚满两周岁。朋友带我"参观"了她的小房间。门上、墙壁上挂着各种小动物图片和孩子活动需要的其他图片,桌子、窗台上摆设着动植物工艺品,小巧别致,颜色丰富多彩。孩子的床单、被面、枕头、窗帘、衣裤、鞋帽等生活用品上都是可爱的童话图案。她说等再过一段时间,就要让女儿单独睡了,希望她能喜欢,说话间满眼的期翼。这不由又让我想到艾天的幼儿时代。我告诉她,这个自然欢畅、童话般的环境,小姑娘一定乐得享受。

父母要尽量给孩子一个独立的空间。这块领地会为孩子提供一种张弛有度、交流畅通、互动和谐、其乐融融的状态。有了这样一种环境或者氛围,孩子置身其中,就能够无拘无束地成长、快快乐乐地生活。这个空间还会让孩子从小体会到独立和民主,有利于他个性的发挥。

0～3岁练技能

0至3岁,是孩子道德和人格形成非常重要的阶段。这个阶段的教育重点,应该以品德和生活习惯为主,而不在于学业。良好的卫生习惯、待人处事的礼仪,以及安全合适的生活细节,都必须加以重视。

古语云:"积习难改,秉性难移",习惯一旦形成就会很难改变,千万不要抱着"孩子还小,以后慢慢教"的心态,一旦孩子养成不良习惯,要想纠正它,那就真是让人头疼的"大工程"了,你可能付出很大的代价,但收效却往往差强人意。

运　　动

从小让孩子养成爱运动的习惯,让他拥有强健的身体,有什么比一个聪明健康的孩子更让母亲感到欣慰呢?婴儿期的孩子虽然不会自己去运动,但是母亲可以帮助他做婴儿保健操。轻轻握住他的小手、小脚帮他做做伸展运动,也可以让小宝宝站在自己的腿上,拉住他的双手,让他做蹬腿的练习,这些运动都有助于孩子的生长发育。

饮　　食

良好的饮食习惯当然是宝宝健康成长的重要环节。要让宝宝养成准时的进餐习惯,可以按时吸收到养分,也不会耽误宝宝的休息,有利于宝宝长高长大。有科学研究表明,如果是在1岁前、5～6岁或青春期开始时发胖的,这些孩子长大后多半会偏胖。医生告诉我们,健康主要取决于生活习惯,千万不可以忽视的是,一定要确保宝宝每天的喝水量。成人每天需要8杯水,科学的饮水量有助于人体的新陈代谢,可以及时地将体内的废弃物质排出体外,这对身体健康是非常重要的。因此,保证宝宝每日的饮水量,也是养育孩子需要注意的重要方面。

卫　　生

从小就应该告诉孩子,饭前便后要洗手。看到宝宝弄脏的小手,妈妈可以装出皱眉的样子对他说"脏",然后帮孩子洗干净小手,还可以亲亲他,夸他是干净的宝宝。这样孩子就会意识到什么才是干净的,只有干净的才是妈妈喜欢的,良好的习惯也就这样养成了。

从培养生活能力方面来说,也应该有意识地创造许多有利于孩子独立做事的条件。比如在洗手池边放一个小凳子,让孩子养成好的习惯,回到家的第一件事就是把手洗干净。

生活技能

孩子应学会正确使用汤匙或筷子，在特定场所用正确的方式独立饮食。

孩子应学会并养成自己洗手洗脸、穿衣、脱衣，在合适的场所、时间进行排泄。

孩子应学会自我收拾东西，自己玩过的玩具放回原处，自己用过的东西按一定顺序归类整理。

……

这些都是幼儿入园前应做的准备，如果孩子还没有掌握这些技能，那你的孩子在别的孩子面前的表现会带来的后果您可以设想一下，这对孩子的人格发展会有什么样的影响将是无法估量的。

父母不可能整天陪伴在孩子身边，只有养成良好的习惯才可以真正保证孩子的成长。

游戏

如今很多父母都认识到了让孩子玩耍的作用，因为对孩子来说，玩耍就是早期智力的开发，对孩子的身心健康有很积极的意义，但他们却忘了家长要和孩子一起玩耍。

在和孩子的游戏时间里，母亲可以经常轻轻抚摸孩子，给他唱歌，这样渐渐地孩子就会随着母亲唱的歌谣有节奏地舞蹈，还可以和他逗乐，比如摸摸他的小肚皮、挠他痒痒等，努力逗他微笑。对婴儿进行科学的抚触，传递的是关爱，非常有利于母子感情的融合。从运动学的角度看，它也是一种被动运动，实践也证明，和孩子一起做游戏对婴儿的身心健康十分有益。

孩子们从平时玩的游戏中，学到很多经验和能力，在这个学习过程中，父母们起着重要作用。父母除了要为孩子提供充分的玩的机会外，更应关注孩子玩

的过程并加以正确引导。因为孩子在玩中对自然和生活的好奇、模仿只是他们学习的起点,要使他们在玩的过程中深入发现、探索、思考,父母的关注、支持和引导是非常重要的。否则,只会使孩子的玩停留在表面上。

常玩的游戏

"河南报业网"有个大河健康栏目,其中给我们列出了一些孩子们经常玩的游戏,作为家长可以参考一下:

[找东西]这是父母和1岁左右的孩子常玩的游戏。就是当着孩子的面把玩具放在毛巾下面,让孩子找。在这种游戏里,孩子开始感觉到物体是客观存在的,是相对不变的。这是孩子开始学习的重要基础。

[捉迷藏]孩子学习与他人一起共同做一件事,学习根据线索分析、寻找和发现目标等。

[玩球、扔沙包、滚铁环]孩子从中锻炼了跑、追、接、拣、扔、踢等动作以及准确地把握方向的能力,大一些的孩子还会学习制订和遵守规则。

[玩水、玩沙土]孩子可以从中发现很多自然现象,并去探索软硬、干湿、流动、沉浮、多少、变和不变、守恒等科学和数学的道理。

[过家家]孩子开始关注生活和模仿别人(模仿是孩子学习的重要方式之一),同样也发展他们的想像力。

[涂涂画画]孩子在涂涂画画中表达自己的想法和情感,同时也学习并练习握笔及绘画的技能。

玩　　具

游戏不仅是婴儿的专利,也是他们的权利,游戏更是一种天赋,但也是一种容易被扼杀的天赋,没有游戏的童年是残缺的童年,这样的孩子可能在智力上超前,但在人格上却存在着缺陷。

玩具是孩子们都会喜欢的东西,在游戏的时间内,当然少不了玩具。孩子很

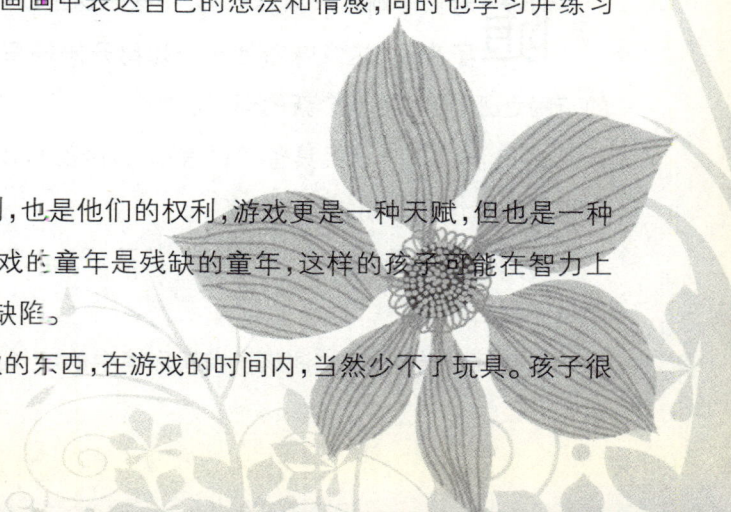

小的时候,可以用一些颜色亮丽、能发出悦耳声音的玩具来引起孩子的注意,以此来愉悦孩子;当他稍微大一点儿,就可以买一些有助于早期智力开发的玩具,陪孩子一起玩儿。

在给孩子买玩具之前,首先应当考虑玩具的安全性,而不是所谓的"超前益智"作用。有些父母为了让自己的孩子比一般同龄的孩子要聪明,喜欢为孩子买一些超过这个年龄段的玩具。

如果将适合大年龄儿童玩的玩具给尚且年幼的儿童玩,有可能造成意想不到的意外事故。多数3岁以下儿童都有喜欢将小部件放入嘴里的习惯。据统计,在儿童玩具意外伤害中,最常见的是因吞入玩具部件而引起窒息。艾天小时候,我就买了本叠纸大全,用这种最简单、最安全的玩具与他一起做游戏,收到了很好的效果。

游戏有利于培养孩子的独立精神和协作能力,有利于激发他们的想像力和创造力,也有利于他们对人生产生健康乐观的态度,而这些能力和素质将决定孩子们未来事业的成败与生活上的苦乐!

幼儿阶段:传递阳光语言

随着孩子渐渐长大,妈妈会把孩子送进幼儿园,让老师来照看。对于孩子来说,这意味着他将开始离开妈妈每日的呵护,第一次走到家庭的范围之外,接触另一个新的环境。

3~6岁的孩子已经具备了语言和交流能力,以及各种基本的生活技能,母亲不要忽略这个时期的重要任务:

用说服和鼓励的语言,时刻给你的孩子注入克服陌生环境的信心,让孩子逾越心理上的障碍;

与老师保持沟通,关注孩子在新环境中的成长;

培养孩子的处事礼仪,学会阳光般的交流语言。

让孩子爱去幼儿园

今天甜甜第一天去幼儿园,妈妈把甜甜打扮得漂漂亮亮的,开车去送她。本来路上说的好好的,可一进幼儿园甜甜就撅起了小嘴。妈妈把甜甜安排好,要走了,结果小姑娘紧紧抓着妈妈的衣袖不放,急着去上班的妈妈只好又把她"教育"一番,还说下午第一个过来接她。结果还是不能奏效,甜甜抱着妈妈的腿号啕大哭起来。妈妈只好强忍着泪硬把她推开,多亏老师过来把甜甜拉了进去,妈妈才匆匆离开。

甜甜上幼儿园的场面,相信你会经常在幼儿园门口看到。上幼儿园,孩子要面对一个陌生环境。当面对一个全新的环境,每个人都会有一种不安全感。孩子可能会把自己不安的感觉以他们自己特殊的方式表现出来,比如说哭闹或者说过度沉默。

那么,如何使孩子能开开心心上幼儿园?

父母首先要明白,仅仅在幼儿园门口的几句安慰很难立即消除孩子的不安,要有意识地在孩子入园之前做些准备工作:

经常在孩子耳边吹吹风,告诉他幼儿园如何好,都有什么好玩儿的玩具,幼儿园的老师又会教唱歌,又能教跳舞等,给孩子头脑里留下美好的印象,使他产生向往。

请已经上幼儿园的小朋友给他讲幼儿园的事,表演老师教的儿歌,在孩子心中营造一种美好的幼儿园印象,消除孩子对新环境的不安全感。这样孩子就会产生"我也想去幼儿园"的欲望。

我在送艾天上幼儿园的时候,因为准备工作做得好,一走进幼儿园门口,儿子就立刻松开我的手,拿着老师给他的小球跑了进去,还开心地到处和小朋友交朋友。第二天,儿子早早就穿好衣服,等着我送他上幼儿园,一脸的期待与开心,丝毫没有畏惧上幼儿园的样子,上幼儿园已经成为孩子每天最快乐的事情。

在孩子成长的每个阶段,遇到心理障碍是很平常的事情,要跨越过去,才会是一片海阔天空,这需要父母体会到孩子的变化,把困难和问题想在前面,加以解决,打有准备之仗,你还会输吗?

孩子懂礼貌并不难

朋友董捷被公司派去韩国工作,初次和韩国人打交道时,发现他们无论大人小孩都那么懂礼貌。在问候别人的时候一定会先鞠躬,至少也是要上身欠一欠,然后才是面带微笑的问候。与人握手的时候,一定是伸出右手,同时左手搭在右手的小手臂上,上身欠一欠。这样的问候让人感受到了一种被尊重和被关心的感觉,心情也会变得很愉快。"韩国人怎么会这么讲礼貌呢?""韩国人从什么时候开始养成的这个好习惯?"刚去韩国时,这个问题一直盘旋在朋友心中。

有一次她和一位邻居在电梯里碰见,当时邻居6岁的儿子也在一旁。大人互相问候后,只见邻居马上示意儿子向她问候,孩子很听话,马上鞠躬问候。路过门卫时,妈妈也不忘提示儿子向门卫叔叔问候,他注意到妈妈也是一同问候的。自那次后,那个男孩不管在哪里看见他,都一定会主动向他鞠躬问候。不只是这个孩子,只要是朋友认识的孩子,一般都能主动或在大人的提醒下,向他问候。

还有一次到一位韩国朋友家玩,看见了她14个月大的女儿,孩子当时还不会说话,但妈妈还是马上叫她向朋友问候,那个小不点还真的模仿妈妈的动作向朋友鞠了一个躬。

朋友恍然大悟,原来韩国父母对孩子的礼貌教育,无时无刻不在进行着,从孩子懂事起,从还不会说话之际,礼貌教育就渗透于每一天的日常生活中,礼貌教育在日常生活中不断得到强化和巩固,难怪……

人们常说孩子是大人的影子,他们会不知不觉模仿大人的行为。孩子看到父母通情达理,自然也会体谅别人;孩子看到父母喜欢指责,自然也就学会指责别人。孩子是无知的，父母首先要以身作则，同样要及时教导。

恰当的礼貌体现出的是对他人的尊重，可以说是人与人交流的必修课。幼儿园时期尤其要注意孩子礼貌规范的养成。

幼儿园时期的孩子身边主要是老师与同龄的小朋友，这个时候首先要教会孩子用礼貌的语言和老师与小朋友打交道：

◆见到老师要敬礼，说"老师好"，遇到小朋友也要向他们亲热地打招呼；

◆与别人告别要说"再见"；

◆得到别人帮助，要记得说"谢谢"；

◆弄坏了小朋友的玩具要道歉，说"对不起"……

从这些简单的礼貌语言做起，建立孩子的阳光语言，而这种语言上的礼貌经过时间的积淀完全可以在成人阶段转化成修为上的谦逊。

培养孩子文明礼貌的习惯，家长不妨从游戏入手，如自己不小心打着孩子先说"对不起"，教孩子回答"没关系"，孩子逐渐养成习惯，就不会开口骂人，而会成为讲文明礼貌的好孩子。

学会使用礼貌语言，会让孩子更容易与小朋友融洽地相处，更轻松地得到老师的赞赏，快乐地享受幼儿园生活的趣味，成为一个人见人爱的孩子。

妈妈要帮助营建快乐团队

吃过晚饭，小迪妈妈公司来电话，经理让她马上过去一下，明天早晨要投的标书需要马上改一下报价。小迪爸爸出差还没回来，妈妈匆匆穿上外套，叮嘱女儿："小迪，真乖，妈妈一会儿就回来，写完作业自己看会儿电视吧。"以往，女儿都会很乖地答应，这次却不然，小迪哀求道："妈妈，你别出去，在家陪我一起看电视吧，我不希望你总是夸我，我希望你能陪我。"妈妈听了，心一下变得很柔软。但还是郑重地告诉女儿，妈妈工作出了问题必须去一趟。

小迪妈妈一路上陷入了深深的自责中。因为自己工作的原因，女儿从小就一个人待惯了，每逢爸爸妈妈都有事要忙时，就把她一个人锁在家中，电话频频，千叮万嘱，心中牵挂，又身不由己，十分无奈。

现在女儿大些了，幼儿园大班也要上完了，基本可以放心地让她一个人在家呆着了。她会和玩具玩，会自己看书、看电视、玩电脑，想必她不会感到孤独了，原来不然啊！小迪妈妈和女儿是有游戏时间的，在女儿看来，那点时间实在太少了，其实妈妈自己也清楚这点。所以，每每舅舅家女儿从老家过来后，她们俩总是形影不离，玩闹得天翻地覆，分手时都依依不舍，有几次竟然"执手相看泪眼"呢。

小区里倒是还有几个差不多大的孩子，但碰巧都是男孩，女儿似乎更喜欢安静，和他们脾气不投。小迪对妈妈说："他们总拿着我的玩具到处扔，我不爱和他们在一起玩儿。"

想着女儿那清澈的眼神，渴求的语气，小迪妈妈知道女儿是孤独的，她真的希望孩子有一个欢快活跃的环境，可是又怎么才能做到呢？

如今的孩子，大多是独生子女。对玩伴的渴望，是父母的爱不能填补的。帮助孩子营建快乐的集体生活氛围是现代父母必须做的一件事。童年时期的美好记忆，对于孩子成年后在情感上释放压力的帮助是不可小觑的。健康的友谊是愉快的集体生活的最重要一部分。

父母可以试着做做下面几件事：

◆为了让孩子学会建立和维系健康的友谊，母亲可以多邀请小朋友到家里玩儿。一方面让孩子尽快融入集体生活中，另一方面也让孩子学会和别人分享自己的东西，并从中感受到快乐。

◆父母要让孩子多参加集体活动，友谊是在交往中建立的，只有经常参加集体活动，才能使孩子获得友谊，在与同伴交往中获得快乐是父母再多的爱都不能替代的。

◆如果发现孩子的身上出现一些可能在群体中不受欢迎的特点，比如不喜欢分享、不诚恳、过于咄咄逼人、爱挑衅闹事等，不要只是急切地命令他改正，最好是让他明白态度友好、说话和气的孩子，才能交到许多小朋友。

◆如果他以后再出现以上类似情形，还要记得耐心地提醒他，让他慢慢地学会和小朋友的交流与合作。

◆要帮助孩子走好独立发展的第一步，母亲这个时候还要留意和老师的沟通，老师是孩子心目中的权威，孩子在幼儿园里是否快乐，老师起了很重要的作用。活泼、开朗的老师，带出来的孩子也将是充满阳光的。

调查表明，在幼儿园和小学的时候就能够和别的小朋友友好相处的孩子，一般到了中学和成人时期在人际关系上就能够游刃有余，可见培养交往能力应该从娃娃抓起。

小学阶段：佑护阳光心灵

进入小学阶段的孩子，已经开始形成自己的心灵世界。在这个自我意识的形成时期，各种性格因素的萌芽在不断地生长变化，此阶段正是塑造孩子性格与品德的重要时期。家长们要格外关注自己的孩子，除了配合学校教育，教会他们如何学习外，更要教会他们如何做事，如何做人，使他养成符合社会要求的行为习惯，学会与人合作、与人交往，形成好的个人品质与健全的人格，获得阳光般的心灵。

培养一个勤劳的孩子

每一个孩子都是璞玉浑金，他究竟能发挥多大的价值，关键在于如何开采和雕琢。"没有教育不好的孩子，只有不好的教育方法"。在任何一种教育中，勤劳教育都是不可少的。

艾天很小的时候我就灌输给他一种意识，就是要勤快，要手勤、脚勤、眼勤，甚至鼻子都要勤快些，要动用自己所有的感官和肌肉去触摸、感受生活，让头脑越变越聪明敏捷，四肢越变越灵巧强壮，并不断从生活中学会成长。因此，尽管家务活儿都是我主动承担，但也会找些机会让他也来参与，做些力所能及的事情。不过，小孩子都喜欢偷懒，小男孩儿尤其如此，有时候我安排艾天洗碗筷，他会一脸不耐烦的表情，嫌麻烦不愿意干，这时候我不会逼他就范，相反我会与他商量："要不咱俩换换，我来洗碗，你来做饭。"这时，艾天就会冲我做个鬼脸，自觉去到水池边洗碗筷去了。稍大一点了，艾天许多家务劳动都能做了。在亲戚朋友眼中艾天是个朴实懂事、阳光有趣的孩子，这和他的勤快有很大关系，在各种动手动脑的劳动或活动中，他的个性得到了充分的锻炼和发展。

世上孩子的性格可能有千万种，在劳动中，不足的个性大多可以得到矫正。劳动对儿童身心发展均起着积极的促进作用，尤其是肌肉、骨骼的发育离不开劳动的作用，通过劳动还能促进儿童神经系统的发展，并能提高儿童的认识能力。我认为，使热爱劳动在少年时期和青年早期就成为一个人最重要的品质之一，这是家庭教育的重要使命。当然，这里的劳动并不单纯指体力劳动。

"阳光"地生活是种方法

有一位女士叫塞尔玛，她根据自己的亲身经历写了一本书，名叫《快乐的城堡》，曾经引起了很大的轰动。说起这本书的创作，还有一段小插曲，令人回味与深思。

塞尔玛随丈夫去从军，到了部队驻地后才发现，他们所在地方正处于沙漠地带，住的是铁皮房。她又与周围的印第安人、墨西哥人语言不通，而当地的高温天气更让她无法忍受。最为糟糕的是他丈夫后来奉命远征，只留下她孤身一人。因此她整天愁眉不展，度日如年。深受煎熬的她于是写信向父母寻求帮助。

　　好不容易盼来了回信，打开一看，内容却让塞尔玛大失所望。父母既没有安慰她，也没说叫她赶快回家，二面只有三行字："两个人从监狱的铁窗往外看，一个看到的是地上的泥土，另一个看到的却是天上的星星。"拿着这封短信，塞尔玛反复地看反复地琢磨，终于明白了父母的苦心，原来父母是希望她不要总是消极地看问题。

　　于是，她开始主动与周围的印第安人、墨西哥人交朋友。结果使她十分惊喜，因为他们都非常好客、热情。空闲的时间里，她又开始研究仙人掌，进行详细的观察，还记下观察笔记。这时，她惊奇地发现那些仙人掌千姿百态，使人沉醉着迷；她还学会去欣赏沙漠的落日，感受沙漠里的海市蜃楼。塞尔玛发现周围的一切都变了。她感觉自己每天都似乎在沐浴着初春的阳光，生活变得那么美好。

　　生存环境没有变，从积极一面看待问题的方式改变了塞尔玛的心灵，让她的生活发生了颠覆性的变化。

　　英语中有一句名言："Every coin has two sides"，意思是说"每一枚硬币都有两面"。

　　这里面包含了一种朴素的智慧：任何事情都具有两面，既有积极的一面，也有消极的一面。譬如一杯水倒了，扶起来，悲观的人说：唉，只剩一半了；而乐观的人则会说：没关系，还有一半。所以，在我们面对事情或者人的时候，总会有两种选择，从积极一面去看待，你就会感到愉快，充满希望，可以帮助自己克服自卑，树立自信；而从消极一面来看，你就会感到难过郁闷，甚至绝望。

　　父母的举止言行、对某一事物的看法与分析、为人处世的态度，都对孩子的成长尤其是心灵的健康成长有较大影响。

　　父母要善于帮助孩子从消极情绪中走出来：

　　当孩子的手让铁钉扎破了　孩子痛得想哭时，你可以对孩子说，还好，没有扎在眼睛上，多幸运呀；

　　当一盒火柴在孩子的口袋里自燃了，将新衣服烧了个洞，你可以说，还好，幸亏不是弹药库，这样孩子会马上破涕为笑；

当孩子考试没考好,对孩子说,语文不是考得挺好嘛,下次都这样不就好了?

在这样家庭环境中成长的孩子,更容易拥有乐观的性格,长大后,孩子会笑对人生,会劝解自己,不会钻牛角尖,而且会积极地看待并解决问题!

时刻给孩子阳光般的家庭氛围,从小培养孩子以积极的心态来应对自己周围的一切,孩子一生都会充满快乐的阳光。

善待他人没啥亏吃

如果说学会从积极的一面看待问题是指要孩子学会善待自己的话,那么善待他人就应该成为孩子第二个重要的习惯。

在这个世界上谁都不可能一个人生活,孩子在成长的过程中如果不能顺利地与人交往,不仅对他后来的发展影响很大,还会让孩子的整个人生都会不快乐。

小林妈妈总喜欢教训儿子说:"在外面可不能吃亏",虽然是出于爱,但这样的教育却让小林逐渐变得自私自利,甚至为了自己伤害别人的利益。从小学到大学,小林几乎没交到一个知心朋友。小林人很聪明也很勤奋,后来考上了名牌大学,但他并不快乐。在大学的时候,班上的同学都不愿意和他交往,虽然成绩很好可是每次评优评先总是得不到大家的支持,而进入单位后情况依然糟糕,他身边没有什么可以交心的朋友,而大家也不愿意和他联络,这使他感到非常沮丧。看到那些并不如他的同学一个个已经小有成就,他心里想不通。

朋友还给我讲过这样一个故事:

从前,有一个脾气很坏的男孩,对人很不友善。后来,他的父亲给了他一袋钉子,告诉他,每次发脾气或跟人吵架的时候,就在院子的篱笆上钉一根。第一天,男孩钉了37根钉子。后面的几天他学会了控制自己的脾气,每天钉的钉子也逐渐减少了。他发现,控制自己的脾气,实际上比钉钉子要容易得多。终于有一天,他一根钉子都没有钉,他高兴地把这件事告诉了爸爸。

父亲说："从今以后，如果你一天都没有发脾气，就可以在这天拔掉一根钉子。"日子一天一天过去，最后，钉子全被拔光了。父亲带他来到篱笆边上，对他说："儿子，你做得很好，可是看看篱笆上的钉子洞，这些洞很难再恢复了。就像你和人相处时，说了难听的话，做了伤害他人的事，你就在他心里留下了一个伤口，像这个钉子洞一样。"

把这个道理扩展到与人交往的各个方面，如果不懂得善待他人，伤害了他人，即使道了歉，伤口也难以抚平。要知道，心灵的伤口比身体的伤口更难以愈合。

父母们在孩子小的时候就要培养他们善待他人，时时关心他人的交往意识。要让他明白"善待他人"是一切良好往来的出发点。

善待他人并不是一件困难的事情，只要懂得换位思考，多从别人的角度考虑问题，就做到了善待他人最重要的一点。爱的教育在平常的生活中每天都可以做到，你的言传身教，会让孩子慢慢养成宽容大度的胸怀。

10 岁前应做的 32 件事

为使当代儿童能够重新抬起他们父母孩童时代的传统娱乐项目，感受他的父母孩童时代的快乐，一个由专家和名人组成的委员会推荐了 32 件在 10 岁前应做的事：

1.在河边草地上打滚儿。　2.捏泥团。

3.用面粉捏小玩意儿。　4.采集青蛙卵。

5.用花瓣制作香水。　6.在窗台上种水芹。

7.用硬纸板做面具。　8.用沙子堆城堡。

9.爬树。　10.在院子里挖个洞穴。

11.用手和脚作画。　12.自己准备一次野餐。

13.用颜料在脸上画鬼脸。 14.用沙子"埋人"。

15.做面包。 16.堆雪人。

17.创作一个泥雕。 18.参加一次"探险"。

19.在院子里露营。 20.烘蛋糕。

21.养小动物。 22.采草莓。

23.玩丢棍棒游戏。 24.能认出 5 种鸟类。

25.捉小虫子。 26.骑自行车穿过泥水坑。

27.做一个风筝并放上天。 28.用草和小树枝搭一个"窝"。

29.在公园找 10 种不同的叶子。 30.种菜。

31.为父母做早饭并送到床前。 32.和人小小地打一架。

专家们希望孩子们每完成一项"任务"就自行从这个"大名单"中勾除一项。

中学阶段：多点阳光鼓励

孙中山先生曾说过："教养有道,则无枉生之才;鼓励有方,则野无抑郁之士。"

中学阶段,孩子已经有了很强的"自我"观念,也开始产生竞争的意识。他们有时会不自觉地同周围的孩子比较,希望自己能比别人出色。但是,这时挫折也会时常光顾他们。

面对全新的挑战,孩子最需要的是宽容和理解。但是许多父母望子成龙的心态过于迫切,似乎容忍不了孩子的暂时落后与普通的成绩,往往把自己急躁的心情强加在孩子身上。这样做常常会使孩子对竞争产生厌烦,有时甚至会伤害到孩子。

生命之间是无法比较的。不妨冷静下来,即使孩子现在还不能让你满意,但要学会等待,学会欣赏孩子。调整好你的心情,不要老认为他这不好那不好,试着多想想孩子给你带来的幸福和快乐。少责骂批评孩子,多给予他们赏识与鼓励,他们才会有信心做得更好。

让孩子乐意和你说

孩子在成长过程中总有这样那样的烦恼与不解。最亲近的父母可以说是他们首选的倾诉对象。可很多朋友却十分苦恼地告诉我孩子什么事情都瞒着她,总是把秘密藏在心里却不讲给他们听。孩子早恋了、孩子打架了,当问题发生的时候,受到蒙蔽的往往是最关爱他的父母。为什么会出现这样的情况,孩子们干嘛不信任最爱他们的父母呢?这可能与你和孩子的交流方式有关。

作为父母,应该学会倾听孩子的心声,不轻易否定你的孩子,这样容易挫伤孩子的积极性。如果你想真正了解自己的孩子,就必须先学会倾听。

学会倾听,要认识的一点是:孩子和你一样是平等的

朋友般的平等与尊重,是交流的首要前提。从血缘关系上,你是孩子的父母,但是从孩子降生的那一刻,他就是一个独立的人,他并不是你的私有财产,你不能用简单粗暴的方式决定他的一切。那样的话他就很可能会疏远你,将会关闭你与他沟通的门窗。试着在生活中和孩子保持一种平等的关系,努力去做孩子的朋友。不要担心这样你会失去尊严,事实证明,做孩子的朋友,不仅让你获得他的爱与信任,还会让你更了解孩子。

艾天如果做错了事情,只要他告诉了我,我从不轻易去怒斥他,相反我会耐心地问明情况,帮助他从这件事情中分析得失。

在他很小的时候,有一次他对小刀有了兴趣,拿着小刀到处跑、到处玩儿,我劝他也不听。没过一会儿,我就听到他的哭声,过去一看,原来他不小心把手指划破了。看着他大哭的样子,我心里虽然也有气,但还是忍住没有骂他。看着他坐在地上满脸泪珠的可怜样,虽然有些心疼,但我没有去给他包扎,只是拿了

创可贴给他,让他自己动手。他刚开始不会包,就眼巴巴地看着我,看我没有给他包扎伤口的意思,就边哭边把手指包好。等他平静下来,我才把他抱起来,问他:"妈妈让你放下刀子,是不是对的?"他点点头,我于是又接着说:"玩小刀危险吗?""危险。"他的声音里微微发颤。"下次还拿着刀子胡闹吗?"他马上摇摇头。我又提示他说:"除了记着下次不要乱玩刀具以外,还要记住一点,如果遇到意外受了伤不要慌,去找些创可贴包上就没有事了,很简单的。"从这件事情后,小艾天再也不乱玩刀具了,而且还学会了简单的医疗方法,后来同学在球场上受伤,他还成了小医生了呢。

学会倾听,要做到一点是:赢得孩子的信任

做一个好的听众,除了一颗宽容的心外,还应给他提供有益的忠告和建议。做孩子的朋友,让他无所顾忌地在你面前讲出心里话,这只是第一步。而你理智的判断和有利的建议才是赢得他信任的关键。和孩子交流也不一定总是作轻言细语的听众,你也可以严肃地发出警告。只要你的警告有理有据,让他明白自己的错误,就会赢得孩子的尊重与信赖。

记得有一次艾天和别人打架,对方是个大个头,两个人扭打成一团,但艾天明显处于下风,后来满脸是血的回到家。看到他的样子,我少有地发火了,我不仅没有安慰他,还又给了他几记老拳,我要让他记住一个简单的道理"打不赢就跑"。结果他对这句话印象最深。直到现在他也总是把我当成他最好的朋友,任何事情都不隐瞒我,并喜欢听我给他的意见。

表扬不是那么简单

要用发展的眼光看待孩子的成长,他现在的一切不能代表未来。与其痛斥他现在的失败,不如给予他前进的勇气。表扬与肯定是孩子最好的兴奋剂。不要吝啬表扬,要善用、巧用表扬,欣赏你的孩子与众不同的长处,培养他自信地去

面对生活,让孩子拥有一个好心态,这比什么都有意义。

好孩子多是表扬出来的

表扬不但可以使孩子树立自信心和责任心,而且会使孩子积极地将事情做得更好。每个人都有失败的时候,你的肯定与鼓励会让他汲取到人生最大的动力。

著名的教育学家陶行知在做校长时曾经有这样一个故事:一个孩子迟到了,陶行知告诉他放学以后到办公室来找他。傍晚,孩子到了办公室等了一阵,陶行知姗姗来迟。孩子做好了被批评的准备,结果陶行知却说:"对不起,我来迟了。为了表示我的歉意,我请你吃颗糖。"孩子一下子呆住了,很不好意思地说:"对不起,我早上迟到了。"陶行知笑笑:"我再送给你一颗糖,这是奖给敢于承认错误的孩子。"孩子更觉得难为情:"对不起,我以后一定不会迟到了。"陶行知再次从口袋里掏出一颗糖:"还有一颗糖,送给知错能改的孩子。你不能表现得再好了,因为我已经没有糖了。"

这个故事告诉我们,许多时候,奖励与表扬会比责骂更有效,它会激励起孩子直面自己的勇气与决心。

生活中,不是每一个孩子都能让父母百分之百满意,但是只要你留意就可以从生活的细节中发现孩子的成长,及时表示出你的赞赏,肯定孩子的点滴进步。这是巩固他所取得的进步的有效方式,更是形成良好习惯的重要手段。

表扬不是简单的夸赞

表扬需要讲究方式方法。当孩子做了值得表扬的事情,你可以用语言表示你的赞赏,也可以用微笑、目光和动作等体态语言表扬。微笑地看着他,投以赏识关爱的目光,不时微微点头,或身体前倾,表示聆听关注,或竖起大拇指等。这些表扬方式,传达出的是同样的信息,孩子自然能够心领神会。

表扬时也需谨慎。许多父母总喜欢夸奖孩子聪明,其实这样的表扬对孩子是不利的。他可能的确把某件事情做得很好，但这只是他一个方面的优势并不一定代表全部，如果因此被称为"聪明的人"，他可能因此放松了对自己的要求，反而滋生不必要的骄傲情绪。

怎样做才能使表扬达到理想的效果呢？这需要我们在鼓舞孩子的同时还要注意一些方式与细节。

首先要注意的是表扬应该针对事，而不应针对人。所以不要总是笼统地夸赞孩子："你真好！""真能干！"这些评语过于宽泛，最好针对他所做的某一件具体的事情进行肯定。

艾天小时候活泼好动，总是坐不住。于是我就通过讲故事方式让他渐渐适应，安静地坐下来。当他做到了以后，我表扬了他的努力："你能坐这么久，我很高兴。"这样孩子就会明白因为什么受到称赞，也会懂得什么样的行为是好的，自然而然养成良好的生活习惯。

父母还要把好舵，不要让孩子因为别人的赞扬而迷失了自己。

初一男孩南南刚入学，他写的一篇作文发表了，老师和同学都喊他"小作家"。于是他天天想着怎样再写出一篇文章发表，偏科严重，成绩迅速下滑。终于，又一篇文章发表了，他兴奋地把杂志拿给妈妈，妈妈看也不看："你得到的，根本无法抵消你的损失——你根本没做好你自己的事情。"孩子大都认识能力差，当表扬声让孩子前进方向偏颇时，父母应及时给他"泼冷水"。

表扬时不要过分夸大事实。14岁的小雪说："妈妈说我的小提琴拉得最棒，一定可以出任学校乐团的首席小提琴手。可只有妈妈会这么说。其实我觉得莱莱和小航拉得比我更好，所以我没信心能够争取到这个位置。"很显然，这个女孩对自己有清楚的判断，而过分的称赞加剧了她的疑虑和不安，可见表扬一定要适可而止。

表扬孩子，父母最需要关注的是他在做每一件事情中所付出的努力，而并不只是结果。不因为结果而忽视他所付出的努力，这样才有利于培养孩子良好的性格品质。

惩罚的艺术

对孩子,以教育、表扬、鼓励为主,但也并不排斥必要的惩罚。因为对某些孩子来说,惩罚是一种不可缺少的教育辅助手段,它对遏制孩子不良思想行为的发展有一定的作用,有时甚至是立竿见影的。但是惩罚不是体罚,不等于棍棒教育,也不可辱骂或侮辱孩子的人格。惩罚的目的是让孩子知错必改。

印度"圣雄"甘地的二儿子马尼拉勒在印度也是个家喻户晓的人物。他十分注重家教方法。

一次,马尼拉勒到几十公里外的地方去会客,16岁的儿子阿仁开车送父亲。到了目的地后,父子二人约好一会儿碰头的时间和地点,阿仁把车开到修车厂放在那里检修,自己则跑到电影院看电影。影片情节引人入胜,阿仁入了迷,把接父亲的事忘到脑后。直到电影结束,阿仁这才发现比约定的时间晚了近40分钟,赶紧一路小跑到修车厂取车,迅速地开到同父亲约定的地点。

马尼拉勒早已在那儿等候了。阿仁怕被父亲责怪,撒谎说修车耽误了时间。可是马尼拉勒已给修车厂打过电话,谎言当即被戳穿了。出乎阿仁意料的是,马尼拉勒并没有大声斥责他,而是平静地说:"你做错了事,缺乏讲真话的勇气,这是我平时管教无方的结果,所以,我决定自己走路回去,也好边走边反省。"

那时天已经黑了,马尼拉勒默默地在前面走,阿仁只好开着车慢慢地跟在父亲后面,用车灯为父亲照路。父子二人就这样在路上走了五六个小时。

看着父亲艰难行进的背影,阿仁心中难过极了,他知道这是自己撒谎惹的祸,他下决心以后再也不撒谎了。

马尼拉勒以特殊的惩罚方式——惩罚自己,对孩子进行了一次终生难忘的惩罚。因此对孩子惩罚是要讲究艺术的。

对孩子实施惩罚的方式多种多样,比如:孩子这次没有做好某事,罚他重新做,而且要做好;采取感情上的冷淡处理,让孩子在孤独中反思悔过,再进行说服教育;暂时"剥夺"孩子最心爱的东西和在一定范围、一定时间内,限制其某种自由也是种不错的方式。

惩罚孩子一定要注意以下几点:

惩罚必须要有理有据

一位同学对我说起他初中时的一件事。一次和姐姐吵架,言词有点激烈,结果在隔壁房间的爸爸上来就给了他一个耳光,之后就气呼呼地出去了。这让他很委屈,也感到莫名其妙。后来,他才知道原来父亲以为儿子的话是在说他。这么多年了,这位同学依然对此事记忆深刻,可见莫名其妙的惩罚对一个孩子的伤害是很大的。

教训孩子只是为了在孩子犯了较大过错的时候,进行严肃批评,彻底杜绝类似情况的再次发生。但是,一般情况下,父母还是不要轻易行使这份"权力",应以说服为主,但非这样做不可的时候,切记:要让孩子心服口服,明白他错在了哪里。这样会形成正向反馈,有利于他健康成长。而最忌讳的莫过于"不教而诛",那样会伤害他们,而不是让他们长进。

惩罚的时间把握

惩罚的时间最好在孩子出现过失后随即进行。拖延会失去惩罚的时机,孩子也可能把过失忘记了,并往往会"赖账",这时的惩罚便不会收到良好的教育效果。

不可当众惩罚孩子

特别是当邻居来告状时,不要指着孩子,当面教训给别人看。因为这会伤害孩子的自尊心,激起其不满或反抗情绪。

惩罚的语气

不要用恫吓的语气对孩子讲话,比如对孩子说:"你再拿人家的东西,我就打死你","你再考不好,我就不让你上学了"这类语言,这会使他们产生恐惧。

惩罚要有原则

最后切记一点,父母惩罚孩子要有一套规矩,不要以自己当时的情绪为转移。父母在星期一心情不好,这时孩子犯了点儿错,就痛打一顿。而在星期五,父母心情愉快,孩子犯了同样的错误,却没有给予惩罚。这样做是教育不好孩子的。

严厉但能让孩子明白错在哪里的父母,与那些喜怒无常而滥用暴力的父母是完全不同的。前者会让孩子产生敬畏,从而明白哪些事情是不可以做的,只要他不犯某些错误,他就不会受到惩罚。而后者会让孩子完全摸不着头脑,他不明白自己为什么会受到惩罚,也不清楚又是什么原因使自己得到奖赏,也就是对了不知道为何对,错了不知道为何错,这会使他产生深深的恐惧,而父母也就会丧失在他们心目中的威信。

妈妈请不要再拿孩子攀比

盲目攀比是家长的大忌。人和人之间存在着个性差异;生命之间是不可比较的,父母要懂得欣赏自己的孩子,正确对待他的优势与弱项。

倩倩和晓朵是好朋友。学校刚一放寒假,倩倩就到晓朵家来玩。晓朵妈和倩倩在客厅里聊起了期末考试成绩,倩倩很骄傲地告诉晓朵妈:"阿姨,我除了语文是 101 分,其余的都在 110 分以上。""你真是个好孩子,学习总是这么好!咦?我还没看见晓朵的成绩单。晓朵,你来一下。"

其实,晓朵已经在楼上听到了她们的对话,犹豫着要不要下楼。听到妈妈叫她,才不情愿地走出来。"晓朵,你的成绩单在哪儿?""在我房间里。"晓朵很不情愿地回答。看着她无精打采的样子,妈妈开始有些生气了:"是不是又没考好?去把成绩单拿来给我看看。"成绩单拿来了,没有一个 100 分以上,几乎全在 80

分上下浮动。

"你真丢人！"妈妈忍不住地大声呵斥起来："你的成绩为什么总这么差？倩倩总是考得比你好，你为什么不能像她一样？你的学习环境不比她差，脑子不比她笨，你就是太懒，总是不集中注意力，不专心听讲，贪玩，立刻回房间去反思，想好以后再来吃饭。"虽然她已经不是第一次在倩倩面前挨训了，晓朵还是下不了台，觉得很没面子，含着泪回到了房间。

许多父母都会像晓朵妈妈那样，拿自己孩子与其他孩子比较。这种攀比教育是有百害无一利的，很不利于孩子健康人格的形成和发展。在孩子不成熟的心里会认为，是别人的存在使自己被父母批评。这样极易使孩子从小产生嫉妒心理，怨恨别人。行为失常的孩子，常常是比较心态下的牺牲品。有些孩子会逐渐变得孤僻，不善于合作与共处；一个屈居于下风的常败者，个性则有可能变成习惯性的压抑，甚至产生报复的偏激行为。

一直以来，父母都喜欢比孩子的成绩，焦点都围绕着是否能上"重点学校"。他们觉得孩子进了重点学校就意味着好工作和好前程，同时自己也会更有面子。

朋友绿野的女儿差几分没有考上重点高中，邻居男孩和女儿同班则如愿以偿。朋友觉得脸上挂不住，后来托关系送礼孩子也去重点高中上学了。为了让女儿成绩好些，在邻居们面前有面子，绿野给女儿请了家教提前学习高中知识，整个暑假都把女儿关起来学习，原本活泼的小姑娘一丝笑容都没有了。

成功与否也不能由考试成绩来下定论。孩子的成长是一个长期的过程，不要总是期望他一下子就能实现理想的目标。望子成龙的心情可以理解，但是急功近利的做法对孩子的成长却是不宜的。父母要从孩子的实力和喜好考虑，为他规划合理的目标。

其实，与其总是拿自己孩子的缺点和别人孩子的优点进行比较，不如用表扬激励他弥补劣势，这样你的孩子也就会表现得越来越好。

学会适度纵容

正午的爸爸是军人,教育儿子也是以部队方式,很严厉。正午不负"父"望,是个懂事上进的孩子。进入高中,学习紧了,正午爸爸总是敲打儿子,时不时检查他的功课;一看到儿子多玩了,就要给他训话。正午妈妈是个很有趣的母亲,她心疼儿子,每当孩子学习状态不佳,她就掩护儿子,让他去做想做的事,带大黑(家里的狗)去疯玩、看展览、骑单车去爷爷家下棋,甚至正午妈妈也"伙同"儿子去附近河塘里摸过鱼,帮助他逃过那节怎么也不想去上的课。正午如今已在另外一个城市工作了,回忆时他总是说:"在父亲的管教下,我是个严肃、自尊心强、不甘落后的孩子,你知道这样的孩子也往往是极脆弱的,但妈妈的适度'纵容'让我顺利度过了压抑的学生时代,那是回忆中最美好的事。"

紧张的中学生活,会让大多数孩子或多或少地感觉压抑、烦躁。这主要是由于长时间学习,心理压力过大造成的。这时候,家长就得承担起每天为孩子减压的重任。当你发现孩子焦躁不安的时候,不妨对他们说:"孩子,只要尽力就行。"虽然只是简单的一句话,但里面包含着你的理解与体谅。几乎没有哪个孩子会因为父母说了这些"纵容"的话而真的松懈下来,相反他们会在你的信任中卸下思想包袱,减轻了学习的压力。

一成不变的学习备考很容易让孩子感觉疲劳,适当地改变一下生活节奏,给埋头学习的孩子一个"放纵"的机会,虽然这会占去一些时间,但却会为孩子赢得一个好心情。

艾天一直有一个习惯,每天晚上必看新闻联播节目,高三的时候他甚至迷上了电视剧《康熙大帝》,在那么紧张的复习阶段他竟然一集不落地都看完了。我并没有阻止他,因为每次看完他就会很轻松地继续学习,并没有因为看电视而耽误学习的进度。最后以自己高效率的学习,在缺少几个月系统复习的情况下,高考考出了好成绩。

家长们应该都知道弹簧的原理，不过重要的还是在家庭教育中不要忽略哦！

高三时期：生活充满阳光

我们习惯以成绩的优异与否来评价学生，而这样造就的优等生容易形成为别人的期待和肯定而努力的心理，很少能发掘源自内心的兴趣与动力。他们通常会特别在乎家长和老师的看法，却一直不知道自己需要的是什么。害怕成绩掉下来，无法面对身边的人，这是许多优等生共同的忧虑和压力所在。在父母和老师的赞美下建立起的优等生的自信，也是很脆弱的，当外在的评价超过了自己的心理承受力，优等生就会出现许多问题。

有这样一则报道：

一个女孩子在三周的时间里，把她的成绩从原来全班第 27 名迅速提高到全班第 10 名。到了高二上学期末，她的成绩又如火箭般蹿到了全年级第 2 名。她以自己的勤奋而成为全年级老师心目中的好学生。在学校，各学科的老师都把她当成功典型；在家里，爸爸妈妈对她关爱备至，逢人就夸她成绩又进步了。无论在学校还是家里，她被一片赞美声包围着。当全家皆大欢喜的时候，她却一脸愁容。成绩优秀的她在高三时最终提出要退学，理由竟是无法再读下去了。因为这个女生感到肩上的压力太大，总担心自己被别人超过，更怕辜负信任她的老师和父母。她觉得自己只能前进，已经没有了后退的路。这样的压力已经让她无法承受，最终不得不选择退出。

如果一个人做着只能成功不能失败的事情，自然就会恐惧失败，经不起失败。生活在成绩优异的片面赞扬中的优等生，习惯了享受成功者的优越感，这种心态让他们看不到自己的不足，也让他们无法正确估价自己，承受不起失败的打击。

高三时期需要有一个平静健康的心态，这样他们才能顺利通过这个转折点。父母要从以下几个方面让高三孩子的生活充满阳光：

孩子，没什么大不了

在高考竞争中，健康开朗的心态比什么都重要。

紧张和焦虑通常是考生的大敌。许多平时成绩优异的孩子都在高考的心理战中败下阵来。自信才是阳光的催化剂。在紧张状态下，我们有时会出现思维反应的一片空白，在心理学上这属于一种暂时性的遗忘。而在放松的环境条件下，这些东西却很自然就想了起来，就像许多孩子一走出考场，会立即对某道考题恍然大悟，懊悔不已。我们与其让孩子考后追悔，不如和孩子一起提前做好心理战的准备。

晓柯高中时在班里成绩并不是数一数二的，在高三月考时还考过二十多名，但高考时她发挥得很不错，顺利地考入了山东大学，还进了基地班。她觉得，这是因为她心态比较好，因此高考正常甚至是超常发挥了。

"高考前有点压力很正常，考试前一个月我就开始紧张。"晓柯说，"临考前几天，再想去补知识上的漏洞是来不及了，我觉得最重要的是调整好心态，让自己平静下来。"晓柯说，高考前两天，最好把平时的笔记再系统地看一遍，做到心中有数，这样走上考场的时候就不会慌乱了。

晓柯认为，自己之所以心态调整得比较好，离不开父母的帮助。

父母总是跟晓柯说，高考并不是人生的唯一道路，没必要把考试结果想得那么严重。其实晓柯父母心里比孩子还紧张，但他们却从不在孩子面前表现出来。他们从来不主动提考试的事。每次吃饭的时候，晓柯妈妈会很随意地跟女儿讲一些从报纸上看来的笑话，说说笑笑间晓柯就轻松了很多。

因为信任父母，晓柯有什么心事都会及时跟父母说，征求他们的意见，听听他们的分析就安心了很多。"心里烦躁的时候，我就想一想如果考不好会有什么后果,结果发现其实也没什么大不了的。于是心里就比较平静了,甚至走上考场的时候还有一点点兴奋感,毕竟也是自己人生中的一件大事。"晓柯说。

晓柯父母懂得如何让孩子保持健康开朗的心境,这应该给所有考生父母以启示。孩子能取得多大的成绩,除了自身的知识能力之外,很大程度上还取决于心态。教会孩子正确地面对压力,心境平和,他才能轻松地应考,发挥出理想的水平。所以在考前的特殊时期,父母最好不要表现出太高的期望,否则会让孩子本来就脆弱的信心背上沉重的负担。

有的父母会在孩子面前说:"你看看人家,考得如何如何……"也许你的本意只是想鞭策一下孩子,但是在孩子听来,这几句话的言下之意似乎就是:"你怎么这么笨!"要知道,信心是在鼓励中建立起来的。

请收起对孩子的苛责,多给予他一些朋友般的交谈,这将无形中给孩子自信心。

"焦虑"是可以克服的

朋友说起读高三的女儿媛媛。媛媛成绩一直很好,也很懂事,是老师同学眼里的好学生。父母也总是以女儿为骄傲。但最近媛媛却像变了个人,她情绪不稳定,总是莫名其妙地乱发脾气,焦急烦躁,整天又着急又学不进去,频繁更换学习科目,一会儿看语文,一会儿看物理,一会儿又看数学,哪科也没有真正看进去。媛媛整天唉声叹气,还总是埋怨家长干扰了她的学习。朋友喝水时发出声音,孩子就觉得烦得不得了,弄得自己和丈夫在家里总是提心吊胆,唯恐招惹了孩子。

媛媛的情况在高考学生中十分普遍,特别是成绩好的学生更为常见。一般情况下,高压的时候,老师总是对有望跻身重点大学的优等生十分偏爱,而父母也同老师一样有意或无意之中加重了孩子的某种压力。持续的精神紧张和无形的心理压力会让考生更容易呈现出一种高考焦虑症。失眠、头痛、轻微幻觉、精神紧张等也随之而来。

要克服高考的焦虑，最关键的还是让孩子改变自我认识、自我评价。

当外界的评价超过自己的实际状态时，要保持一颗平常的心，既不要有自命不凡的感觉，也不要死守一贯的优越地位，让并不实际的事情成为自己的包袱。应该懂得每一个参加高考的孩子是一样的，正确地评估自己，自然就会有健康轻松的应考心态。

妈妈，请给我宽松的环境

朋友的儿子小威在市区一所重点高中读高三。在朋友眼中，儿子从小到大都很争气，学习成绩优异。上高中以后，多才多艺、成绩出众的小威被同学们推选为学生会干部。孩子自身的努力、老师同学的认可让朋友一直觉得，儿子是最棒的。

然而11月份的调考，成绩一直在班级前五名的小威掉到二十几名，优势学科数学也考得不太理想。朋友担心了，一再追问原因，儿子却沉默以对。之后的一次月考，小威成绩虽没那么惨，不过在朋友看来也不理想。

朋友心里特别焦虑，甚至猜测，也许是学生会工作太忙了，或者是儿子早恋了。联想到某女生曾经给儿子写信，朋友不由得心里发紧，吃不下饭，睡不着觉。

朋友请我和小威谈谈。

我见到小威时，这个男孩子显得开朗、阳光，很难看出正有着学习上的困扰。"我觉得现在自己的心态保持得比较平稳。"小威对我说，从小到大，自己成绩都很棒，父母习惯儿子表现出众，这次考试不理想，也难怪父母难以接受。

小威否认成绩下滑是由于当学生会干部或与女生交往。他认为自己做事很有分寸，当学生会干部使能力得到锻炼，但并未因此耽误学习。同异性交往也仅限于朋友层面，不会这么早谈恋爱。但这些话他不想跟父母交流，"他们喜欢居高临下审视我，让我无法接受。"

小威对我说，调考失利让他体会到挫折感，并有了一定的压力。分析失利原因，他认为主要是基础掌握不牢固，做题时粗心大意。小威充满信心地说自己正在努力，很快会调整过来，只是希望爸妈能够理解自己，不要再胡乱猜疑。

备考阶段，家长要尽量营造愉悦的家庭气氛，让孩子有个宽松的复习环境。孩子成绩出现波动，属于正常，小威父母应该放松心态，不然会把焦虑"传染"给孩子。

孩子有着特殊的敏感神经，你的一举一动都可能会影响到他的心态。有些家长在孩子上了高三后特别紧张。如我的一个邻居，自女儿娜娜上了高三后，家里就全面紧张起来。夫妻二人每天会轮流站在校门外，等着接女儿回家。妈妈早早就下班回家打扫卫生、做饭，娜娜连一双袜子都不洗了。女儿学习的时候，爸妈更是不敢大声说话，走路都变得轻手轻脚。

其实这种太过谨慎的家庭氛围，会给孩子造成一种无形的压力。家长过度的紧张自然会增加孩子的心理负担，但有些随意的生活习惯有时也会影响到孩子。比如家长应改变自身的一些不良生活方式，最好不要在家里呼朋唤友、喝酒、打牌、聚会，尽量为孩子创造安静的环境。

在家中，你可以做孩子的忠实听众，给他一个减压的机会。对于孩子的问题不一定要找到答案，关键是给他一个沟通、交流、发泄的途径。这个时候不适宜太多的说教，因为那会使孩子产生抗拒的反感，不如多与他们沟通，做他们的知心朋友。

让孩子在倾诉中放松自己。

起居照顾怎样最好

一般情况下，高三的备考生活都是家长十分注意的，孩子的饮食起居家长自然很重视。但是保持常态就很好，只要维持正常的饮食就能给孩子足够的营养；最重要的是不要让孩子生病。但是，一涉及孩子，许多高三家长就容易过度

紧张。

小晶的爸爸和妈妈因为年龄原因喜欢吃清淡的饭菜，但自从女儿升入高三，就特别关照女儿了，每顿饭必有鱼、肉。妈妈还买了一大堆书，吃什么好，吃什么不好，都进行了严格控制。家里房子还在按揭，平常妈妈连稍贵一点的化妆品都舍不得买，但却买了一大堆保健品让小晶每天定时吃。小晶知道妈妈是为了让自己考个好大学，但越是这样她心里越紧张，自己学习成绩一般，如果考不好怎么对得起妈妈呢？

吃饭，本来是轻松惬意的家常生活，但随着考期的临近，一些家长为了给孩子补充营养，改变了以往的正常饮食习惯。尽管是备考阶段，父母应该多关心孩子，但过犹不及，"过"反而会增加孩子的心理负担。

另外，父母也不要随意买过多的补品，面对社会上流行的给孩子"进补"的潮流，许多家长总觉得自己孩子这个也缺，那个也少，于是买回来许多瓶瓶罐罐，让孩子补充营养。且不论这些营养品效果如何，如果每天都要吃这些"补品"，任何人都会食欲不振的。

这个问题谁说了算

高考之后，孩子要面对选择学校、专业的问题，孩子毕竟各方面经验不足，父母此时就需要尽量地为孩子收集多种信息，供孩子参考。

父母可以上网或者通过各种途径了解各个有报考意向的学校，仔细地咨询这些学校，充分了解情况，比如填报志愿时，要注意收集、整理招生资料和信息。对前三年本地区考生志愿的分布、高校提档分数线等资料，进行认真分析，找出年度间学校志愿上下波动的规律，结合社会需求实际，预见当年生源的大体走向，从中选出几所适合自己的学校，进行细致斟酌，然后决定取舍。

实践证明，科学分析招生资料，才能使志愿选择更具针对性。对学校往年提档线上下波动现象的把握，可以减少填报志愿的失误，然而这些现象也并非一成不变。有的学校上下波动明显，有的则持续多年志愿"不济"。年度间的志愿波动是在大多数院校间存在的，因此具有可参考性，把握得好，可以较好地提高志愿的"命中率"。

在选专业的时候，第一不要"追风"，以往好的专业4年之后并不一定热门，要尊重"市场规律"，专业也有大小年和起伏变化。第二要尊重孩子的现实情况，不要把自己的理想强加于孩子。第三要尊重孩子的兴趣，兴趣是最好的老师，要想在一个专业上有所成就，首先要有兴趣作为保证。因此最后的决定权一定要交给孩子。

刚带完毕业班的高三老师杨扬，跟我说起了有关高考后择校的两件事。一个是叫张丹的女生，在高考之前，父母就开始找名师咨询填志愿的技巧等等，大有不上一本不罢休的意思。高考结束估分时，女孩觉得父母这么费心，就自作主张虚报了个很高的分数，结果分数出来刚过二本投档线，让父母的很多前期公关打了水漂。孩子挨了父母的批评后还离家出走了一段时间。另一个叫黎晓的男孩子，他的考分超过了一本投档线，结果在大人的意志作用下，最后上了家长工作系统内的三本学校。

在抉择的时候，把决定权交给孩子，因为孩子已经18岁了，已经是成人了，可以自己对自己负责，而且对孩子的事情放手得越晚，孩子对家长的依赖越久，吃亏的只能是孩子。给他提供足够的信息，把决定的权力交给孩子。这样才是聪明的父母，你愿意看到以后孩子抱怨你为他选了不喜欢的专业吗？

在王朔的小说《我是你爸爸》里，主人公马林生对他的儿子马猴说过一句很经典的话："小马啊，以后你就喊我老马吧。你自个儿的事情，自个儿先想清楚。我老马只是你的朋友，用我平生的阅历和交际，给你提个醒帮个忙就算尽力啦。"当然我们不是说家长和孩子之间的关系都要像老马和小马这般。但是作为即将上大学的人，把自个儿的事自个儿先想清楚却是必需的。

为了孩子和家庭的和谐幸福，请把决定的一票让给已经长大的孩子。

是放松还是放纵

高考在 6 月，考后离大学开学还有近 3 个月的时间，很多学生考试之后把书包一放，整天泡网吧，和同学唱歌、聚会等，他们这种盲目状态是暗藏危险的。

压力的宣泄要缓慢进行，最忌讳的就是从考前的极度紧张到考后的极度放松。火山爆发式的压力释放易导致不良的后果，原本疲劳的身体在暴饮暴食后，很容易闹出病来。

自从知道自己的考试成绩上了第一志愿大学的分数线，人大附中的毕业生肖梁这几天已参加了大大小小 10 次聚会。每次聚会都要喝酒，而且都会喝醉。据肖梁讲，很多同学都是这种情况，小学、初中、高中同学聚会一个不漏。几个男同学聚到一起就互相"拼酒"，最后肯定有人醉得失去知觉。其中最典型的一例是肖梁的初中同学王旭，一次聚会喝庆功酒竟喝进了医院。

公布第一批分数线后，王旭的 635 分远在重点线之上，他高兴地约了初中的几个好朋友出来喝酒。据小翔回忆，那天大家都喝多了，6 个人喝了 21 瓶啤酒，下午 2 点多，王旭软绵绵的身体在饭馆的凳子上晃来晃去，脑袋耷拉着，面色苍白。后来王旭"哇"地一下吐出一股红色的秽物，几个人一下惊呆了，以为王旭吐了血。大家把王旭抬出去打车送到最近的医院，检查结果虽没发现胃出血，不过因为摄入酒精过多需要静养一周。

考生们长期复习备考，心理一直处于高度紧张状态，确实需要放松一下。但是放松绝不是放纵。这就好比一根弹簧，一直以来都用一根绳索绑着，现在突然剪断绳子，后果可想而知，弹簧猛地弹起来，可能使自己和周围人都受到伤害。

另外，考前父母们无微不至地关怀和照顾考生，这种"特殊待遇"是否在考试结束时就马上消失了呢？

高考结束后，小冰来了个 180° 大转弯，高考前只吃半碗饭的她，如今每餐都能吃 3 碗，吃过饭还要吃水果。不然就捧着一大堆零食坐在电视机前，眼睛盯着电视,不停地往嘴里塞东西。吃多了胃受不了,小冰就会呕吐,可是吐完之后她马上接着吃。小冰说自己也不知道是怎么了,只觉得吃东西有种满足感。"把考前没吃的东西补回来,而且现在心里很空,吃了东西感觉踏实些。"小冰说自己这次高考考砸了,吃东西时一想到考试成绩就会更拼命地吃,有时泪水就不知不觉地流了下来。

考试结束,家长们不能立即对考生"不闻不问",因为在通知书发放之前,考生的心里还是存在不少的担忧、焦虑。家长应该根据孩子的情绪变化,适当地给予关怀、支持。父母不妨在高考后陪同孩子参加一些社会活动,或鼓励孩子参加一些兴趣班等来放松心情。

只要是考试,就会给考生分出高低来,考试之后,父母应多与孩子交流,启发他们对自我有清醒、合理的认识,平静对待结果。

朋友的儿子周磊自从高考结束,就不愿意出门,而且很怕见人。家里来了人,他就躲在屋子里,想上厕所也憋着不去,一直等到客人走。在家里还禁止父母提"考试成绩"4个字,客人来了向父母打听他的成绩,他会很严肃地告诉父母"以后不准他再来"。周磊打电话跟好朋友说:"没考大学时还有学可上,考了大学如果落榜了,连学校的门都进不去了,想想外面竞争这么激烈我就害怕,上不了大学我真不知道还有什么路可以走。"

每年高考后,总有一大批考生落榜。父母应引导孩子恰当地评价自己的考试成绩,并理智填报志愿,不抱不切实际的希望和企求,要有考上和落榜两种心理准备。要让他们明白,许多人虽然上了重点大学,但一生仍很平庸;有些人虽然上的是普通大学,但却取得了成功。

面对落榜的考生,家人及好友要特别体谅他们的心情,稳定他们的情绪,生活上要给予更多的关怀,千万不可讥讽责骂、埋怨批评,挫伤他们的自尊心,反而要多鼓励。只要考生不对自己丧失信心,机遇永远等待有准备的人。

孩子复读并不是最好的选择,大学学习4年之后可以再选择理想的学校,机会还是很多的,但时间过去却永远也找不回来。

新鲜生活早着手

志伟以优异成绩考入了中山大学金融专业。高考过后，父母基本上没再管过他了，感觉良好的志伟在电脑游戏与同学宴会中度过了这个假期。如今入学两个月了，处于亢奋状态的志伟慢慢泄了气。先是开学时的英语分班考试，进三级班可以大一考四级，二级班只能大二考。本身志伟英语很不错，但是因为高考后荒废太久，这次分班败北了。听别人说四级越早考越好，志伟很难过。接着，竞选学生会干部要参加几轮面试，志伟又连连受挫。以前高中时一直是班干部，基本上老师选好直接上，现在什么东西都要自己去寻找机会，他有些无所适从。学校里人才济济，看到一些人拼命学习，而自己好像动力不足，目标不明确，志伟感觉很失落。

不少母亲可以在志伟身上看到自己孩子的影子。很多大学生刚入校的时候都有一定程度的困惑，存在各种不适应。毕竟高中生活紧凑，而且学习等各方面有人督促，许多事情由老师或家长安排好。而大学环境相对轻松，学习更多的是依靠自学，机会要自己争取，如果没有高考后适当的调整，很有可能进入大学后被新鲜的生活弄得不知所措。所以，在迈入大学门槛前，父母要引导孩子积极做好准备。

建议利用这几个月的时间完成以下一些任务：

◆认真地看上几本丰富自己知识的书，但不是教科书；也可以订一些感兴趣的杂志；

◆多和高中同学建立联系，这种友谊是根深蒂固的；

◆了解自己学校的情况，比如方位、气候、专业设置、人文掌故等；

◆如果有条件，孩子完全可以出去旅游，开阔视野；

◆调整心态，要以阳光的心态拥抱即将开始的大学生活。父母还要多引导孩子用阳光的心态对待朋友和同学。

进入大学,入住寝室,考生就进入了一个团体之中,这就需要考生用平等的眼光看待他人,善于发现别人的优点,拥有一颗乐观、向上的阳光心态。同时,还要引导孩子养成良好的集体生活习惯,培养他的日常生活能力。

你该是孩子的什么

家长们千万不要大包大揽孩子的事情。当孩子从呱呱落地的那一刻开始,他就已经是一个独立的个体,他有他的喜怒哀乐,有他的追求想法,父母应该学会尊重他。

当然对孩子不能放任自流。毕竟人生不可重复,而小孩子因为阅历知识的欠缺,不可能对未来人生有非常清楚的认识,他们走错路的可能性很大,这时候父母就要及时纠偏扶正。在孩子的人生转折点时,或者是非常重要的时刻,也需要你去做他的助理,给他提供参考,积极为他分析利弊,协助他们规划人生道路。

世界上父母对孩子的爱是没有区别的。以美国父母为例,多数中国人都以为美国人不管孩子,他们都让孩子"自由发展",其实这是一个认识上的误区。

林建新先生的两个孩子先后进入哈佛读书,前几年因家庭和工作原因林先生也去了美国。由于他教育上的独到见地,很快成为当地很有名气的教育类畅销书作家。

圣诞前两周,他接到朋友慧的电子邮件,说是圣诞节期间要去拜访他。她在来信中说,她的一位美国朋友约翰非常渴望见到他,她特别提到"他想向你了解把孩子送进哈佛的所有技巧",并且让他作好准备,"接受一大串问题的轰炸"。慧是20世纪80年代去美国的中国留学生,她在信中说,约翰是她的美国同学,他们都在得克萨斯A&M大学获物理学博士,10年前约翰到著名的休斯公司工作,后来跳槽到硅谷工作至今,约翰的家庭是典型的中产阶级家庭。

其实,林先生也非常渴望见到约翰,很想听听这位美国人亲口告诉自己,为什么他们也那么在乎孩子的发展。他在给慧回复电子邮件时,故意揶揄道:"美国人不是都不管孩子吗?美国人不是都让孩子自由发展吗?"虽然他很清楚地知道,美国人并不是盲目地让孩子自由发展。

林先生的问题很快得到了答案。他见到吉姆一家时,顿时呆住了。没想到,他的两个孩子,一个才7岁,另一个还不到2岁!这再一次证实了:美国的父母其实也是一样的,会早早帮孩子规划人生。

虽然美国父母确实是让孩子凭自己的兴趣自由发展。不论做什么,大多数父母都说好,都给予喝彩。但是,他们却不会让孩子盲目发展。至少现在,掌握财富和地位的美国上层阶级是绝对不让孩子自由发展的!头脑清醒的不满足于现状的中产阶级上层也绝对不让孩子自由发展!在充满竞争的世界中,他们不但没有满足感,相反地,却充满危机感。他们保持着清醒的头脑,想方设法培养孩子从小拥有成功者所必须具备的素质。

其实,不管是中国父母还是美国父母,对孩子的爱都是一样的。在孩子还小的时候,在孩子还没有足够的知识储备和分析能力的时候,作为父母需要扮演导师的角色,去耐心地教会他们知识,让他们掌握正确分析事物的能力,用学识身体力行地培育他们成长。当他们渐渐长大已经具备独立思考能力的时候,父母就要学会放手,让他们自己去思考、去探索人生的道路,也允许他们犯错误、摔跟头,这都是他们成长过程的必修课。不过在非常关键的时刻,在可能对未来产生重大影响的转折点,父母还是要发挥作用,积极为他们提供建议,帮助他们做出决策,这时父母就成了他们的人生助理。

以下几个阶段需要父母发挥好助理的作用:

◆孩子进入幼儿园,孩子由家庭生活方式进入集体生活方式

◆正式入学,成为小学生开始学习知识;

◆中学阶段,逐步独立、成人,学会成为社会的一分子;学会正确处理同学

之间的交往;学会正确处理异性之间的往来;

　　◆大学阶段,开始走向成家立业,开始独立。

　　每个阶段要做的事前面都有介绍,父母们还可以根据自己的情况随机处理。

　　18岁该是孩子独自上路的时候了,作为父母你们准备好了吗?

后 记

　　这是一本研究、探索母亲文化之"道"的书。路漫漫其修远兮，尤其是母亲文化的本体构建，还有更远的路要走。回顾这本书的写作，我想感谢的人非常多。因为，在每一个写作计划背后并非只有一个创作者，支持我这本新书诞生的还有一批出色的家庭教育实践家——母亲以及母亲文化的研究者，他们成了我的老师和朋友，与我一同在母亲文化的发掘过程中润心、养心。还有一些学者给予了我很多方面的支持与帮助，非常感谢武汉大学哲学院的副院长吴根友教授、钟年教授及武汉大学现代心理学研究中心的成员，他们在我创作该书的过程中给予我的帮助和所花费的时间是无法用物质衡量的。

　　母亲是一个"强有力的文化象征"，她占据了起源的位置，具备丰富的文化内涵。这已不单单是支撑我一路走来的一种信念，它已经成为我的信仰。

王开敏

2009 年 2 月